# MEDICINA DE LAS ADICCIONES
## de bolsillo

AF148178

*Editado por:*

## SARAH E. WAKEMAN, MD, FASAM

*Associate Professor of Medicine*
*Director, Addiction Medicine Fellowship*
*Director, Substance Use Disorder Initiative*
*Massachusetts General Hospital*
*Harvard Medical School*
*Boston, Massachusetts*

## JOSHUA D. LEE, MD

*Associate Professor*
*Director, Addiction Medicine Fellowship*
*NYU School of Medicine*
*New York, New York*

## ANIKA A. H. ALVANZO, MD, MS, DFASAM, FACP

*Managing Partner*
*Uzima Consulting Group, LLC*
*Middle River, Maryland*
*Eastern Region Medical Director*
*Pyramid Healthcare, Inc.,*
*Duncansville, Pennsylvania*

 Wolters Kluwer

Philadelphia • Baltimore • New York • London
Buenos Aires • Hong Kong • Sydney • Tokyo

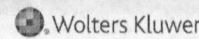 Wolters Kluwer

Av. Carrilet, 3, 9.a planta, Edificio D - Ciutat de la Justícia
08902 L'Hospitalet de Llobregat, Barcelona (España)
Tel.: 93 344 47 18    Fax: 93 344 47 16    e-mail: consultas@wolterskluwer.com

*Revisión científica*
**J. Nicolás Ivan Martínez López**
Psiquiatra Forense. Investigador en Ciencias Médicas, INPRFM. Investigador Nacional
SNI I, CONACYT.
Director del Departamento de Investigación en Psiquiatría Jurídica y Forense en el
Consejo Mexicano de Neurociencias.

*Traducción*
**Arturo Alberto Peña Reyes**
Editor y traductor profesional

*Dirección editorial:* Carlos Mendoza
*Editora de desarrollo:* Núria Llavina
*Gerente de mercadotecnia:* Simon Kears
*Cuidado de la edición:* Doctores de Palabras
*Adaptación de portada:* Jesús Esteban Mendoza
*Impresión:* Mercury Print Productions / Impreso en Estados Unidos

# COLABORADORES

**Anthony J. Accurso, MD**
Primary Care and Addiction Medicine Physician, Department of Medicine, Family Health Center of NYU Langone, Brooklyn, New York

**Dinah Applewhite, MD**
Physician, Department of Medicine, Massachusetts General Hospital, Boston, Massachusetts

**Fabiola Arbelo Cruz, MD**
Addiction Psychiatry Fellow, Department of Psychiatry, Yale University School of Medicine, New Haven, Connecticut

**Sarah Axelrath, MD**
Addiction Medicine and Primary Care Physician, Colorado Coalition for the Homeless, Instructor, Department of Medicine, University of Colorado School of Medicine, Aurora, Colorado

**Sarah M. Bagley, MD, MSc**
Assistant Professor, Department of Medicine and Pediatrics, Boston University and Boston Medical Center, Boston, Massachusetts

**Steffani R. Bailey, PhD**
Associate Professor, Department of Family Medicine, Oregon Health & Science University, Portland, Oregon

**Leo Beletsky, JD, MPH**
Professor of Law and Health Sciences, School of Law, Northeastern University, Boston, Massachusetts

**Michael Bierer, MD, MPH**
Physician and Assistant Professor of Medicine, Department of Medicine, Massachusetts General Hospital and Harvard Medical School, Boston, Massachusetts

**Colin Burke, MD**
Instructor, Department of Psychiatry, Harvard Medical School, Boston, Massachusetts

**Jessica Calihan, MD, MS**
Resident Physician, Departments of Internal Medicine and Pediatrics, Johns Hopkins School of Medicine, Baltimore, Maryland

**Alex Coston, BA**
Medical Student, Tufts University School of Medicine, Boston, Massachusetts

**David Eddie, BA (Hons), MS, PhD**
Assistant Professor, Department of Psychiatry, Massachusetts General Hospital and Harvard Medical School, Boston, Massachusetts

**Pantea Farahmand, MA, MD**
Psychiatrist, Assistant Clinical Professor, Department of Psychiatry, NYU Langone Health, New York, New York

**Bridget Foley, DO**
Primary Care Director of Office-Based Addiction Treatment, Assistant Professor, Department of Internal Medicine and Primary Care, Tufts Medical Center, Tufts University School of Medicine, Boston, Massachusetts

**Evan D. Gale, MD**
Director of Clinical Education and Teaching for the Addiction Consult Team, Department of Medicine, Massachusetts General Hospital, Boston, Massachusetts

**Jessica Gray, MD**
Instructor, Department of Medicine and Pediatrics, Massachusetts General Hospital and MassGeneral Hospital for Children, Boston, Massachusetts

**Leah H. Harvey, MD, MPH**
Infectious Disease and Addiction Medicine Fellow, Department of Medicine, Boston University and Boston Medical Center, Boston, Massachusetts

**J. Janet Ho, MD, MPH**
Assistant Professor, Division of Palliative Medicine, Department of Medicine, University of California, San Francisco, San Francisco, California

**Lauren A. Hoffman, PhD**
Research Fellow, Department of Psychiatry, Massachusetts General Hospital and Harvard Medical School, Boston, Massachusetts

**Daniel Hoover, MD**
Addiction Medicine Fellow, Department of Addiction Medicine, Oregon Health & Science University, Portland, Oregon

**Ayana Jordan, MS, MD, PhD**
Barbara Wilson Associate Professor of Psychiatry, Department of Psychiatry, NYU Grossman School of Medicine, New York, New York

**Ghulam Karim Khan, MD**
Infectious Diseases and Addiction Medicine Fellow, Department of Medicine, Boston Medical Center, Boston University, Boston, Massachusetts

**Miriam Komaromy, MD**
Professor of Medicine, Medical Director, Grayken Center for Addiction, Department of Medicine, Boston Medical Center, Boston University, Boston, Massachusetts

**Noa Krawczyk, PhD**
Assistant Professor, Division of Epidemiology, Department of Population Health, NYU Grossman School of Medicine, New York, New York

**Irina (Era) Kryzhanovskaya, MD**
Assistant Professor, Department of Medicine, University of California, San Francisco, San Francisco, California

**Jordana Laks, MD, MPH**
Addiction Medicine Fellow, Department of General Internal Medicine, Boston University and Boston Medical Center, Boston, Massachusetts

**Eugene Lambert, MD, MBA**
Medical Director, Department of Medicine, Massachusetts General Hospital, Boston, Massachusetts

**David Lawrence, MD**
Assistant Professor of Medicine, Associate Medical Director, Hooper Detoxification and Stabilization Center, Division of General Internal Medicine and Geriatrics, Section of Addiction Medicine, Oregon Health & Science University, Central City Concern, Portland, Oregon

**Ximena A. Levander, MD, MCR**
Assistant Professor, Division of General Internal Medicine, Department of Medicine, Oregon Health & Science University, Portland, Oregon

**Wei Sum Li, MD**
Assistant in Medicine, Division of General Internal Medicine, Department of Medicine, Massachusetts General Hospital, Boston, Massachusetts

**Eric Stanley Lott, MD**
Associate Program Director, Addiction Medicine Fellowship Program, Honor Health/CBI, Scottsdale, Arizona

**Karsten Lunze, MD, MPH, DrPH**
Assistant Professor, Department of Medicine, Boston University and Boston Medical Center, Boston, Massachusetts

**David Munson, MD**
Physician, Boston Health Care for the Homeless Program, Boston, Massachusetts

**Alyssa M. Peckham, PharmD, BCPP**
Clinical Pharmacist, Department of Pharmacy, Massachusetts General Hospital, Boston, Massachusetts

**Cara Poland, MD, MEd**
Assistant Professor, Department of OBGYN and Reproductive Biology, Michigan State University College of Human Medicine, Grand Rapids, Michigan

**Amanda Risser, MD, MPH**
Senior Medical Director of Substance Use Disorder Services, Central City Concern, Portland, Oregon

**Ariadne E. Rivera Aguirre, BA, MPP**
Doctoral Student, Department of Population Health, NYU School of Medicine, New York, New York

**Darve Robinson, MD, MS**
Resident Physician, Department of Internal Medicine, Yale New Haven Hospital, New Haven, Connecticut

**Radha Sadacharan, MD, MPH**

Clinical Instructor, Department of Family Medicine, University of Washington, Research Division, Boise VA Medical Center, Boise, Idaho

**Kevin M. Simon, MD**

Child and Adolescent Psychiatrist, Addiction Medicine Specialist, Department of Psychiatry and Behavioral Sciences, Boston Children's Hospital, Harvard Medical School, Boston, Massachusetts

**Sandra A. Springer, MD**

Associate Professor of Medicine, Section of Infectious Disease, Department of Internal Medicine, Yale School of Medicine, New Haven, Connecticut

**Rachel Steere, DO**

Psychiatrist, Department of Psychiatry, Massachusetts General Hospital, Boston, Massachusetts

**Kimberly Sue, MD, PhD**

Medical Director, National Harm Reduction Coalition, New York, New York Department of General Internal Medicine, Yale School of Medicine, New Haven, Connecticut

**Jeanette M. Tetrault, MD**

Professor of Medicine and Public Health, Program in Addiction Medicine, Department of Internal Medicine, Yale School of Medicine, New Haven, Connecticut

**Anil Abraham Thomas, MD**

Program Director, Addiction Psychiatry Fellowship, Department of Psychiatry, NYU Grossman School of Medicine, New York, New York

**Marco E. Tori, MD, MSc**

Resident Physician, Department of Medicine, Boston University School of Medicine, Boston, Massachusetts

**Kumar Felipe Vasudevan, MD**

Director, Consult for Addiction Treatment and Care in Hospitals (CATCH), Woodhull Hospital | NYC Health + Hospitals, NYU School of Medicine, Teaching Assistant Brooklyn, New York

**Alexandria Vittitow, BS**

Medical Student, University of Louisville, Louisville, Kentucky

**Sarah E. Wakeman, MD, FASAM**

Assistant Professor of Medicine, Director, Addiction Medicine Fellowship, Director, Substance Use Disorder Initiative, Massachusetts General Hospital, Boston, Massachusetts

**John A. Weems-Embers, MD**

Assistant Professor, Department of Internal Medicine, The University of Texas at Austin Dell Medical School, Austin, Texas

**James Q. Zhou, MD**

Addiction Medicine Fellow, Department of Medicine, NYU Grossman School of Medicine, New York, New York

# PRÓLOGO

Al igual que una guía de bolsillo requiere brevedad, también su prefacio. Este es un libro pequeño con mucha información sobre la detección y el tratamiento de los síndromes asociados con las adicciones.

El campo de la medicina de las adicciones es quizás único en el sentido de que muchos de sus síndromes se derivan del uso de los mismos medicamentos con los que tratamos otras enfermedades. El campo está impregnado de ironía. Nuestros colegas se sienten más confundidos ante la tarea de conseguir que un paciente cumpla las instrucciones, por lo general, para tomar los medicamentos según las indicaciones. Sin embargo, aunque en la medicina de las adicciones nos encontramos con la misma preocupación, hasta hace pocos años la tarea más inmediata era la de conseguir que la gente *dejara* de consumir ciertas sustancias.

Por fortuna, la tendencia se revierte. En el tratamiento de los síndromes de abstinencia y, cada vez más, en el tratamiento del desafío a largo plazo de la adicción, los últimos 50 años han visto el desarrollo tanto de medicamentos cada vez más útiles, como de abordajes cada vez más exitosos y sofisticados para el manejo de esos medicamentos.

Los libros de texto, los manuales y los libros de bolsillo no son en absoluto anacrónicos, ni siquiera en el siglo XXI. Esto porque la portabilidad es una medida de accesibilidad. En la medida en que la información se transmite de forma cómoda y eficaz, el dispositivo de mano y el ordenador no son mejores en la consulta o en la cabecera del paciente que un libro convencional.

Lo que el feliz receptor de este texto notará es que proporciona una clave para la interacción inicial con el paciente y muchas de las pautas para el largo recorrido de la atención. No pretende proporcionar principios psicoterapéuticos, y probablemente no podría hacerlo en 180 diminutas páginas, ya sea en papel o en la pantalla de un dispositivo; pero sí ofrece orientación sobre los próximos pasos en la atención del paciente, así como las respuestas urgentes. El formato es lógico, conciso y accesible. El contenido es actual y preciso. Los caminos están bien señalizados. Has hecho una buena elección.

WILLIAM F. HANING, III, MD, DFASAM, DLFAPA
*Professor Emeritus, Psychiatry*
*Program Director, Addiction Psychiatry/Addiction Medicine*
*University of Hawaii John A. Burns School of Medicine*
*President, American Society of Addiction Medicine*
*Captain, MC, USN (ret.)*
*Regent, University of Hawai'i System*
*Honolulu, Hawai'i*

*Medicina de las adicciones de bolsillo* se une a la serie De Bolsillo como un recurso completo para los temas relacionados con los trastornos por consumo de sustancias, desde la detección y el diagnóstico hasta el tratamiento y la reducción del daño. Este libro de bolsillo está diseñado para ser una referencia completa y de fácil acceso para los clínicos ocupados que atienden a pacientes con trastornos por consumo de sustancias en todos los ámbitos médicos. Pretende desmitificar y fomentar el tratamiento de los trastornos por consumo de sustancias como cualquier otra afección, un cambio que debería haberse producido hace tiempo. Al igual que otras enfermedades crónicas, los trastornos por consumo de drogas y alcohol pueden cribarse, diagnosticarse y tratarse eficazmente en la atención primaria, en el hospital, en el servicio de urgencias, en la salud conductual y en una serie de otros ámbitos asistenciales. Dado que la crisis de las sobredosis sigue cobrándose decenas de miles de vidas cada año y que el racismo lleva a un empeoramiento de las disparidades en el acceso a la atención y la mortalidad de las personas no blancas, la urgencia de identificar y tratar este problema de salud nunca ha sido mayor.

*Medicina de las adicciones de bolsillo* está diseñado para un amplio abanico de profesionales de la salud, incluyendo estudiantes de medicina, estudiantes de medicina interna y psiquiatría, proveedores de práctica avanzada y clínicos experimentados involucrados en el cuidado de pacientes con trastornos por consumo de sustancias. El libro se divide en tres secciones. La primera sección abarca conceptos básicos como la neurobiología, la epidemiología, el cribado, el diagnóstico, la evaluación, el tratamiento de la intoxicación y del síndrome de abstinencia, así como un panorama general de las modalidades de tratamiento y apoyo a la recuperación. La segunda sección se centra en tipos específicos de trastorno por consumo de sustancias que se observan con frecuencia, como el alcohol, los opiáceos, los sedantes/somníferos, los estimulantes, el tabaco, el *cannabis* y otros tipos de trastornos por consumo de sustancias. La tercera sección comprende importantes temas y poblaciones especiales, a saber: pruebas toxicológicas; afecciones concomitantes; reducción del daño; atención a las personas que se inyectan drogas, embarazadas, adolescentes, personas sin vivienda y personas dentro del sistema judicial; las disparidades raciales y la atención culturalmente incluyente, los temas políticos, el estigma, la discriminación y el lenguaje; así como el dolor en el contexto del trastorno por consumo de opiáceos. Esta gama de temas se ha redactado para poner a disposición de los médicos la información pertinente, con el fin de facilitar la atención al paciente con bases científicas.

Por definición, este libro no pretende ser un compendio exhaustivo o completo, pero esperamos que los usuarios encuentren en *Medicina de las adicciones de bolsillo* una guía útil y que facilite la atención digna, compasiva y eficaz de las personas con un trastorno por consumo de sustancias.

Sarah E. Wakeman, Joshua D. Lee, Anika H. Alvanzo

# CONTENIDO

## Adicción

- Enfermedad médica crónica tratable que implica interacciones complejas entre los circuitos cerebrales, la genética, el ambiente y las experiencias de vida de un individuo
- Las personas con adicción usan sustancias o perpetúan conductas que se vuelven compulsivos, y a menudo continúan a pesar de tener consecuencias perjudiciales
- Los esfuerzos de prevención y los abordajes de tratamiento de la adicción generalmente son tan exitosos como los de otras enfermedades crónicas
- El consumo repetido de sustancias produce cambios cerebrales que afectan el autocontrol
  - La mayoría de las drogas afectan el «circuito de recompensa» y dan como resultado un exceso de dopamina
  - Los efectos a largo plazo incluyen deterioro del aprendizaje, el sentido de la realidad, la toma de decisiones, la respuesta al estrés, la memoria y el comportamiento

## NEUROBIOLOGÍA

- El trastorno por consumo de sustancias (TCS) es una enfermedad crónica que tiene el potencial tanto de recidivar como de rehabilitación
- **Vía de recompensa:** área tegmental ventral (ATV), el núcleo *accumbens* y la corteza prefrontal (https://www.drugabuse.gov/publications/media-guide/science-drug-use-addiction-basics)
- El consumo de sustancias altera tres regiones primarias del cerebro: los **núcleos basales**, la **amígdala** y la **corteza prefrontal**
- Una vez alteradas, se desencadena un comportamiento de búsqueda de sustancias y disminuye la sensibilidad del cerebro al placer o la recompensa, así como las funciones que controlan los impulsos, las acciones y las emociones (*Facing Addiction in America: The Surgeon General 's Report on Alcohol, Drugs, and Health*, 2016)
- Estas alteraciones pueden continuar afectando el comportamiento incluso después de que un individuo deja de utilizar sustancias

## Núcleos basales

- Tienen funciones clave en el sistema de recompensas, así como en la coordinación del movimiento y la formación de hábitos
- Dos regiones: núcleo *accumbens* (NA) y cuerpo estriado dorsal (CED)
  - **Núcleo *accumbens*:** «circuitos de recompensa» implicados en la motivación y la experiencia de la recompensa
  - **Cuerpo estriado dorsal:** «circuitos de hábitos» implicados en la formación de hábitos y comportamientos rutinarios
- El consumo de sustancias activa los sistemas de señalización dopaminérgicos y opioides del cerebro, ya sea a través de la activación directa del NA o indirectamente a través del sistema de dopamina
- Las neuronas de dopamina se originan en el ATV y se proyectan al NA
- Activación repetida del NA por el consumo de sustancias → asociación positiva y placentera con las sustancias → ansiedad y avidez (*craving*) por las sustancias
- La activación repetida del CED conduce al uso compulsivo de sustancias y a la formación de hábitos

- Con el tiempo, la sensibilidad del circuito de recompensa se reduce, tanto a las sustancias adictivas como a estímulos naturales como la comida o el sexo (Facing Addiction in America: The Surgeon General's Report on Alcohol, Drugs, and Health, 2016)
- Cuando una persona deja de consumir la sustancia, se producen respuestas de síntomas de abstinencia y estrés debido a la activación reducida del circuito de recompensa en los núcleos basales y la activación del sistema de estrés en la amígdala

## Amígdala

- Regula la respuesta al estrés a través de la reacción de «lucha o huida»
- Asociada con sentimientos de estrés y ansiedad durante la abstinencia o la recuperación temprana
- Activación de los neurotransmisores del estrés noradrenalina, hormona liberadora de corticotropina (CRH, *corticotropin-releasing hormone*) y dinorfina (Facing Addiction in America: The Surgeon General's Report on Alcohol, Drugs, and Health, 2016)
- También interactúa con el hipotálamo → afecta la hipófisis y las glándulas suprarrenales → aumenta la secreción hormonal
- El deseo de evitar los síntomas de la abstinencia y los sentimientos negativos asociados con la falta de una sustancia pueden alentar el uso repetido a través de circuitos de retroalimentación negativa

## Corteza prefrontal

- Controla las funciones ejecutivas: toma de decisiones, percepción de la realidad, priorización y capacidad para regular las acciones y emociones propias
- **Sistema de excitación:** implicado en el establecimiento de metas, la toma de decisiones y la priorización. El aumento de actividad induce la liberación de **glutamato** por el NA
- **Sistema de inhibición**: controla las respuestas de hábito impulsadas por el CED mediante el **GABA**
- Las personas con TCS activo tienen deficiencias en los sistemas de inhibición y excitación de los estímulos en la corteza prefrontal → los estímulos de dichas sustancias provocan aumento de la activación excitatoria y disminución de la activación inhibitoria (https://www.drugabuse.gov/publications/media-guide/science-drug-use-addiction-basics) (fig. 1-1)

## Cómo afectan las sustancias al cerebro

- Opiáceos: se unen a los receptores opioides µ → liberan dopamina en el NA → euforia, disminución de la percepción del dolor y somnolencia
- Alcohol: interactúa tanto con el neurotransmisor inhibidor (GABA) como con el excitador (glutamato) → disminuye la ansiedad, causa sedación y alteración de los movimientos
- Estimulantes: inducen directamente la liberación de dopamina o inhiben temporalmente la eliminación de dopamina de la sinapsis → euforia
  - También incrementan las concentraciones de dopamina en la corteza prefrontal → aumenta la concentración y la atención
  - Provoca la liberación de noradrenalina → taquicardia, sensación de energía
- Marihuana y canabinoides: aumentan indirectamente la dopamina en el NA → euforia, reducen la percepción del dolor y causan somnolencia
  - También afectan a los neurotransmisores canabinoides endógenos → disminuyen la coordinación y percepción del tiempo, aumentan la creatividad
- Nicotina: estimula las glándulas suprarrenales para producir adrenalina → se une a los receptores nicotínicos de acetilcolina en el cerebro → aumento de la PA y la FC
  - También estimula los circuitos de recompensa y aumenta las concentraciones de dopamina → sensación placentera, refuerza el ciclo de comportamiento gratificante

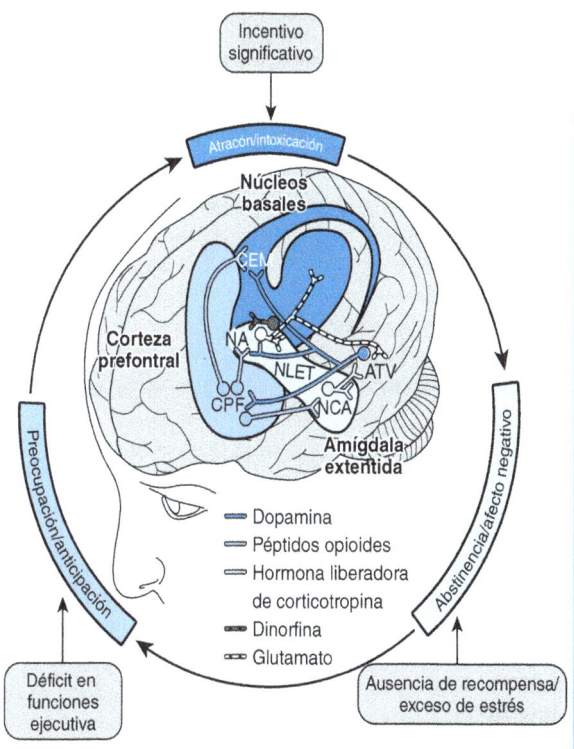

**Figura 1-1** Regiones cerebrales primarias y sistemas de neurotransmisores implicados en cada una de las tres etapas del ciclo de la adicción

U.S. Department of Health and Human Services (HHS), Office of the Surgeon General. *Facing Addiction in America: The Surgeon General's Report on Alcohol, Drugs, and Health*. HHS; noviembre de 2016. AVT: área tegmental ventral; CEM: cuerpo estriado medial; CPF: corteza prefrontal; NA: núcleo *accumbens*; NCA: núcleo central de la amígdala; NLET: núcleos del lecho de la estría terminal.

- Alucinógenos: estimulan los receptores de serotonina (5-HT), especialmente en la corteza prefrontal → alteraciones en el estado de ánimo, la percepción, la cognición, la excitación y la percepción sensorial
  - También interfieren con el glutamato → disminución de la percepción del dolor, aumento de las emociones, inhibición de la memoria y el aprendizaje, así como el aumento de la respuesta al entorno
- Benzodiazepinas y barbitúricos: incrementan la actividad GABA → disminuyen la ansiedad, causan sedación
- Sustancias inhaladas: aumentan el GABA, la glicina y la activación del receptor de serotonina → disminuyen la ansiedad, provocan sedación y alteración de los movimientos
- Nitritos: vasodilatación y taquicardia

## FACTORES DE RIESGO

- Riesgo de adicción influido por:
  - Biología: la predisposición genética, el sexo y los trastornos psiquiátricos concomitantes pueden influir en el riesgo
  - Ambiente: traumas, estrés, consumo de inicio temprano
- Desarrollo: el empleo temprano de drogas durante las etapas de desarrollo afecta la toma de decisiones, el sentido de la realidad y el autocontrol

(https://www.drugabuse.gov/publications/drugfacts/understanding-drug-use-addiction; https://www.drugabuse.gov/drug-topics/commonly-used-drugs-charts)

## CLASIFICACIÓN DE LAS SUSTANCIAS

- **Depresores del SNC**
  - Alcohol
  - Benzodiazepinas
  - GHB
  - Barbitúricos
  - Flunitrazepam

- **Estimulantes del SNC**
  - Cocaína
  - Anfetaminas
  - Catinonas sintéticas (sales de baño) y etilona
  - Nicotina
  - Cafeína

- **Empatógenos**
  - MDMA (éxtasis)
  - Mefedrona

- **Alucinógenos**
  - LSD (ácido)
  - Psilocibina
  - Peyote

- **Disociativos**
  - Ketamina
  - Óxido de dinitrógeno ($N_2O$)
  - PCP

- **Opiáceos**
  - Fentanilo
  - Heroína
  - Oxicodona
  - Codeína

- **Canabinoides**
  - *Cannabis*
  - *Cannabis* sintético (K2, *spice*)
  - Hachís

- **Otros**
  - Inhalados (disolventes, gases, nitritos/*poppers*)
  - Kratom (*Mitragyna speciosa*)
  - Esteroides anabólicos
  - Fármacos de venta como loperamida o dextrometorfano

### Prevención

- Programas diseñados para diferentes entornos, incluidos el hogar, la escuela y la comunidad
- Destinada a diversas audiencias, por ejemplo, las poblaciones en riesgo y las personas que ya son consumidoras
- Se centra en mejorar los factores de protección, así como en reducir o revertir los factores de riesgo
- Puede enfocarse en reducir el riesgo de utilizar cualquier sustancia (es decir, prevenir el inicio) o en disminuir los riesgos que rodean al uso apropiado (es decir, prevenir el empleo no médico de fármacos recetados)
- Los programas basados en la familia se centran en el vínculo familiar, las relaciones y las habilidades de crianza
- Los programas basados en la escuela tienen como objetivo aumentar las habilidades académicas y sociales
- Los programas que combinan diferentes entornos pueden ser más efectivos (https://www.drugabuse.gov/publications/media-guide/glossary)

### Tratamiento

- Los objetivos incluyen:
  - Detener o reducir el consumo de drogas y alcohol
  - Reducir los daños y el riesgo de muerte prematura
  - Mejorar la capacidad funcional: ser productivo (en familia, trabajo y sociedad)
- Que el acceso rápido al tratamiento sea óptimo
- El tratamiento eficaz es integral y no se centra solo en el uso de sustancias:
  - El tratamiento debe evaluar y tratar las comorbilidades de salud física y mental
  - El tratamiento debe abordar las barreras individuales para su recuperación, incluida la motivación, los desencadenantes de recaídas, los sistemas de apoyo y el ambiente de recuperación
  - La duración y el tipo de tratamiento deben individualizarse en función de las necesidades de cada paciente y su progreso con el tratamiento
  - El tratamiento a largo plazo es fundamental
  - Los planes de tratamiento deben evolucionar con las necesidades cambiantes del paciente
  - Debe incluir la evaluación del riesgo y el tratamiento de infecciones como el VIH/sida, la hepatitis B y C, así como la TB
- Los medicamentos tienen varios usos:
  - Tratar los síntomas de la abstinencia
  - Prevenir una recaída
  - Disminuir la necesidad
  - Tratar las comorbilidades
- Terapias conductuales:
  - Modificar las actitudes y los comportamientos asociados con el consumo de drogas
  - Aumentar las habilidades para una vida saludable
  - Ayudar a los pacientes a persistir con el tratamiento médico
  - Los tipos de tratamiento incluyen:
    - Terapia cognitiva-conductual (TCC)
    - Terapia familiar multidimensional
    - Entrevista motivacional (EnM)
    - Gestión de contingencias (GC) (con incentivos)

- El tratamiento hospitalario o en estancias puede ser efectivo para trastornos más graves por consumo de sustancias
  - Comunidades terapéuticas con programas estructurados
  - Los programas en estancias a corto plazo se centran en el tratamiento de la abstinencia y en la recuperación temprana en un entorno hospitalario de apoyo (https://www.drugabuse.gov/publications/drugfacts/treatment-approaches-drug-addiction)

## Remisión
- Cuando la persona con TCS cumple con los criterios del *DSM-5*, con excepción de la avidez. Remisión temprana: 3-12 meses; remisión sostenida: > 12 meses

## Recuperación
- Autodefinida
- Cuando los cambios positivos de la remisión se incorporan como un estilo de vida adoptado de manera voluntaria
- La recuperación puede incluir el cumplimiento en la toma de los medicamentos recetados contra la adicción

## Síndrome de abstinencia
- Síntomas que pueden ocurrir después de reducir o detener el empleo prolongado de una sustancia
- Puede incluir tanto síntomas físicos como emociones negativas

## Recidiva
- Recurrencia de signos y síntomas de adicción activa después de un período de remisión
- Indica la necesidad de más tratamiento o de uno diferente

## Uso no médico de drogas
- Cualquier uso no terapéutico de una sustancia

## Uso de drogas perjudicial para la salud
- Uso de una droga de manera que represente un riesgo de daño
- Incluye el uso de medicamentos recetados por una vía o con una dosis que no sean las prescritas
- Evitar el uso de la palabra «abuso» y cualquier comportamiento vergonzante

## Dependencia física
- Ocurre con el uso regular de algunos, pero no todos, los psicofármacos
- El cuerpo y el cerebro se adaptan a la exposición regular a una sustancia
- Los síntomas de abstinencia pueden surgir cuando esta se reduce o se interrumpe, o cuando se administra un antagonista
- Puede provocar avidez por las drogas

## Tolerancia
- Reducción en uno o más de los efectos fisiológicos de la sustancia después de la exposición regular a ella
- Da lugar a la necesidad de aumentar las cantidades de la sustancia para lograr el efecto deseado

## Avidez (*craving*)
- Deseo incrementado de consumir sustancias

## Tratamiento de la abstinencia
- Medicamentos y servicios para ayudar a un paciente a superar la adicción

## PREVALENCIA DEL CONSUMO DE SUSTANCIAS

### Carga global y prevalencia del TCS

- El tabaquismo sigue siendo una de las principales causas de muerte en todo el mundo, contribuyendo con el 11.5% de las muertes mundiales y ~6.0% de los años de vida ajustados por discapacidad (AVAD) (*Lancet* 2017;389(10082):1885-1906). La mayoría de las discapacidades se deben a enfermedades cardiovasculares, cáncer y enfermedades respiratorias crónicas
- La prevalencia del tabaquismo en todo el mundo es del 25.0% para los hombres y del 5.4% para las mujeres (*Lancet Psychiatry* 2018;5(12):987-1012)
- El consumo de alcohol representa ~4.2% de los AVAD (*Lancet Psychiatry* 2018;5(12):987-1012). La mayoría de las discapacidades se deben a lesiones inducidas por el alcohol, enfermedades cardiovasculares y cáncer
- El consumo de otras drogas ilegales representa ~1.3% de los AVAD (*Lancet Psychiatry* 2018;5(12):987-1012). La mayoría de las discapacidades se deben al trastorno por consumo de drogas, cáncer, cirrosis causada por la hepatitis C y VIH
- El trastorno por consumo de alcohol (TCA) es el TCS más prevalente a escala mundial con ~1.3% (100.4 millones), seguido de los opiáceos (~0.4%, 26.8 millones) y el cannabis (~0.3%, 22.1 millones) (*Lancet Psychiatry* 2018;5(12):987-1012)
- Desde la década de 1990, hay un aumento mundial considerable en la prevalencia de TCS (*Lancet Psychiatry* 2018;5(12):987-1012)
- La prevalencia de TCS ↑ para hombres que consumen alcohol, opiáceos, cannabis, cocaína y anfetaminas (*Lancet Psychiatry* 2018;5(12):987-1012)
- La prevalencia de TCA ↑ en Europa oriental y en la África subsahariana meridional; la prevalencia de trastornos por consumo de drogas ilegales ↑ en América del Norte y Europa oriental (*Lancet Psychiatry* 2018;5(12):987-1012)

### Carga y prevalencia de los TCS en los EE.UU.

- El tabaco es la 2.ª causa principal de muerte y la principal causa de AVAD en los EE.UU. (*JAMA* 2018;319(14):1444-72)
- El consumo de alcohol y otras drogas diferentes al tabaco es la 8.ª causa principal de muerte y la 4.ª causa principal de AVAD (*JAMA* 2018;319(14):1444-72)
- La disminución reciente de la esperanza de vida es atribuida al ↑ de consumo de alcohol y drogas desde la década de 1990 (*JAMA* 2019;322(20):1996-2016)
- En los EE.UU., ~7.4% (20.4 millones) de los > 12 años de edad tienen un TCS, excluyendo la nicotina (*SAMHSA Key Substance Use and Mental Health Indicators in the United States. HHS Publication No. PEP21-07-01-003, NSDUH Series H-56. 2021*)
- ~9.4% tienen dependencia a la nicotina y 9.7% informan consumo diario de cigarrillos (*SAMHSA Key Substance Use and Mental Health Indicators in the United States. HHS Publication No. PEP21-07-01-003, NSDUH Series H-56. 2021*). El TCA tiene una prevalencia del 5.3% (14.5 millones) y los trastornos por consumo de drogas ilegales del 3% (8.3 millones); 0.9% tienen trastorno por consumo de alcohol y drogas ilegales (2.4 millones) (*SAMHSA Key Substance Use and Mental Health Indicators in the United States. HHS Publication No. PEP21-07-01-003, NSDUH Series H-56. 2021*)
- El uso de varias sustancias y la comorbilidad de varios TCS es frecuente, pero los datos a menudo se recopilan por sustancias individuales (*Med Care* 2017;55(Suppl 2, Suppl 9):S24-S32)

## Prevalencia del TCS[a] y riesgo de abuso de sustancias por grupo etario 2019 en EE.UU. (%)

*(SAMHSA. Key substance use and mental health indicators in the United States: results from the 2019 National Survey on Drug Use and Health. 2020. https://www.samhsa.gov/data/sites/default/files/cbhsq-reports/NSDUHNationalFindingsReport2018/NSDUHNationalFindingsReport2018.pdf)*

| | Todos ≥ 12 años | Edad 12-17 | Edad 18-25 | Edad ≥ 26 |
|---|---|---|---|---|
| TCS (excepto nicotina) | 7.4 | 4.5 | 14.1 | 6.7 |
| Dependencia a la nicotina en el último mes | 9.4 | 0.8 | 7.4 | 10.8 |
| *Consumo diario de cigarrillos en el último mes* | 9.7 | 0.3 | 6.2 | 11.4 |
| Trastorno por consumo de alcohol | 5.3 | 1.7 | 9.3 | 5.1 |
| *Embriaguez alcohólica en el último mes*[b] | 23.9 | 4.9 | 34.3 | 24.5 |
| *Consumo excesivo de alcohol en el mes anterior*[c] | 5.8 | 0.8 | 8.4 | 6.0 |
| Cualquier trastorno por uso de drogas ilegales | 3.0 | 3.6 | 7.5 | 2.3 |
| Cualquier trastorno por abuso de alcohol y drogas ilegales | 0.9 | 0.8 | 2.6 | 0.6 |
| Trastorno por abuso de *Cannabis* | 1.8 | 2.8 | 5.8 | 1.0 |
| Trastorno por consumo de drogas ilegales (excepto *Cannabis*) | 0.1 | 0.1 | 0.2 | 0.1 |
| Trastorno por consumo de cocaína | 0.4 | 0.0 | 0.7 | 0.3 |
| Trastorno debido al uso de estimulantes recetados[d] | 0.5 | 0.3 | 0.6 | 0.5 |
| Trastorno por consumo de opiáceos | 0.6 | 0.3 | 0.7 | 0.6 |
| Trastorno por consumo de analgésicos[e] | 0.5 | 0.3 | 0.6 | 0.5 |
| Trastorno por consumo de heroína | 0.2 | 0.0[f] | 0.2 | 0.2 |
| Trastorno por consumo de metanfetaminas | 0.4 | 0.1 | 0.4 | 0.4 |

[a] Prevalencia del TCS en el último año según los criterios en el DSM-IV. [b] *Embriaguez*: al menos 1 día en el último mes, cinco o más bebidas en la misma ocasión para los hombres, cuatro o más bebidas en la misma ocasión para las mujeres. [c] *Uso excesivo de alcohol*: beber en exceso 5 días o más en el último mes. [d] *Estimulante recetado*: a menudo para tratar TDAH u obesidad (p. ej., anfetaminas y metilfenidato). [e] *Analgésicos*: recetados, basados en opiáceos (p. ej., hidrocodona, morfina y codeína ). [f] No informado debido a la baja precisión estadística.

## Tendencias notables de los TCS y del riesgo de consumo de sustancias en los EE.UU. *(SAMHSA Key Substance Use and Mental Health Indicators in the United States. HHS Publication No. PEP21-07-01-003, NSDUH Series H-56. 2021)*

**Nicotina:** el consumo diario de cigarrillos ha ↓ en adolescentes de 12-17 años (21.8% en 2002 a 7.8% en 2015), adultos jóvenes 18-25 (39.1% en 2002 a 25% en 2019) y adultos ≥ 26 (57.1% en 2002 a 42% en 2019)

**Alcohol:** de 2015 a 2019 la *embriaguez* ↓ en los adolescentes de 12-17 años (5.8% a 4.9%) y en adultos jóvenes 18-25 (39.0% a 34.3%), sin cambios en adultos ≥ 26 (24.5%). El consumo excesivo de alcohol no cambió en adolescentes de 12-17 años (0.8%), ↓ en adultos jóvenes de 18-25 (10.9% a 8.4%) y no cambió en adultos ≥ 26 (6.0%). De 2002 a 2019 el *trastorno por consumo de alcohol* ↓ en adolescentes de 12-17 años (5.9% a 1.7%), en adultos jóvenes 18-25 (17.7% a 9.3%) y adultos ≥ 26 años (6.2% a 5.1%)

**Cannabis:** de 2002 a 2019 el *trastorno por consumo de cannabis* ↓ en adolescentes de 12-17 años (4.3% a 2.8%), no tuvo cambios en adultos jóvenes de 18-25 (6.0 a 5.8%) y ↑ en adultos ≥ 26 años (0.8% a 1.0%)

**Cocaína:** de 2002 a 2019 el *trastorno por consumo de cocaína* ↓ en adolescentes de 12-17 años (0.4% a 0.0%), en adultos de 18-25 (1.2% a 0.7%) y en adultos ≥ 26 años (0.6% a 0.3%)

**Opiáceos:** de 2015 a 2019 el *trastorno por consumo de opiáceos* no tuvo cambios entre los adolescentes de 12-17 años (0.5% a 0.3%), ↓ entre adultos jóvenes de 18-25 (1.5% a 0.7%) y en adultos ≥ 26 (0.8% a 0.6%).

El *trastorno por consumo de analgésicos* no tuvo cambios entre adolescentes de 12-17 años (0.5% a 0.3%), ↓ entre adultos jóvenes de 18-25 (1.2% a 0.6%) y en adultos ≥ 26 (0.7% a 0.5%). El *trastorno por consumo de heroína* no tuvo cambios entre adolescentes de 12-17 años (0.1% en 2002 a 0.0% en 2018) ni de 18-25 (0.2% en 2002 a 0.2% en 2019), ↑ en adultos ≥ 26 años (0.1% en 2002 a 0.2% en 2019)

**Metanfetaminas:** el trastorno por consumo de metanfetaminas no ha tenido cambios durante 2015-2019 (adolescentes de 12-17 años 0.1%, adultos jóvenes de 18-25 años 0.4% y adultos ≥ 26 años 0.3% a 0.4%)

## Prevalencia de muertes por sobredosis de drogas en los EE.UU.

- En 2020 hubo 93 331 muertes por s/d, un aumento de > 5× desde 2000; 69 710 (74.7%) muertes implicaron el uso de opiáceos, un aumento de 8× desde 2000; 19 746 implicaron cocaína, un aumento de 5.5× desde 2000, y 24 334 implicaron psicoestimulantes, un aumento de 42× desde 2000 (https://www.cdc.gov/nchs/nvss/vsrr/drug-overdose-data.htm)
- Las muertes por s/d han aumentado para casi todos los grupos de población, pero son más altas entre los hombres menores de 50 años (*Pain Management and the Opioid Epidemic: Balancing Societal and Individual Benefits and Risks of Prescription Opioid Use*, 2017)

---

# CAUSAS Y FACTORES DE RIESGO DEL TCS

## Factores de riesgo individuales del TCS

- Los TCS son altamente heredables (~40-70%); hay contribuciones genéticas específicas asociadas con el ↑ de riesgo de desarrollar cualquier TCS y de desarrollar TCS específicos (*Nat Neurosci* 2012;15(2):181-89)
- Las interacciones/correlaciones genéticas y ambientales, así como las influencias epigenéticas, desempeñan un papel en el desarrollo y la progresión (*Drug Alcohol Depend* 2017;180:241-59)
- Existen algunas pruebas de asociaciones entre la exposición prenatal a sustancias y el ↑ de riesgo de TCS (*Pediatrics* 2013;131(3):e1009-24)
- Algunos comportamientos externalizados y rasgos de personalidad (p. ej., búsqueda de sensaciones; desinhibición neuroconductual) están asociados con el ↑ riesgo de TCS (*Addict Behav* 2012;37(7):747-75)

## Factores de riesgo ambientales del TCS (*J Addict 2013;7:9:310*)

- El inicio temprano del consumo de sustancias en la adolescencia ↑ el riesgo de progresión posterior a TCS
- Factores de riesgo sociales multifactoriales: consumo de sustancias por padres o familiares, uso de sustancias entre compañeros, maltrato infantil, abuso físico o sexual

---

# TRATAMIENTO DEL TCS

- A pesar de las altas tasas de TCS en los EE.UU., solo el 12% de las personas con TCS reciben Tx (*SAMHSA Key Substance Use and Mental Health Indicators in the United States*. HHS Publication No. PEP21-07-01-003, NSDUH Series H-56. 2021)
- El 9.5% de los que necesitan Tx para TCA reciben cualquier Tx; solo el 1.6% recibió Tx con medicamentos
- El 17.8% de aquellos que necesitan Tx para un trastorno por consumo de drogas reciben Tx
- El 18.1% de aquellos que necesitaban Tx para un trastorno por consumo de opiáceos (TCO) recibieron Tx basado en evidencia con medicamentos
- Los lugares más frecuentes para recibir apoyo o tratamiento formal son grupos de autoayuda, programas para pacientes ambulatorios, programas de tratamiento para pacientes hospitalizados y consultorios médicos privados (*SAMHSA Key Substance Use and Mental Health Indicators in the United States* HHS Publication No. PEP20-07-01-001, NSDUH Series H-55. 2020)

- Los obstáculos para acceder a un tratamiento para el TCS incluyen la falta de necesidad percibida, el estigma de los TCS y su Tx, las limitaciones financieras o de cobertura, las barreras regulatorias, la escasa disponibilidad o acceso al tratamiento, entre otros *(Neurotherapeutics 2020;17(1):55-69)*

## POBLACIONES ESPECIALES EN RIESGO DE TCS

### Personas implicadas en el sistema de justicia penal

- Se estima que ~67% de las personas privadas de la libertad en los EE.UU. tienen algún TCS diferente al alcoholismo *(Drug Use, Dependence, and Abuse Among State Prisoners and Jail Inmates, 2007-2009, 2017)*
- El 76.8% de los que informaron usar heroína se encuentran dentro del sistema de justicia penal *(JAMA Netw Open 2018;1(3):e180558)*
- La muerte por s/d ↑ de forma extrema en el período posterior a la excarcelación *(Addiction 2010;105(9):1545-54)*, pero la mayoría tiene acceso limitado a Tx basado en evidencias científicas *(JAMA 2009;301(2):183-90)*

### Personas con trastornos mentales

- Hay una tasa elevada de comorbilidad con trastornos mentales en los pacientes con TCS; ~15% de los pacientes con TCS tienen un trastorno mental grave (TMG) concomitante y ~25% de los pacientes con TMG tienen un TCS concomitante *(SAMHSA Key Substance Use and Mental Health Indicators in the United States. HHS Publication No. PEP19-5068, NSDUH Series H-54. 2019)*
- Los problemas de salud mental predicen un ↑ en el inicio y la progresión del consumo de sustancias *(J Addict 2013:579310)*. Las afecciones psiquiátricas comórbidas se asocian con peores resultados en el Tx del TCS y con su cumplimiento *(Drug Alcohol Depend 2017;175:157-63)*

### Personas sin hogar

- Los adultos y jóvenes sin hogar tienen ↑ tasas de TCS *(J Addict Nurs 2018;29(1):23-31)* *(Subst Abus 2017;38(1):88-94)* y experimentan barreras únicas para comprometerse y cumplir con el Tx para un TCS *(J Addict Dis 2012;31(3):270-77)*

### Personas que consumen varias sustancias

- La persistencia de un TCS a lo largo del tiempo ↑ entre personas que consumen varias sustancias *(Drug Alcohol Depend 2017;174:128-36)*. El uso de varias sustancias contribuye mucho a las s/d *(MMWR Morb Mortal Wkly Rep 2014;63(40):881-85)* y se asocia con el abandono del Tx *(J Subst Abuse Treat 2020;109:80-85)*
- Es un desafío estudiar el origen de un TCS cuando hay variabilidad de sustancias, así como diversos factores biopsicosociales que interactúan para influir en el uso y la progresión *(Subst Use Misuse 2012;47(8-9):944-62)*

## DESAFÍOS Y CONSIDERACIONES PARA LOS TCS

- La validez de las estimaciones de prevalencia de los TCS se ve afectada por herramientas de diagnóstico limitadas, informes insuficientes debido al estigma, la criminalización y los dogmas sociales; tasas derivadas de encuestas de hogares que excluyen a las poblaciones de mayor riesgo, incluidos los estudiantes universitarios, el personal militar y las personas que están privadas de la libertad, hospitalizadas o sin hogar *(Int Sch Res Notices 2014:923290)*
- El cambiante panorama de las leyes y regulaciones sobre el abuso de sustancias probablemente afectará la prevalencia del TCS. Por ejemplo, la legalización de la marihuana recreativa se asocia con un pequeño ↑ en el consumo de *cannabis* en adolescentes y con un ↑ en el consumo frecuente de *cannabis* y de los trastornos por abuso en adultos *(JAMA Psychiatry 2020;77(2):165-71)*

## Detección precoz *(ASAM Principles, 6.ª ed)*

- **Cribado, intervención breve y remisión a tratamiento (SBIRT):** abordaje basado en evidencias para evaluar rápidamente la gravedad del consumo de alcohol y sustancias, así como identificar el tipo adecuado de Tx
- **Recomendaciones del USPSTF:** *(JAMA 2021;325(3):265-79; JAMA 2020;323(22):2301-9; JAMA 2018;320(18):1899-1909)*
    - Grado A: preguntar a todos los adultos sobre el consumo de tabaco, aconsejarles dejarlo y ofrecer intervenciones conductuales para su abandono, incluidas las mujeres embarazadas
    - Grado B: detectar el consumo no saludable de alcohol en los centros de atención primaria en adultos de 18 años o más, incluidas las mujeres embarazadas, y proporcionar a las personas que consumen alcohol de forma arriesgada o peligrosa intervenciones breves de asesoramiento conductual para reducir el consumo de alcohol
    - Grado C: detectar mediante preguntas sobre el uso no saludable de drogas en adultos de 18 años o más
- **5 pasos:**
    - Preguntar: examinar y evaluar el grado de riesgo
    - Asesorar: afirmación objetiva y centrada en el paciente que recomienda el cambio
    - Evaluar: determinar la disposición al cambio
    - Apoyar: desarrollar el plan de Tx
    - Planificar: considerar el seguimiento y la remisión a otras especialidades
- **Preguntas para el cribado:**
    - *NIDA Quick Screen*, también conocido como *Single-Question Screener*

| En el último año, ¿con qué frecuencia ha consumido...? | Nunca | Una o dos veces | Mensual- mente | Semanal | A diario o casi a diario |
|---|---|---|---|---|---|
| Alcohol | | | | | |
| Para hombres: 5 o más bebidas al día | | | | | |
| Para mujeres: 4 o más bebidas al día | | | | | |
| Productos del tabaco | | | | | |
| Medicamentos con receta para fines no médicos | | | | | |
| Drogas ilegales* | | | | | |

*La Quick Screen del NIDA fue adaptada originalmente del cribado de una sola pregunta para el consumo de drogas en atención primaria de Saitz et. al. *(Arch Intern Med* 2010;170(13):1155-60). Teniendo en cuenta los cambios legales, el concepto «drogas ilegales» puede ser imperfecto para detectar el consumo de *cannabis* según el lugar. Utilice este espacio para «otras sustancias».

- Si anota (–) en todas las preguntas, el cribado está concluido
- Si anota (+) en CUALQUIER pregunta sobre el tabaco, *aconsejar a todas las personas que abandonen su consumo*
- Si anota (+) para el alcohol, proporcionar intervenciones breves de asesoramiento conductual y considerar la AUDIT-C

| Límites máximos de consumo de alcohol (bajo riesgo) para adultos | | |
|---|---|---|
| | **Diario** | **Semanal** |
| Hombres sanos < 65 años | ≤ 4 bebidas | ≤ 14 bebidas |
| Mujeres y hombres sanos > 65 años | ≤ 3 bebidas | ≤ 7 bebidas |

Una bebida estándar = 18 mL de alcohol = p. ej., 355 mL de cerveza con 5% de alcohol, 150 mL de vino con 12% de alcohol o 45 mL de licor con 40% de alcohol.

- Si está por encima de esos límites → «consumidor de riesgo», considere la posibilidad de realizar más pruebas
- AUDIT-C: prueba de gravedad más corta validada para el alcohol

---

AUDIT-C (Bush K, Kivlahan DR, McDonell MB, Fihn SD, Bradley KA. The AUDIT alcohol consumption questions (AUDIT-C): an effective brief screening test for problem drinking. Ambulatory Care Quality Improvement Project (ACQUIP). *Arch Intern Med.* 1998;158(16):1789–1795)

1. ¿Con qué frecuencia toma una bebida con alcohol?

| Nunca | Mensualmente o menos | 2-4 veces al mes | 2-3 veces a la semana | 4 o más veces por semana |
|---|---|---|---|---|

2. ¿Cuántas bebidas estándar con alcohol toma en un día normal?

| 1 o 2 | 3-4 | 5-6 | 7-9 | 10 o más |
|---|---|---|---|---|

3. ¿Con qué frecuencia tomas seis o más bebidas en una sola ocasión?

| Diario o casi diario | Semanal | Mensualmente | Menos de una vez al mes | Nunca |
|---|---|---|---|---|

Puntuación

(+) hombres ≥ 4, mujeres ≥ 3
≥ 7 sugiere dependencia al alcohol

---

- Si es (+) para drogas sin prescripción médica u otras sustancias → considerar una herramienta de cribado adicional como NIDA-Modified ASSIST

---

NIDA-Modified ASSIST (https://www.drugabuse.gov/sites/default/files/pdf/nmassist.pdf)

| 1. En su VIDA, ¿cuáles de las siguientes sustancias ha consumido alguna vez? | Sí | No |
|---|---|---|
| a. *Cannabis* (marihuana, hierba, hachís, etc.) | | |
| b. Cocaína (coca, *crack*, etc.) | | |
| c. Estimulantes con receta (Ritalin®, Concerta®, Dexedrine®, Adderall®, pastillas para adelgazar, etc.) | | |
| d. Metanfetaminas (*speed*, cristal, *ice*, etc.) | | |
| e. Inhalantes (óxido de dinitrógeno, pegamento, gas, disolvente, etc.) | | |
| f. Sedantes o pastillas para dormir (Valium®, Serepax®, Ativan®, Xanax®, Librium®, Rohypnol®, GHB, etc.) | | |
| g. Alucinógenos (LSD, ácido, hongos, PCP, *Special K*, éxtasis, etc.) | | |

| h. Opiáceos de venta ilegal (heroína, opio, etc.) | | |
| i. Opiáceos con receta (fentanilo, oxicodona [OxyContin®, Percocet®], hidrocodona [Vicodin®], metadona, buprenorfina, etc.) | | |
| j. Otros, especifíque: | | |

- Si el paciente responde «Sí» para alguna de las drogas, aplique el ASSIST completo modificado por el NIDA

Para ver la herramienta de cribado completo en línea, visite https://archives.drugabuse.gov/nmassist/

- Nota para la pregunta 8, «¿Ha consumido alguna vez alguna droga por vía intravenosa (SOLO USO NO MÉDICO)?»: a todos los pacientes que informen de consumo intravenoso se les debe recomendar cribado de VIH, hepatitis B/C
- Para cada sustancia, las puntuaciones de las preguntas 2-7 dan como resultado una puntuación de «implicación en uso de sustancias» (IS)
- La puntuación IS para cada sustancia investigada y el grado de riesgo pueden diferir de una sustancia a otra
- Puntuación: 0-3 riesgo bajo, 4-26 riesgo moderado, ≥ 27 riesgo alto
  - Proporcionar retroalimentación y seguir ofreciendo apoyo para todas las puntuaciones
  - Si el riesgo es moderado, considerar un tratamiento, por ejemplo, la medicación basada en evidencia si es apropiado, así como la remisión a otro especialista si fuera necesario
  - Si se trata de alto riesgo organizar el tratamiento, incluyendo la medicación basada en datos científicos si es apropiado, así como la remisión a otro especialista si fuera necesario
- El ASSIST modificado incluye puntuaciones para las consecuencias legales que no están incluidas en los criterios de diagnóstico del DSM-5, ya que las intervenciones legales no se correlacionan necesariamente con la gravedad del consumo

## Diagnóstico (ASAM Principles, 6.ª ed)

Los criterios del DSM-5 incluyen consumir una mayor cantidad de una sustancia de la prevista; tener dificultades para controlar el consumo; dedicar cada vez más tiempo a buscar, consumir o recuperarse de la sustancia; tener avidez; el consumo continuado de la sustancia provoca dificultades para cumplir con los deberes personales o profesionales; seguir consumiendo a pesar de tener problemas sociales relacionados con el consumo; abandonar otras actividades a causa del consumo; consumir en situaciones peligrosas; seguir consumiendo a pesar de que el consumo cause o empeore los problemas de salud mental o física; tolerancia y abstinencia

Ejemplos para ayudar a formular las preguntas sobre los criterios de diagnóstico:

Avidez (*craving*)
- ¿Hay personas, lugares, cosas, emociones u otros desencadenantes que le hagan sentir un fuerte impulso de consumir [sustancia]?

Consumo a pesar del fallo a cumplir la mayoría de roles u obligaciones
- ¿El consumo de [sustancia] le ha dificultado hacer las cosas que necesita para mantener un trabajo o una vivienda segura?

Consumo a pesar de los problemas sociales/interpersonales
- ¿Ha tenido conflictos, estrés o ha perdido relaciones con amigos o familiares por el consumo de [sustancia]?

Reducción de otras actividades debido al consumo

- ¿Hay actividades o aficiones a las dedicaba tiempo que haya abandonado o a las que haya dedicado menos tiempo debido al consumo de [sustancia]?

Consumo en situaciones de peligro físico

- ¿Ha conducido alguna vez un vehículo o manejado alguna maquinaria mientras consumía [sustancia]?
- ¿Su consumo de [sustancia] le ha dejado alguna vez en situación de vulnerabilidad, por ejemplo, consumiendo en una zona pública?

Consumo a pesar del conocimiento de los problemas físicos/psicológicos

- ¿Le ha dicho alguna vez un médico que su consumo de [sustancia] estaba contribuyendo a otros problemas de salud mental o física que ha experimentado?

Tolerancia

- ¿Necesita utilizar una mayor cantidad de [sustancia] para obtener el efecto deseado en comparación con la cantidad que necesitaba para lograr el efecto cuando empezó a utilizar [sustancia]?

Síndrome de abstinencia

- Cuando deja de consumir [sustancia], ¿nota alguna molestia? (mencione los síntomas de abstinencia específicos de las sustancias como ejemplos)

Categorías formales de diagnóstico del TCS del *DSM-5*:

- Trastorno por consumo de alcohol
- Trastorno por consumo de tabaco
- Trastorno por consumo de opiáceos
- Trastorno por consumo de *cannabis*
- Trastorno por consumo de sedantes, somníferos o ansiolíticos, por ejemplo, benzodiazepinas, barbitúricos
- Trastorno por consumo de estimulantes: cocaína, metanfetaminas
- Trastorno por consumo de inhalables: $N_2O$, aerosoles, disolventes volátiles
- Trastorno por consumo de fenciclidina
- Otros trastornos por consumo de alucinógenos: MDMA, psilocibina

# EVALUACIÓN DE PTES CON TRASTORNO POR CONSUMO DE SUSTANCIAS

## Principios generales
1. Cada interacción es de importancia vital para la alianza terapéutica
2. Priorizar la comodidad y la seguridad del paciente
3. Utilizar los principios de la entrevista motivacional (EnM)
4. Buscar diagnósticos, motivadores e intervenciones factibles y congruentes con los objetivos del paciente
5. Acordar el seguimiento, los próximos pasos y las derivaciones

*Dado el riesgo de sobredosis y la urgencia de iniciar la medicación adecuada para el TCO, la metadona y la buprenorfina pueden iniciarse con seguridad antes de completar la evaluación integral (ASAM Practice Guidelines)*

## Abordaje del paciente
1. Funciones y limitaciones
- A. Específicos del lugar: p. ej., el intensivista de la UCI no proporcionará un seguimiento a largo plazo
- B. Específicos de la función: p. ej., el hepatólogo no podría proporcionar psicoterapia (o no debería)
- C. Atención primaria: prevea un tratamiento continuo. Debe conocer los recursos de colaboración, cobertura, aportación de expertos y pases
- D. El entorno y las condiciones clínicas determinarán el alcance de la evaluación inicial
  - a. En los pacientes hospitalizados, el abordaje puede ser estrecho y estar determinado por la urgencia clínica (p. ej., tratamiento preoperatorio urgente) con la recopilación de datos adicionales de manera diferida
  - b. En los pacientes ambulatorios y estables, la evaluación puede ser más completa, diferida. Puede haber varios encuentros en diferentes días
2. Construir una alianza (breve recapitulación de la EnM) *(Motivational Interviewing: Helping People Change, 3.ª ed, 2013)*
  - A. Cómo: escucha activa, sin prejuicios, calidez, sin ser impositivo, autenticidad
  - B. Por qué: este apoyo permite el cambio
3. El espíritu es de colaboración, no de confrontación. Explorar/apoyar la ambivalencia
  - A. Asumir que el paciente puede tener objetivos de atención que usted no esperaba
  - B. La responsabilidad del cambio en el comportamiento recae en el paciente, no en el médico
  - C. Aprovechar la alianza terapéutica para evocar las motivaciones del paciente; explorar sus habilidades, recursos y retos
  - D. En la EnM, utilizar las habilidades para promover un cambio saludable: resaltar tanto lo atractivo del cambio como la incomodidad de la situación actual
  - E. Determinar conjuntamente los pasos concretos para el cambio que el paciente puede adoptar
  - F. Propiciar una «charla de cambio» aumenta las modificaciones conductuales posteriores

## Reglas básicas de la entrevista

1. Asegurar la comodidad y seguridad del paciente
   A. La entrevista no debe llevarse a cabo si la angustia lo impide
   B. Tratamiento urgente de afecciones agudas: Sx de abstinencia/intoxicación, sobredosis, dolor
   C. Reconocer que el paciente puede no ser capaz de participar en la entrevista si experimenta dolor, Sx de abstinencia o avidez; se recomienda interrumpir la entrevista si el paciente lo desea
2. Explicar su función, los límites de la confidencialidad y las medidas que tomará para proteger al paciente y los datos sensibles
   Es posible que el paciente no entienda o no confíe en la confidencialidad
3. Fomentar la autonomía/autoeficacia
   La elección del paciente es primordial en las decisiones de Tx, a menos que el clínico esté muy preocupado por la seguridad del paciente
4. Tenga en cuenta los objetivos de la evaluación (*véase* la siguiente sección); use preguntas abiertas y un estilo conversacional, NO un estilo de entrevista cerrada o lista de control, para involucrar mejor al paciente
I. Objetivos de la evaluación
   1. Verificar la seguridad: considerar la intoxicación/sobredosis y la abstinencia; el suicidio o los peligros inminentes
   2. Diagnósticos: TCS (una a una) y enfermedades/síntomas físicos y mentales concomitantes. Consultar los «Criterios diagnósticos del *DSM-5*»

| | Criterio | | Criterio | Gravedad |
|---|---|---|---|---|
| AVIDEZ o *craving* (fisiológica) | 1. Tolerancia | CONSECUENCIAS | 7. Dedicar mucho tiempo a adquirir, utilizar o recuperar | |
| | 2. Sx de abstinencia | | 8. Incumplimiento de las obligaciones | LEVE 2-3 criterios |
| | 3. Avidez y ansiedad | | 9. Uso a pesar de las consecuencias negativas *conocidas* (físicas/psicológicas) | MODERADA 4-5 criterios |
| PÉRDIDA DE CONTROL (compulsión) | 4. Uso repetido en situaciones de peligro | | 10. Uso que causa problemas sociales *conocidos o desconocidos* | GRAVE 6 o más criterios |
| | | | 11. Pérdida de la función principal | |
| | 5. Intentos repetidos de disminuir el consumo | | | |

| | Criterio | | Criterio | Grave-dad |
|---|---|---|---|---|
| | 6. Mayor consumo o durante más tiempo del previsto | | | |

Indicar si está «bajo medicación agonista» y especificar la medicación.

Tiempo de desaparición de los síntomas:

Temprano si es $\geq 3$ y $< 12$ meses sin más criterios que la avidez.

La remisión sostenida es $\geq 12$ meses sin más criterios que la avidez.

Atención: los criterios de remisión pueden ser alcanzados sin Sx de abstinencia.

3. Motivadores: objetivos de vida importantes y papel de la(s) droga(s) o del alcohol para favorecerlos u obstaculizarlos. Percepción del consumo de sustancias: aspectos positivos y negativos
4. Recursos para la recuperación: recursos y puntos fuertes que apoyan la recuperación; peligros y vulnerabilidades que pueden amenazarla
5. Determinación del tratamiento/próximos pasos
6. Establecer canales de comunicación

    Teléfono del paciente, correo electrónico, otros de confianza

    Contactos con el médico

II. Antecedentes

1. La percepción del paciente probablemente domina las opciones de tratamiento y la planificación a pesar de los posibles desacuerdos
2. A menudo son necesarias otras fuentes de información: registros, corroboración o informes de otras personas importantes. Es necesario *firmar las autorizaciones* (a menos que sea una urgencia), así que tenga a la mano *formularios de consentimiento* en blanco
3. Exploración

    a. Objetivos de vida importantes (mediante entrevista)

    «*¿Puede decirme qué es lo más importante para usted?*»

    «*¿Qué actividades son más relevantes para usted?*»

    b. Datos por fármaco (incluido el alcohol):

    Último uso, inminencia de los efectos

    Uso crónico; inicio; antecedentes

    Períodos de abstinencia:

    Cómo se han conseguido/mantenido

    Cómo terminaron; desencadenantes del regreso al consumo; qué se asocia con la avidez (para planificar evitarlo)

    Grado de funcionalidad/estrés

    c. Consecuencias del consumo de drogas/alcohol

    Familia/amigos

    Salud (física/mental)

    Trabajo

    Otras partes importantes de la vida

    Efecto sobre las actividades/objetivos relevantes

    Legales: debido a las políticas racistas y a la criminalización de afroamericanos, latinos y nativos americanos que consumen alcohol o drogas, las intersecciones con el sistema de justicia penal no reflejan la gravedad clínica; preguntar y documentar los detalles de los asuntos legales puede perpetuar la injusticia y dañar la alianza con el paciente

d. Historial de tratamiento (útil para la planificación del Tx)
   (a) Destacar los Tx recientes
       Eficaz
       Ineficaz
       P. ej., terapia cognitiva-conductual, gestión de contingencias, medicamentos o apoyos para la recuperación
   (b) Condiciones específicas que condujeron al Tx
       «¿Por qué quería un tratamiento en ese momento? ¿Qué estaba pasando en su vida que necesitaba un cambio?» Se trata de los objetivos/consecuencias más importantes
   (c) Medicamentos, dosis, duración, efecto
   (d) Hxf de TCS (la herencia puede disminuir la autoinculpación contraproducente); Hx de trauma (de nuevo, eventos más allá del control del paciente)

III. Exploración física/neuropsiquiátrica y análisis de laboratorio: (véase la tabla sobre posibles hallazgos físicos y de laboratorio según los distintos tipos de droga) pueden ser bastante específicos y breves dependiendo de las sustancias que se consideren
   El objetivo es detectar:
   - Consecuencias del consumo; retroalimentación al paciente como posibles puntos de motivación
   - Problemas por tratar (p. ej., infección, HTA, abstinencia o intoxicación)
   - Comorbilidades que condicionan el uso (p. ej., trauma, depresión, trastorno de síntomas somáticos); las decisiones sobre su tratamiento deben tomarse en conjunto con el paciente
   - Punto de referencia en el tiempo que denota la gravedad (p. ej., la frecuencia de las inyecciones, la nutrición, el autocuidado general, el afecto, la función ejecutiva); puede utilizarse para seguir la recuperación
   - Sustancias presentes en la orina, la saliva o la sangre

IV. Resumen/confirmación con el paciente
   1. Diagnósticos (confirmados y considerados)
   2. Consecuencias del consumo: físicas y de otro tipo
   3. Motivadores destacados para la inercia y para el cambio
      («Sé cuáles son mis prioridades, pero espero que me diga cuáles son los objetivos más importantes para usted»)
   4. Tx que ha funcionado en el pasado
   5. Revisar las opciones para los próximos pasos
      a. Medidas de reducción del daño
      b. Tx del TCS
      c. Tx y abordaje de las consecuencias
      d. Utilizar los recursos de recuperación; mitigar las vulnerabilidades
   6. Determinar los próximos pasos
      a. El compromiso del paciente con:
         (a) Aceptar el Tx
         (b) Permanecer en contacto
         (c) Reducir el daño
         (d) Seguimiento
      b. Especificar por escrito, quizá electrónicamente para que el paciente pueda consultarlo fácilmente, los siguientes pasos específicos que le ayudarán a seguir avanzando hacia la recuperación

| | General | Alcohol | Sedantes-somníferos (benzodiazepinas) | Opiáceos | Estimulantes | Otros |
|---|---|---|---|---|---|---|
| Signos vitales: temperatura | ↑ (complicación infecciosa) | | | | ↑ en la intoxicación | |
| Signos vitales: PA | ↓ deshidratación | ↑ en la abstinencia | ↑ en la abstinencia | ↑ en la abstinencia | ↑ en la intoxicación | |
| Signos vitales: pulso | | ↓ en la abstinencia; irregular con FA | ↓ en la abstinencia; irregular con FA | ↑ en la abstinencia | ↑ en la intoxicación | |
| Piel | Estigmas por inyección o enfermedades subyacentes; traumatismos (accidentales/otros) | Ictericia/angioma en forma de araña (hígado) Palidez (anemia por SGI o mielodepresión) Hematomas: ↓ plaquetas secundario a mielodepresión o hiperesplenismo | No hay estigmas | Estigmas por inyección; abscesos, ictericia si hay hepatitis; fenómenos embólicos si hay EB | Dedos quemados/labios agrietados | |
| Ojos | | Nistagmo (intoxicación o abstinencia), oftalmoplejía: ictericia de Wernicke | Nistagmo | Meiosis: intoxicación Midriasis: en la abstinencia | | Midriasis por barbitúricos Nistagmo (mirada hacia arriba) por PCP |

(continúa)

| | General | Alcohol | Sedantes-somníferos (benzodiazepinas) | Opiáceos | Estimulantes | Otros |
|---|---|---|---|---|---|---|
| Neuropsiquiátricos | ACV por hipoperfusión o embolia | Estado de consciencia (intoxicación o abstinencia); temblor (abstinencia) Marcha (degeneraciones cerebelosas de la línea media o neuropatía periférica) Dismetría (intoxicación) Deterioro cognitivo (crónico y Korsakoff) Alucinación (intoxicación o abstinencia) | Grado de consciencia (intoxicación o abstinencia); temblor (abstinencia) Desinhibición conductual Dismetría, disartria y ataxia (intoxicación) Irritabilidad, ansiedad, pánico, insomnio (abstinencia) Deterioro cognitivo *Delirium* y alucinaciones (intoxicación o abstinencia) Estupor o coma con signos vitales normales (sobredosis) | Sedación: intoxicación o abstinencia Ansiedad o agitación: abstinencia Sensibilidad al dolor: ya sea abstinencia o hiperalgesia/ hiperpatía Sx de ACV debido a embolia séptica Sx de leucoencefalopatía: heroína fumada | Irritabilidad; agitación: intoxicación Delirios/psicosis: intoxicación Retraso psicomotor: abstinencia «depresión»: abstinencia o síndrome de abstinencia prolongada | Paranoia/agitación por PCP Alucinación/ despersonalización: cannabinoides sintéticos |
| Cardíacos | | Cardiopatía por ICC | | Soplo: EB | | |
| Pulmonares | Neumonía o aspiración (relacionada con la sedación) | | | Neumonía: embolia séptica | Hemorragia pulmonar alveolar: por insuflación o por fumar | |

|  |  |  |  |  |
|---|---|---|---|---|
| **GI** | Examen toxicológico si el diagnóstico o el tratamiento cambiarán | Hepatomegalia/ascitis, hígado pequeño cirrótico/esplenomegalia Sensibilidad epigástrica por pancreatitis |  | ↑ glucemia: abstinencia ↓ glucemia: intoxicación Hepatitis C/cirrosis vs. aguda | Isquemia intestinal |
| **Otros** |  |  | Interrupción del sueño Atención: gran variabilidad en la rapidez de aparición/lipofilia y t½ de la droga y los metabolitos que varía de minutos a > semana |  | Perforación del tabique nasal por consumo de cocaína Vasculitis debida a interrupción del levamisol |
| **ANÁLISIS BÁSICOS** |  | HC, pruebas funcionales hepáticas, PAS, renal ↑ transaminasa: hepatitis alcohólica Toxicidad en la médula: ↓ recuento celular; ↑ VCM Hiperesplenismo: ↓ plaquetas ↓ albúmina; insuficiencia hepática | Las pruebas toxicológicas en orina o saliva suelen pasar por alto múltiples y variados metabolitos de las benzodiazepinas; considerar la posibilidad de realizar pruebas de CG-EM para obtener un panorama completo de los metabolitos y distinguir una BZD de otra | Examen toxicológico para hepatitis C por fentanilo, VIH, HC | Toxicidad renal |

# TRATAMIENTO DE LA INTOXICACIÓN Y LA ABSTINENCIA

## Principios generales (adaptados de ASAM CPG)

- Los síndromes de intoxicación y de abstinencia (abs.) son Dx clínicos basados en la A&EF
- La DDO ayuda a la evaluación pero no establece el Dx; no puede determinar el grado de tolerancia o intoxicación, tampoco el potencial de abstinencia y, dependiendo de la prueba, puede no detectar al fentanilo, algunas benzodiazepinas (BZD) y a la mayoría de las nuevas sustancias psicoactivas (J Addict Med 2017;11:1-56)
- Además de la DDO, cuando esté disponible y esté clínicamente indicado, se debe considerar la medición de la alcoholemia, hCG ($♀ < 50$), PCP, HC, así como cribado para hepatitis viral, VIH, sífilis y otras ITS

## Diagnóstico diferencial

- El consumo de varias sustancias puede causar síndromes mixtos de intoxicación/abs. (p. ej., intoxicación por estimulantes que imitan la abs. de alcohol)
- Las enfermedades que causan $\downarrow O_2/\uparrow CO_2$ o encefalopatía metabólica/infecciosa (p. ej., exacerbación de EPOC, ICTB bacteriana complicada, hepatitis vírica/alcohólica) pueden imitar, complicar u ocultar la presentación del síndrome de intoxicación/abstinencia

## Abordaje gradual

- Hx: para cada sustancia, conocer dosis, vía, frecuencia, duración, último uso
- RS/exploración centrada en los Sx de intoxicación/abstinencia
- Comparar el estado de intoxicación/abs. observado con el estado esperado según el historial y el tiempo de evolución. Las incongruencias justifican hacer una evaluación adicional: por lo general se debe a Hx incompletos, un problema médico agudo no reconocido o, en raras ocasiones, Hx inexactos proporcionados por el pte (p. ej., el pte desconoce el consumo de una sustancia adulterada, se ha ganado la desconfianza del sistema médico, se preocupa por el castigo, necesita refugio o por seguridad)

## ALCOHOL

|  |  | Vol. | % graduación alcohólica | Bebidas estándar en EE.UU. |
|---|---|---|---|---|
| **Cerveza** | Botella/lata | 355 mL | 5 | 1 |
|  | «Tallboy» | 470-710 mL | 5 | 1.5-2 |
| **Licor de malta** | «Tallboy» | 470-710 mL | 8 | 2-3.3 |
|  | «Forty» | 1.20 L | 8 | 4-5 |
| **Vino** | Copa | 148 mL | 12 | 1 |
|  | Botella | 770 mL | 12 | 5 |
|  | Caja | 3-5 L | 12 | 20-34 |
| **Destilados** | *Shot* | 44 mL | 40 | 1 |
|  | Pinta | 470 mL | 40 | 11 |
|  | Quinta | 770 mL | 40 | 21 |
|  | «Handle» | 1.75 L | 40 | 40 |

## Intoxicación (adaptado de *ASAM Principles, 2019*)

| Alcohole-mia, g/dL | Hallazgos clínicos en bebedores sin tratamiento previo* |
|---|---|
| 0.02-0.1 | ↓ coordinación, cambios en el estado de ánimo, la personalidad y el comportamiento |
| 0.1-0.2 | ↑ tiempo de reacción, ataxia, descoordinación, deterioro mental |
| 0.2-0.3 | Intoxicación evidente a menos que haya una marcada tolerancia; náuseas, vómitos, ataxia |
| 0.3-0.4 | ↓ temp, disartria, amnesia, anestesia |
| 0.4-0.8 | Obnubilación-coma dependiendo de la tolerancia; ↓ FR, ↓ PA, ↓ temp, ↓ reflejos |
| 0.6-0.8 | A menudo es mortal con la pérdida de los reflejos de las vías respiratorias, la aspiración o el paro respiratorio |

*En consumidores crónicos de alcohol, los resultados pueden corresponder a un mayor grado de alcoholemia.

### Tratamiento de la intoxicación
- **Intoxicación:** cuidados de apoyo, preguntar por sustancias concomitantes (estimulantes, opiáceos, BZD)
- **Agitación:** cuidados de apoyo; si es grave, puede administrarse una BZD de acción corta o un antipsicótico
- **AEM:** 100 mg de tiamina i.v./i.m. (Tx empírico para la EW)
- **Obnubilación:** apoyo centrado en la protección de las vías respiratorias

### Síndrome de abstinencia
- **Momento:** variable; el inicio típico de los Sx es de 6-24 h (puede presentarse con alcoholemia [+]), alcanza su punto máximo alrededor de las 72 h, se resuelve en 72-96 h, pero puede continuar hasta 10 días después de la última bebida
- **Sx:** ansiedad, insomnio, náuseas, cefalea, ↑ FC, ↑ PA, ↑ temp, ↑ reflejos, temblor, alucinosis, convulsiones, desorientación, agitación

### Tratamiento de la abstinencia
**NAM:** *véase* «Tx ambulatorio de la abstinencia alcohólica» para los criterios del NAM.
**Análisis:** en los escenarios en los que estén disponibles, según la indicación clínica, considerar alcoholemia, DDO (coingesta), hCG (♀ < 50), MCP, Mg, fósforo, Ca (evaluar las alteraciones metabólicas, la reposición de electrólitos), cribado para hepatitis vírica.
**Tx:** para ptes en estancia/PH: la BZD activada por los síntomas es eficaz, se utiliza menos medicación con ↓ DEH vs. protocolos de disminución fija; la CIWA-Ar es la herramienta de evaluación más utilizada, pero tiene limitaciones en pacientes con AEM o barreras lingüísticas. Muchos prefieren la RASS para una evaluación más objetiva (*Cochrane Database Syst Rev 2005;3:CD005063*).

| CIWA-Ar | Clordiazepóxido | Diazepam | Lorazepam | Repetir CIWA-Ar en |
|---|---|---|---|---|
| ≥ 19 (grave) | 75-100 mg | 30-40 mg | 3-4 mg | 1-2 h |
| 10-18 (moderada) | 50-100 mg | 20-40 mg | 2-4 mg | 2-4 h |
| < 10 (leve) | 0-50 mg | 0-20 mg | 0-2 mg | 4-6 h |

Tratamiento de la abstinencia aguda, determinada por una puntuación CIWA-Ar < 10 durante 24-36 h

## Abstinencia alcohólica complicada (ASAM Guidelines, 2020)

- **Definición:** abstinencia de alcohol más alucinaciones, convulsiones o DT
- **Factores de predicción:** convulsiones/DT previos, numerosos episodios de abs. previos, TCE, epilepsia, consumo excesivo y prolongado de alcohol, dependencia de BZD/barbitúricos, CIWA-Ar > 10, hiperactividad autónomica, Sx de abstinencia simultáneo con intoxicación o ↑↑ de alcoholemia, trastorno mental concomitante activo

## Convulsiones por abstinencia de alcohol

- **Sx:** crisis tónico-clónicas generalizadas durante la abstinencia de alcohol
- **Momento:** 12-48 h desde la última bebida; puede ser índice de Sx de abs. y puede presentarse con alcoholemia (+)
- **Evaluación:** las convulsiones pueden atribuirse al síndrome de abstinencia sin necesidad de más pruebas si (1) son tónico-clónicas generalizadas, (2) el consumo de alcohol ↓ recientemente *en un pte con Hx de convulsiones por abs.* y (3) **regresa al estado inicial**. Por el contrario, nuevas convulsiones → evaluación neurológica completa, análisis, neuroimagen, EEG, según corresponda
- **Tx:** vigilancia de 1-2 h, análisis, reposición de líquidos/electrólitos, BZD de acción rápida (p. ej., lorazepam, diazepam)

### Delirium tremens

- **Sx:** desorientación y alucinaciones visuales, auditivas o táctiles. Incluye riesgo de muerte
- **Momento:** inicio típico 72-96 h desde la última bebida; dura 3-5 días
- **Evaluación:** antes de atribuir el delírium a la abs. de alcohol, descartar otros DxD de infección, isquemia, metabólicos, ↓ $O_2$/↑ $CO_2$ o coexposiciones
- **Supervisión:** vigilancia estrecha por parte de la ET, a menudo en el nivel de atención de la UCI y observación 1:1. Supervisar con escalas como MEC-UCI, RASS o BAWS. Evitar la CIWA-Ar en pacientes con DT (no pueden informar de forma fiable sobre los Sx)
- **Tx:** BZD i.v. activada por los síntomas para lograr una somnolencia ligera. Pueden ser necesarias dosis altas para esta población única de ptes. No suspender las dosis altas para controlar la agitación, pero vigilar la sedación y la depresión respiratoria. Con dosis ↑↑ de lorazepam o diazepam, tener cuidado con la toxicidad del propilenglicol (disolvente). Barbitúricos como complemento o como alternativa de monoterapia, pero no se prefieren debido a su estrecho rango terapéutico, ↑ riesgo de sedación y ↓ FR

## Abstinencia resistente al tratamiento

- Se define como abs. grave/complicada a pesar de altas dosis de BZD (> 150-200 mg de equivalentes de diazepam en las primeras 4 h de Tx)
- Tx: en la UCI, además de las BZD, considerar fenobarbital (Phb) adjunto. Dosis única de Phb: 10 mg/kg i.v. en infusión durante 30 min o dosificación escalonada: 60 mg → 120 mg → 240 mg i.v. c/30 min a RASS 0 a −2; la dexmedetomidina y el propofol (en pacientes de UCI ventilados) pueden considerarse como alternativas al Phb

## Cuidados de apoyo

**Tiamina:** como ppx de la EW: 100 mg i.v./i.m./v.o. al día durante 3-5 días; absorción i.v./i.m. > v.o.

Un multivitamínico oral diario puede ser beneficioso.

Para los pacientes en estado muy grave pueden ofrecerse suplementos de ácido fólico.

El pte ideal tiene síndrome de abs. leve, sin Hx de convulsiones o DT, sin afecciones médicas o psicológicas importantes.

- **Asesoramiento:** signos/Sx esperados vs. Sx que indican la necesidad de un mayor NAM (p. ej., temblor que no responde a los medicamentos, confusión, alucinaciones)
- **Seguimiento:** visitas frecuentes/diarias hasta 5 días para CIWA, evaluación de Sx, cambios de medicación

**Tratamiento ambulatorio para la abstinencia de alcohol**
**Selección de pacientes y protocolos**

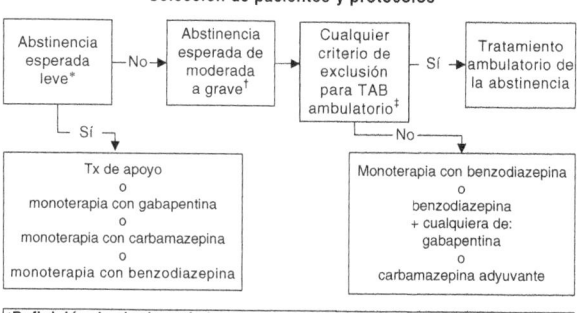

**\*Definición de abstinencia leve:**
- ❏ CIWA-Ar < 10
- ❏ Ansiedad leve o moderada, sudoración e insomnio, sin temblor

**†Factores de riesgo de abstinencia moderada/grave/complicada:**
- ❏ Hx: abstinencia grave/complicada, numerosos episodios previos de abstinencia, TCE, epilepsia, consumo excesivo y prolongado de alcohol, dependencia a BZD/barbitúricos + alcohol
- ❏ Presentación: CIWA-Ar > 10, hiperactividad autónoma, síntomas de abstinencia concurrentes con intoxicación o alcoholemia +, Dx psiquiátrico concurrente activo moderado/grave
- ❏ Riesgo alto de complicaciones de enfermedades médicas, quirúrgicas o psiquiátricas relevantes (en particular, enfermedades CV)

**‡Criterios de exclusión para TAB ambulatorio:**
- ❏ CIWA-Ar ≥ 18
- ❏ Dependencia a opiáceos/BZD
- ❏ > 17 bebidas estándar al día
- ❏ Hx de DT/convulsiones
- ❏ Hx de DT/convulsiones
- ❏ Dx médico/psiquiátrico inestable/activo, moderado/grave
- ❏ Edad ≥ 65 con comorbilidades médicas
- ❏ Sin hogar fijo
- ❏ Deficientes en cooperación, confiabilidad, compromiso
- ❏ Embarazo, epilepsia, intolerancia a la medicación v.o., sospecha de TCE, incapacidad para comunicar los Sx, deterioro cognitivo moderado/grave

## Ejemplos de protocolos de medicación para la abstinencia de alcohol en régimen ambulatorio

| Día | Gabapentina | Carbamazepina | Clordiazepóxido (< 9 bebidas estándar/día) | Clordiazepóxido (9-18 bebidas/día) |
|-----|-------------|---------------|--------------------------------------------|-------------------------------------|
| 1 | 300 mg c/6 h | 400 mg c/12 h | 25 mg c/6 h | 50 mg c/6 h |
| 2 | 300 mg c/8 h | 400 mg c/12 h | 25 mg c/8 h | 50 mg c/8 h |
| 3 | 300 mg c/12 h | 200 mg c/24 h am 400 mg c/24 h pm | 25 mg c/12 h | 25 mg c/6 h |
| 4 | 300 mg una vez | 200 mg c/24 h am 400 mg c/24 h pm | 25 mg c/24 h pm | 25 mg c/8 h |
| 5 | | 200 mg c/12 h | | 25 mg c/12 h |
| 6 | | | | 25 mg c/24 h pm |

(*ASAM Guidelines*, 2020; *Cochrane Database Syst Rev* 2010;6:CD008537; *NICE CG* 2010:100-15).

## OPIÁCEOS

### Intoxicación (ASAM Principles, 2019)

**Sx:** disminución del estado de alerta + (1) pupilas puntiformes, (2) FR < 12/min, (3) ± hallazgos cutáneos (p. ej., marcas por agujas). En el estado mental deprimido, cualquiera de estos tres tiene 92% de Sen. y 76% de Esp. para la toxicidad por opiáceos (*Ann Emerg Med* 1991;20:246).

**Análisis:** la DDO encuentra metabolitos recientes (1-2 días) de la morfina (opiáceos: heroína, morfina, codeína, consumo de opio), puede detectar semisintéticos (hidrocodona, hidromorfona, oxicodona) y no detecta sintéticos (buprenorfina, metadona, fentanilo) a menos que se incluya un sintético específico en la DDO; las pruebas de confirmación (CG-EM) pueden detectar los metabolitos de la heroína 6-monoacetil-morfina, fentanilo, morfina ± codeína ± hidromorfona.

Ofrecer pruebas de cribado de VIH, hepatitis vírica, sífilis y otras ITS.

### Tratamiento de la intoxicación (ASAM Principles, 2019)

- Si el pte ventila adecuadamente, vigilar hasta que mejore el estado mental
- Si no es así, pasar naloxona con una dosis inicial de 0.4-0.8 mg; repetir la dosis cada 1-2 min PRN; pueden ser necesarias dosis más altas en caso de sospecha de toxicidad por fentanilo; puede ser necesaria una infusión continua en caso de toxicidad por opiáceos de AP (*CJEM* 2020;22:178)

  Iniciar la ventilación mecánica.

  Contemplar una prueba final con naloxona a dosis alta (2 mg).

  Considerar la intoxicación polisustancia u otros problemas médicos.

### Síndrome de abstinencia (ASAM Principles, 2019)

**Sx:** ↑ actividad simpática → ↑ PA, ↑ FC, ansiedad, inquietud, midriasis. También se produce piloerección, lagrimeo, rinorrea, diarrea y vómitos.

**Cronología:** depende del patrón de uso y de la farmacocinética del opiáceo. Para el consumo diario de heroína: inicio típico 4-6 h después del consumo, máximo a las 36-72 h, termina en 7-14 días.

### Tratamiento de la abstinencia

La buprenorfina o la metadona con continuación como terapia de mantenimiento es el estándar de atención debido a ↓ riesgo de retorno al uso, s/d o muerte. Los regímenes basados en la disminución de la dosis y los no opiáceos representan una opción subestándar, pero pueden utilizarse tras un adecuado consentimiento debidamente informado según la preferencia del pte, tras el rechazo del tratamiento con agonistas opiáceos, o para facilitar la transición posterior a la naltrexona de LP.

### Buprenorfina para el tratamiento de la abstinencia y el inicio del mantenimiento

- Farmacología clave: agonista parcial con afinidad muy alta por el receptor opioide μ, vida media larga (24-42 h); si se administra mientras la mayoría de los receptores μ están ocupados por un agonista opioide μ puro, la buprenorfina desplaza al agonista puro y provoca un síndrome de abstinencia precipitado; esto se evita esperando a que la mayor parte del agonista puro se metabolice o mediante técnicas de inducción con dosis bajas
- Ejemplo de protocolo de inducción con buprenorfina:
  - Día 1: esperar a que se produzcan algunos signos objetivos de abs. (p. ej., diaforesis, midriasis, piloerección) y COWS ≥ 11, luego administrar 2-4 mg c/2 h s.l. PRN para COWS > 10 o avidez.
  - Día 2 y siguientes: administrar la dosis diaria total del día anterior por la mañana; dar 2-4 mg adicionales c/2 h para la avidez.
- Límites de la dosis diaria: las indicaciones de la FDA recomiendan un máximo de 8 mg el día 1, 16 mg el segundo y 24 mg a partir de entonces; sin embargo, la dosificación debe ser individualizada y se pueden suministrar dosis más altas a las autorizadas por los síntomas de abs. y la avidez que no se suprimen adecuadamente con dichos límites (SAMHSA TIP 2021:63)
- Dosis típica de mantenimiento: 16-24 mg/día; considerar dosis más bajas en ptes que se espera que tengan baja tolerancia a los opiáceos, metabolismo alterado, ↑ edad, enf. pulmonar importante, co-Tx con fármacos sedantes o que interactúan; algunos escenarios incluyen la inducción del Tx después de un período prolongado de abs. de opiáceos, uso de heroína en dosis bajas (p. ej., < ¼ g/día), uso de Tx con opiáceos de baja EMM, uso de kratom
- Para el uso de opiáceos de AP o fentanilo, considerar un umbral COWS más alto (p. ej., 14-16) y dosis de buprenorfina más bajas (p. ej., 2 mg), o iniciar con dosis bajas (véase más adelante) para reducir el riesgo de abs. precipitada

### Metadona para el tratamiento de la abstinencia y el inicio del mantenimiento

El riesgo de sobredosis es mayor en las dos primeras semanas de inicio de la metadona; comprender la farmacología y predecir la tolerancia a los opiáceos es clave para individualizar la dosis y reducir este riesgo

- Farmacología: agonista puro con gran afinidad por el receptor opioide μ y larga semivida; metabolizado por el CYP450, con gran variabilidad individual en la farmacocinética (la semivida varía de 8 a 59 h con una media de 24 h); **las concentraciones en sangre aumentan diariamente durante 4-7 días, incluso sin incrementar la dosis**, por lo que el paciente no sentirá el efecto completo de una dosis inicial durante 4 días o más
- Factores de riesgo potenciales para la baja tolerancia a los opiáceos:
  - Edad ≥ 60 años
  - Uso de opiáceos más ligero (p. ej., < ¼ g/día de heroína, opiáceos de venta con receta con < 90 EMM, kratom)
  - Abstinencia prolongada reciente
  - Uso de medicamentos sedantes (p. ej., BZD, antipsicóticos) o alcohol

- Tomar inhibidores del CYP450 o dejar de tomar inductores del CYP450
- Comorbilidades médicas cardiopulmonares (p. ej., asma, EPOC, obesidad, AOS, prolongación del QTc, cardiopatía pulmonar)

Consideraciones adicionales antes de iniciar la metadona:

- Efectos secundarios: advertencia destacada para prolongación del QTc, considerar ECG de referencia en pacientes con riesgo ↑: medicamentos que prolongan el QTc, uso de estimulantes, anomalías electrolíticas, antecedentes personales o familiares de arritmia, IM, ICC, prolongación del QTc, síncope, palpitaciones, convulsiones, antecedentes familiares de muerte súbita de origen cardíaco
- Interacciones medicamentosas: utilizar dosis más bajas en pacientes con depresores del SNC e inhibidores del CYP450 (macrólidos, azoles, inhibidores de la proteasa, sertralina, fluvoxamina); puede ser necesario emplear dosis más altas en pacientes con inductores del CYP450 y antirretrovirales
- Criterios de inclusión en los programas de Tx con opiáceos (PTO): la administración de metadona para el Tx del TCO se limita a tres ámbitos: hospitales, centros de atención a largo plazo y PTO. Si se considera iniciar el mantenimiento con metadona en el entorno hospitalario, es necesario confirmar que el paciente cumple los tres requisitos federales de admisión en el PTO para el mantenimiento continuo: (1) edad ≥ 18 años, (2) Dx establecido de TCO y (3) Hx de uso de opiáceos durante ≥ 1 año (puede eximir a las pacientes embarazadas, antiguos pacientes en PTO [dentro de 2 años de su AH] y los pacientes liberados de la cárcel en los últimos 6 meses) (*CFR 42 Parte 8*). Tener en cuenta que para algunas autoridades estatales el Tx con opiáceos tienen restricciones adicionales de admisión a los PTO

Modelo de protocolo de inducción a la metadona para pacientes con alta tolerancia a los opiáceos:

- Día 1: 10-30 mg v.o. una vez (las normas federales establecen que la dosis inicial no puede superar los 30 mg). Si la abstinencia/avidez no se suprime 4 h después de la dosis inicial, pueden administrarse 5-10 mg v.o. adicionales cada 4 h hasta una dosis diaria total de 40 mg
- Días 2-14: ajustes iniciales basados en el efecto notificado/observado con la concentración máxima del fármaco (2-4 h después de la última dosis) y en las 12 h siguientes a la última dosis:
  - Sedación o intoxicación 2-4 h después de la última dosis: *disminuir* la dosis diaria total
  - Alivio 2-4 horas después de la última dosis; abs. 12-24 h después de la última dosis: *mantener* la dosis actual durante 3-5 días para alcanzar el equilibrio
  - No hay alivio 2-4 h después de la última dosis o abst. < 12 h después de la última dosis: *aumentar* 5-10 mg cada 3-5 días; puede ser seguro un aumento más rápido con una dosis dividida y una estrecha vigilancia de la sedación, como en el entorno intrahospitalario (*J Addict Med* 2019;13:408)
- Días 15-28: continuar con los ajustes de dosis en incrementos de 5 mg c/3-5 días en función de los síntomas de abs. y sedación; el rango típico de dosis de mantenimiento es de 60-120 mg diarios. Hay algunos datos de que las dosis más altas (80-100 mg/día) mejoran la retención en el Tx
- Ejemplo de protocolo de inducción con metadona para ptes con baja o nula tolerancia a los opiáceos: 5 mg v.o. al día, aumentar unos 5 mg cada semana en función de la respuesta individual

**Medicamentos adyuvantes:** puede utilizarse solo en pacientes que rechazan el Tx con agonistas opioides μ o con protocolos de buprenorfina/metadona para los Sx intercurrentes. La necesidad de una amplia medicación complementaria al iniciar el mantenimiento con buprenorfina/metadona puede sugerir una dosis inadecuada de estos fármacos.

- Agonistas adrenérgicos α-2: clonidina 0.1 mg c/6 h PRN para la ansiedad o lofexidina 3.2 mg/día administrada en 4 dosis distintas; mantener para FC < 60, PA < 90/60
- Hidroxizina 25-50 mg c/4-6 h PRN para la ansiedad
- Ondansetrón 4-8 mg c/2-4 h PRN para las náuseas
- Loperamida 2-4 mg c/4-6 h PRN para la diarrea
- Ibuprofeno 200-600 mg c/4-6 h PRN para el dolor y las mialgias
- Dicicloverina 20 mg c/6 h PRN para los cólicos abdominales

**Reducción:** se puede utilizar un método de aumento y disminución para los pacientes que desean buprenorfina o metadona para mitigar el síndrome de abs. agudo de opiáceos, pero que rechazan el Tx de mantenimiento para el TCO. Llevar a cabo una conversación exhaustiva sobre el consentimiento informado en la que se expliquen los mayores riesgos de retorno al consumo, s/d y muerte asociados con la reducción vs. el mantenimiento.

La dosis máxima y la duración de la reducción pueden orientarse con los objetivos de los ptes, la estimación de su tolerancia a los opiáceos y la planificación del AH. Después de un período inicial de 24-48 h de buprenorfina/metadona para estabilizar los síntomas agudos de abstinencia (como se ha indicado anteriormente), la dosis diaria total se disminuye entonces a ≤ 50% de la dosis total del día anterior (p. ej., buprenorfina 16 mg → 8 mg → 4 mg → 2 mg, con 2-4 mg adicionales c/12-24 h disponibles PRN con COWS > 10) *(Cochrane Database Syst Rev 2017;2:CD002025)*

## Inicio de la buprenorfina tras uso de opiáceos de AP o fentanilo

Los opiáceos de AP, como la morfina de LP (MS Contin®), la oxicodona de LP (Oxycontin®) y la metadona, tienen ↑ riesgo de abs. precipitada debido a su larga semivida; el uso regular de fentanilo conlleva un riesgo similar debido a su lipofilia → volumen de distribución elevado → depuración prolongada *(SSA 2019;114:781; Am J Addict 2021;30:83)*.

El abordaje general es esperar más tiempo después del último uso de opiáceos (p. ej., 24-36 h), utilizar un umbral COWS más alto (p. ej., 14-16) antes de la primera dosis de buprenorfina y usar dosis de inducción de buprenorfina más pequeñas (p. ej., 2 mg) mientras se ofrecen medicamentos coadyuvantes no opiáceos *(véase antes)* para los Sx de abs. antes de la inducción.

La inducción con dosis bajas de buprenorfina *(véase más adelante)* es un abordaje alternativo con una base científica en desarrollo.

## Abstinencia precipitada de opiáceos durante el inicio de la buprenorfina

Se presenta como un escalamiento de los Sx por abs. de opiáceos tras el inicio de la buprenorfina. Escenario clínico difícil sin muchos datos publicados. Los abordajes incluyen:

1. Reforzamiento rápido de buprenorfina: añadir 2 mg c/30 min PRN con COWS > 10
2. Tratamiento enérgico dirigido a los Sx con medicamentos coadyuvantes no opiáceos
3. Considerar la BZD de AC para los Sx de resistencia al Tx

## Inducción con dosis bajas de buprenorfina («microinducción»)

**Teoría:** el ajuste de la dosis de buprenorfina, bajo y lento, durante el uso continuo de agonistas puros de los receptores opioides μ sin precipitar la abs.; una vez que se desplaza la mayor parte del agonista puro, se puede interrumpir y la inducción se completa sin ningún período necesario de abstinencia.

**Posibles indicaciones**
- Intolerancia al síndrome de abs. durante la inducción de la buprenorfina con el esquema tradicional

- Transición de opiáceos de AP o uso regular de fentanilo
- No se puede suspender el agonista completo (p. ej., indicaciones de dolor agudo)

**Técnica:** se han publicado diversos protocolos en estudios/series de casos; todos ellos implican la introducción gradual de la buprenorfina mientras se sigue tomando el agonista opiáceo completo, para luego interrumpir o reducir el agonista completo.

La **dosificación inicial** se realiza con parches transdérmicos de buprenorfina de dosis baja o comprimidos/parches de buprenorfina de 2 mg con instrucciones de dividir los comprimidos o parches para ajustar la dosis requerida *(Am J Addict 2021;30(4):305-315)*.

**Ejemplos de protocolos de inducción de dosis bajas de buprenorfina**

| | Día 1 | 2 | 3 | 4 | 5 | 6 | 7+ |
|---|---|---|---|---|---|---|---|
| **Esquema con buprenorfina s.l.** | 0.5 mg una vez | 0.5 mg c/12 h | 1 mg c/12 h | 2 mg c/12 h | 4 mg c/12 h | 4 mg c/8 h | Ajustar PRN |
| **Esquema con buprenorfina transdérmica + s.l.** | – | 1 mg c/24 h pm | 1 mg c/12 h | 2 mg c/12 h | 4 mg c/12 h | 4 mg c/8 h | Ajustar PRN |
| | Parche transdérmico de 20 µg/h <br> Continuar hasta la primera dosis s.l. o durante la inducción | | | | | | |
| En ambos abordajes el agonista opiáceo completo se continúa o se reduce lentamente hasta el día 5 y luego se interrumpe | | | | | | | |

**División de los parches de 2 mg de buprenorfina para inducción con dosis bajas**

| | 1/4 parche 0.5 mg | |
|---|---|---|
| 1/2 parche 1 mg | 1/8 parche* 0.25 mg | 1/8 parche* 0.25 mg |

*La mayoría de los protocolos no usan dosis de 0.25 mg
(figura utilizada con autorización de Jennifer Hartley)

## ESTIMULANTES

(Metanfetamina, anfetaminas, cocaína)

### Intoxicación *(ASAM Principles, 2019)*

↑ FC, ↑ PA, ↑ temp, ↓ umbral para convulsiones, puede complicarse por HTA repentina, rabdomiólisis, SCA, ACV (en especial el hemorrágico), isquemia mesentérica, delírium, convulsiones, miocardiopatía, HTA pulmonar, CID.

**Psicosis inducida por estimulantes:** paranoia, alucinaciones, contenido de pensamiento y comportamientos inusuales; puede persistir después de que la DDO sea negativa.

**Evaluación:** DDO, ± hCG (♀ < 50), QS (LRA, electrólitos, acidosis), CK (rabdomiólisis), lactato, TP/TTPa (CID), enzimas cardíacas (SCA), ECG (taquiarritmias, SCA, intervalos QRS/QTc).

Ofrecer pruebas de cribado de VIH, hepatitis vírica, sífilis y otras ITS.

### Tratamiento de la toxicidad *(ASAM Principles, 2019)*

Los cuidados de apoyo en un entorno tranquilo y seguro suelen ser apropiados; sin embargo, si es posible que haya complicaciones CV, del SNC o metabólicas, se debe derivar a urgencias para una mayor evaluación y control.

- Toxicidad CV y del SNC. Primera línea: BZD de acción corta, para ↑ FC/PA que no responden a las BZD; segunda línea: bloqueo α (fentolamina 2-10 mg i.v. durante 10 min); tercera línea: vasodilatador directo (nitroprusiato de sodio 0.25-1 µg/kg por min o Ntg 5-100 µg i.v.). Evitar los BB y los BCC
- SCA: BB probablemente seguros aunque existe debate (*Emerg Med J* 2018; 35(9):559-63); por lo demás, abordaje similar al del síndrome no asociado con fármacos: $O_2$, morfina, Ntg, AAS, antiplaquetarios, APC/trombólisis
- Rabdomiólisis: LIV enérgicos para alcanzar diuresis objetivo > 2 mL/kg por h, gestión de electrólitos, considerar hemodiálisis
- Psicosis: antipsicóticos con inicio de acción rápida (p. ej., olanzapina, ziprasidona)

### Síndrome de abstinencia (ASAM Principles, 2019)
- Disforia, anhedonia, ansiedad, fatiga, irritabilidad, hipersomnolencia, insomnio, ↑ de apetito, avidez de drogas
- La psicosis residual puede durar horas-días; puede persistir días-semanas

### Tratamiento de la abstinencia
- Cuidados de apoyo con reposo y dieta saludable para el período de abs. aguda y el período inicial de abs.; un breve período en estancia/internado rara vez está indicado médicamente, pero puede beneficiar al paciente sin un entorno de apoyo para la recuperación (p. ej., sin hogar)
- Todavía no se ha demostrado que algún medicamento alivie la abstinencia de estimulantes

## SEDANTES-SOMNÍFEROS

(BZD, barbitúricos, fármacos Z)

### Farmacocinética y dosis equipotentes de las benzodiazepinas y los fármacos Z más utilizados

| Nombre genérico | t½ (h) (metabolito activo t½) | Dosis igual a 30 mg de fenobarbital |
|---|---|---|
| Alprazolam | 6-12 | 0.5-1 mg |
| Clonazepam | 18-50 | 1-2 mg |
| Clordiazepóxido | 5-30 (36-200) | 25 mg |
| Diazepam | 20-100 (36-200) | 10 mg |
| Lorazepam | 10-20 | 2 mg |
| Oxazepam | 4-15 | 10-15 mg |
| Temazepam | 8-22 | 15 mg |
| Eszopiclona | 9 | 3 mg |
| Zaleplón | 2 | 20 mg |
| Zolpidem | 2 | 20 mg |

(*ASAM Principles*, 2019; benzo.org.uk, 2020).

## Características de las benzodiazepinas de uso frecuente fabricadas ilegalmente («de diseño, de investigación»)

| Nombre | Dosis baja | Dosis alta | Inicio | Duración | Efectos secundarios |
|---|---|---|---|---|---|
| Etizolam | 0.5-1 mg | 2-4 mg | 10-40 min | 5-8 h | 6-24 h |
| Clonazolam | 75-200 µg | 0.5-1 mg | 10-30 min | 6-10 h | 1-12 h |
| Flualprazolam | 125-250 µg | 0.5-1 mg | 10-30 min | 6-14 h | 1-36 h |
| Flubromazolam | 100-200 µg | 400-600 µg | 20-45 min | 3-6 h | 1-14 h |

(*Neurotoxicología* 2019;73:8).

Las BZD fabricadas ilegalmente (p. ej., las «barritas de xanax» ilegales) pueden no contener las BZD anunciadas, pueden contener compuestos de BZD «de diseño» (es decir, compuestos de BZD no aprobados para uso médico o análogos/metabolitos de BZD registrados), pueden contener fentanilo y pueden no aparecer en una DDO.

### Intoxicación

**Sx:** similares al alcohol: habla arrastrada, ataxia, ↓ coordinación → obnubilación; ↓ FR, ↓ PA, ↓ temp, ↓ reflejos. Pérdida de los reflejos de protección de las vías respiratorias/aspiración/paro respiratorio cuando las BZD se usan con alcohol, barbitúricos u opiáceos, pero no cuando se usan solas.

**Análisis:** DDO, alcoholemia (coingesta), QS (anomalías metabólicas), hCG (♀ < 50), ofrecer cribado de VIH, hepatitis vírica, sífilis y otras ITS.

### Tratamiento de la toxicidad

**Intoxicación:** cuidados de apoyo, evaluar las coingestas.

**Sobredosis:** vías respiratorias, respiración, circulación; asegurar la vía aérea con cánula ET en casos graves. El Tx antagonista con flumazenil rara vez se utiliza debido al riesgo de complicar la retirada de la BZD (convulsiones, delírium, arritmias cardíacas).

### Síndrome de abstinencia

**Sx:** recurrencia/empeoramiento de los Sx que llevaron al uso inicial de BZD (ansiedad, insomnio), náuseas, alteraciones sensoriales, ↑ FC, ↑ PA, ↑ temp, temblor, acúfenos.

**Cronología:** el inicio y la duración de los Sx varían ampliamente, dependiendo de la semivida, la dosis y la duración de la BZD concreta utilizada. La duración puede variar de días a 4 semanas.

**Complicaciones:** convulsiones, delírium, psicosis.

### Tratamiento de la abstinencia

- **NAM**: dependencia de múltiples sustancias, uso de altas dosis de BZD, comportamiento errático, patrones de uso inciertos, uso de fuentes ilegales o comorbilidades psíquicas extensas → considerar estancia/PH
- **Disminución de BZD/fenobarbital:** utilizar la BZD que el pte está tomando (para la dependencia de BZD) o sustituir la BZD del paciente por una de AP con baja posibilidad de abuso (p. ej., clordiazepóxido/clonazepam) o fenobarbital; luego ↓ 5 mg de equivalentes de diazepam o el 10% (lo que sea menor) c/1-2 semanas
- En el 25% final de la reducción, ↓ la reducción de la dosis en un 50% y duplicar el tiempo entre las reducciones de dosis

- **Inducción y disminución de BZD/fenobarbital guiadas por los síntomas:** para los ptes con tolerancia incierta a los sedantes o somníferos en estancia/PH, administrar BZD o fenobarbital activado por los síntomas durante 48 h (*véase* «Alcohol» para la dosificación de BZD), calcular la dosis diaria total necesaria según la dosis media durante esas 48 h (p. ej., suma de BZD/fenobarbital administrado ÷ 2) y luego proceder a una disminución gradual comenzando con esa dosis, de acuerdo con el esquema descrito en «Disminución» (*ASAM Principles*, 2019)
- **Disminución fija de fenobarbital:** un protocolo de fenobarbital en estancia/PH de 3 días demostró ser una alternativa segura y eficaz a la administración activada por los síntomas y a las disminuciones prolongadas. Requiere evaluación de una ET para la sedación → mantener la dosis
- **Protocolo**: fenobarbital 200 mg v.o. una vez → 100 mg v.o. c/4 h × 5 dosis → 60 mg v.o. c/4 h × 4 dosis → 60 mg v.o. c/8 h × 3 dosis (*J Subst Abuse Treat* 2012;43:332)

**Medicamentos adyuvantes:** considerar el uso de adyuvantes con BZD/fenobarbital para reducir la abstinencia y los síntomas de abstinencia postagudos:
- Carbamazepina 200 mg c/8 h × 1-2 semanas, luego se disminuye durante una semana más (*Am J Addict* 1998;7(3):198)
- Valproato de sodio: 250 mg c/8 h × 1-2 semanas, luego se disminuye durante una semana más (*ASAM Principles*, 2019)
- Propranolol 60-120 mg divididos c/8 h o c/6 h: pueden aliviar los síntomas de abs. adrenérgica (*Lancet* 1981;1:520)
- La clonidina puede disminuir la ansiedad, especialmente en la abs. de alprazolam debido a los efectos adrenérgicos α-2 únicos de este último
- La trazodona y la mirtazapina pueden aliviar la ansiedad y el insomnio
- ISRS para la ansiedad de rebote

## ALUCINÓGENOS, CANABINOIDES, DROGAS DE CLUB, DISOCIATIVOS, CATINONAS, INHALANTES

| | | Intoxicación | Tratamiento de intoxicación | Sx de abstinencia | Posibles complicaciones |
|---|---|---|---|---|---|
| **Alucinógenos** | Psilocibina *Hongos* | Midriasis, desorientación, agitación, paranoia | Tx de apoyo, puede considerar el lavado gástrico | Ningún síndrome reconocido | LRA, rabdomiólisis, hipertermia maligna Descartar ingesta de hongos venenosos |
| | LSD *Ácido* | ↑ PA, ↑ FC, midriasis, desorientación, violencia | | Ningún síndrome reconocido | Retención de orina |

(continúa)

| | | Intoxicación | Tratamiento de intoxicación | Abstinencia | Posibles complicaciones |
|---|---|---|---|---|---|
| **Canabinoides** | Marihuana *Cannabis* Hierba | ↓ PA, ↑ FC, miosis, inyección conjuntival, ataxia, ansiedad, paranoia, psicosis | Tx de apoyo en un entorno tranquilo y observado Las BZD se prefieren a los antipsicóticos para controlar la ansiedad o la agitación extremas | Irritabilidad, ansiedad, depresión, insomnio, temblores | Retención de orina Nota: la DDO es THC (+) |
| | Sintéticos *Spice*, K2 | ↑ PA, ↑ FC, N/V, delírium, psicosis | | Cefalea, ansiedad, insomnio, convulsiones | Cardiotoxicidad, convulsiones, LRA, rabdomiólisis, puede imitar el Sx por 5-HT Nota: la DDO es THC (−) |
| **Drogas de club** | MDMA *Éxtasis* | ↑ PA, ↑ FC, midriasis, bruxismo, euforia (dosis altas) → desorientación, psicosis | Tx de apoyo durante las horas de duración de la intoxicación Ventilación mecánica PRN, estado de ánimo depresivo | Versión leve del síndrome de abstinencia de estimulantes | Hipertermia, rabdomiólisis, crisis HTA, lesión hepática aguda, ↓ Na Nota: la DDO es Anf (±) |
| | GHB/GBL *Éxtasis líquido* | Euforia, cefalea, desorientación → sedación → coma | | Similar a la abs. de BZD o alcohol: convulsiones y delírium; Tx con BZD | Convulsiones |
| **Anestésicos disociativos** | PCP, ketamina polvo de ángel, *special K* | ↑ PA, ↑FC, desorientación → coma, violencia, hiperreflexia → arreflexia | Proporcionar Tx de apoyo para la agitación o la HTA Ventilación mecánica PRN, estado de ánimo depresivo | Ningún síndrome reconocido | LRA, rabdomiólisis, hipertermia maligna, ICC, ACV, convulsiones Nota: en caso de intoxicación grave por PCP, considerar la diuresis + la acidificación de la orina |
| | Dextrometorfano | Estimulación leve → desorientación → sedación, ataxia, nistagmo | | Ningún síndrome reconocido | Nota: considerar la toxicidad del paracetamol u otros ingredientes de los productos combinados con DXM |

| | | Intoxicación | Tratamiento de intoxicación | Abstinencia | Posibles complicaciones |
|---|---|---|---|---|---|
| Catinonas | Sales de baño, *Khat* | ↑ PA, ↑ FC, ↑ energía, ↑ libido, sudoración, náuseas, mareos, amnesia a corto plazo, agitación durante ≤ 4 h | Tx de apoyo; BZD para HTA extrema, psicosis o agitación | Ningún síndrome reconocido | LRA, miocarditis, rabdomiólisis, convulsiones Nota: las catinonas suelen estar contaminadas con otras sustancias que pueden ser (+) en DDO |
| Inhalantes | Pegamento, pintura Óxido de dinitrógeno *Whippits* | Euforia, excitabilidad (dosis altas) → mareos, dificultad para hablar, somnolencia | La duración de la intoxicación es de unos minutos; hay que centrarse en las posibles complicaciones | Ningún síndrome reconocido | Neurotoxicidad en el SNC y periférica, LRA, ICC, muerte repentina |

(ASAM Principles, 2019; CNS Neurol Disord Drug Targets 2017;16:567; J Med Toxicol 2012;8:33).

## TRATAMIENTO DE LA ABSTINENCIA EN POBLACIONES ESPECIALES

### Hepatopatías

**Alcohol/BZD:** utilizar lorazepam, oxazepam o temazepam; se metaboliza por glucuronidación directa en lugar de CYP450; evita la acumulación de metabolitos activos.

**Opiáceos:** la metadona, la buprenorfina, la naloxona y la naltrexona se someten a un amplio metabolismo hepático; en caso de hepatopatía grave, evitar la combinación buprenorfina-naloxona a favor del monoproducto de buprenorfina o metadona. Comenzar con dosis más bajas y hacer ajustes pequeños o lentos.

**Pruebas de cribado:** ofrecer pruebas de cribado para la hepatitis vírica y el VIH; si se inyecta, vuelva a realizar la prueba de cribado c/6 meses.

### Nefropatías

**Alcohol/BZD:** la mayoría de las BZD no tienen estudios farmacocinéticos extensos en nefropatías; con una depuración de Cr < 30 mL/min, considerar una reducción del 50% de la dosis y ajustes pequeños o lentos.

**Opiáceos:** la metadona se metaboliza por vía renal; considerar el ajuste de la dosis en caso de LRA o ERC progresiva; la buprenorfina y la naloxona no se metabolizan por vía renal.

**Cribado:** ofrecer cribado de hepatitis vírica y VIH (puede causar nefropatía).

### Embarazo

**Alcohol** (ASAM Guidelines, 2020)

- **NAM**: considerar PH/estancia y consulta con el OB
- **Tx de la abstinencia:** BZD/barbitúricos; para ptes con riesgo de parto prematuro o al final del 3.er trimestre, usar BZD de acción corta para ↓ riesgo de intoxicación neonatal por BZD

- Las BZD y los barbitúricos pueden atravesar la placenta y afectar negativamente al feto, pero el riesgo de una abs. no tratada es mayor; evaluar al neonato para detectar intoxicación por BZD, abs. a sedantes y trastornos del espectro alcohólico fetal
- Gabapentina: puede considerarse durante el embarazo (categoría C)
- Carbamazepina: evitar durante el embarazo

**Opiáceos**

- La inducción al mantenimiento con buprenorfina/metadona es el estándar de atención; la retirada asistida médicamente (disminución) de una paciente embarazada con TCO conlleva ↑ riesgo de retorno al uso y resultados adversos en el embarazo
- La buprenorfina y la metadona son seguras y eficaces durante el embarazo y la lactancia
- Aunque históricamente se ha preferido el monoproducto de la buprenorfina, la buprenorfina-naloxona ha proporcionado evidencias recientes de seguridad y no aumenta la tasa de SAN (Am J Addict 2013;22:252; Obstet Gynecol 2015;125:363)
- Una dosis ↑ y una dosificación dividida a menudo son necesarias y esperadas durante el 3.er trimestre debido a los cambios farmacocinéticos relacionados con el embarazo
- En el periparto, ingresar en un hospital con capacidad para una atención «comer-dormir-consolar/SAN»

**Estimulantes**

El tratamiento de apoyo es el mismo que para las pacientes no embarazadas; las complicaciones que ponen en peligro la vida durante el embarazo incluyen el desprendimiento de la placenta y los trastornos hipertensivos del embarazo.

**Geriatría**

- **NAM:** los adultos mayores son más propensos a tener movilidad limitada o afecciones crónicas y pueden beneficiarse de alojamientos especiales o PH/estancias
- **Análisis:** revisión de la nefro- o hepatopatía → ajuste de la medicación
- Elegir BZD que experimentan glucuronidación directa: lorazepam, oxazepam, temazepam
- Algunos medicamentos complementarios conllevan un riesgo ↑ (p. ej., loperamida, hidroxizina, prometazina, difenhidramina) y deben ajustarse las dosis o interrumpirlas

## TRATAMIENTO FARMACOLÓGICO

Los medicamentos aprobados por la FDA son esenciales para tratar con eficacia los trastornos por consumo de opiáceos, alcohol y nicotina. La datos publicados apoyan su uso para mejorar los resultados independientemente de otras terapias conductuales. Los abordajes de bajo umbral incluyen el acceso sin receta (nicotina) y los medicamentos recetados en atención primaria, telemedicina, urgencias y para PH *(J Addict Med 2020;14(2):99-112; J Addict Med 2020;14(5):e280; Am J Prev Med 2008;35(2):158-75)*. La metadona para el tratamiento del TCO generalmente sigue estando restringida a los programa de tratamiento con opiáceos (PTO).

### Tratamiento farmacológico para los trastornos por consumo de opiáceos (TCO)

Existen varios métodos de tratamiento para el TCO. Las terapias con agonistas (metadona, buprenorfina) son Tx de 1.ª línea para el TCO que no requieren un tratamiento para los Sx de abstinencia (abs.) y pueden iniciarse de forma emergente y continuarse a largo plazo. La Ntx previene la reaparición del consumo de opiáceos tras un episodio de abstinencia.

- **Para mantenimiento:**
- Metadona
  **Cómo funciona:** opiáceo sintético de acción prolongada con actividad de agonista opioide puro
  **Administración:** oral
  **Usos frecuentes:** PTO, entornos hospitalarios/estancias, sala de urgencias, SJP
  **Marcas:** Diskets®, Dolophine®, Methadose®
  **Contraindicaciones:** hipersensibilidad al fármaco o a sus componentes, cualquier situación en la que los opiáceos estén contraindicados (p. ej., depresión respiratoria), íleo paralítico *(clorhidrato de dofolina [IPP]. Roxane Laboratories, Inc.; 2006)*
  **Advertencia destacada:** depresión respiratoria, prolongación del QT y arritmia grave, síndrome de abstinencia neonatal por opiáceos *(clorhidrato de dofolina [IPP]. Roxane Laboratories, Inc.; 2006)*; las *torsades de pointes* y las arritmias mortales suelen producirse cuando se combinan con otros fármacos prolongadores del QT o cuando el paciente tiene antecedentes de arritmias o síncopes cardíacos
- Buprenorfina
  **Cómo funciona:** agonista parcial con actividad agonista en el receptor opioide μ y actividad antagonista en el receptor opioide κ
  **Administración:** sublingual, bucal, inyección subcutánea, transdérmica (aprobada por la FDA solo para el dolor) e implante (Probuphine® ya no está disponible comercialmente en los EE.UU., pero está aprobada por la FDA)
  **Usos frecuentes:** tratamiento con opiáceos en el consultorio (TOEC), tratamiento del TCO en atención primaria o en entornos de psiquiatría general, PTO, programas ambulatorios intensivos (PAI), SJP, entornos de PH/estancias, SU, clínicas puente
  **Contraindicaciones:** hipersensibilidad al fármaco o a sus componentes *(Subutex® [IPP]. Indivior Inc.; 2018)*
  **Marcas:** Suboxone®, Subutex®, Zubsolv®, Sublocade®, Brixadi®, Probuphine®, Bunavail®

- Naltrexona
  - **Cómo funciona:** antagonista competitivo de acción prolongada con mayor afinidad por los receptores opioides μ, menor afinidad por los receptores opioides κ y δ, que desplaza rápidamente cualquier agonista opioide presente
  - **Administración:** inyección intramuscular, oral (no aprobada por la FDA para el tratamiento del TCO), implante (no aprobado por la FDA)
  - **Usos frecuentes:** TOEC, PAI, Tx de abs. aguda/rehabilitación/hospital, SJP
  - **Consideraciones:** precipita la abstinencia inmediata si en la actualidad el paciente depende fisiológicamente de los opiáceos
  - **Contraindicaciones:** pacientes con hipersensibilidad conocida a la Ntx, que reciben analgésicos opiáceos, con dependencia actual a los opiáceos, con abstinencia aguda de opiáceos, con prueba de provocación con naloxona fallida o con análisis de orina positivo para opiáceos (Revia® [IPP]. Duramed Pharmaceuticals, Inc.; 2013)
  - **Marcas:** Addex®, Revia®, Vivitrol®
- **Para las sobredosis:**
- Naloxona
  - **Cómo funciona:** antagonista competitivo de acción corta con mayor afinidad por los receptores opioides μ, menor afinidad por los receptores opioides κ y δ, que desplaza rápidamente cualquier opioide presente (Ann Intern Med 1976;85(6):765-68)
  - **Administración:** inyección intramuscular, nebulizador intranasal, inyección intravenosa o infusión
  - **Contextos frecuentes:** SU, en campo por los SU, en la comunidad con la familia o amigos usando kits caseros y comerciales de naloxona
  - **Contraindicaciones:** en caso de sobredosis/código: ninguna; uso electivo (provocación con Narcan®): hipersensibilidad
  - **Marcas:** Evzio®, Narcan®
  - **Consideraciones:** rápida aparición de síntomas de abstinencia de opiáceos tras su administración y posible necesidad de readministrar debido a su corta semivida
- **Para los Sx de abstinencia:** los medicamentos aprobados por la FDA para la abstinencia de opiáceos incluyen la metadona y la lofexidina
- Buprenorfina (*véase antes*)
  - Aunque no está aprobada específicamente por la FDA para la abstinencia, la buprenorfina es más eficaz que la clonidina y la lofexidina y tiene una eficacia similar a la de la metadona para reducir los signos y síntomas de abstinencia, la DEH y los efectos secundarios; también para aumentar el cumplimiento del tratamiento (Cochrane Database Syst Rev 2017;(2):CD002025). Lo ideal es iniciar el tratamiento de mantenimiento y vincularlo con el tratamiento en curso con buprenorfina
- Metadona (*véase antes*)
  - Lo ideal es iniciar una terapia de mantenimiento y vincularla con un programa de tratamiento con opiáceos
  - De otra manera, se puede administrar una dosis que haga que el paciente se sienta cómodo y se puede disminuir la dosis a intervalos de 1-2 días o más, dependiendo de la comodidad del paciente y del entorno
- Lofexidina
  - **Cómo funciona:** agonista adrenérgico α-2 de acción central
  - **Administración:** oral
  - **Entornos comunes:** hospitalario y ambulatorio
  - **Contraindicaciones:** ninguna (Lucemyra® [IPP]. US WorldMeds, LLC; 2018)
  - **Marcas:** Lucemyra®

- Medicamentos de confort para los síntomas de abstinencia: trazodona (insomnio), zolpidem (insomnio), clonazepam (ansiedad, insomnio), ondansetrón (náuseas), loperamida (GI/diarrea), ibuprofeno (dolor)

| Resumen del tratamiento farmacológico para el TCO | | |
|---|---|---|
| | **Fármaco** | **Utilizar para** |
| Agonista opioide puro | Metadona | Abstinencia y mantenimiento |
| Agonista opioide parcial | Buprenorfina | Abstinencia y mantenimiento |
| Antagonista opioide | Naloxona | Sobredosis |
| | Naltrexona | Prevención de la reincidencia en el consumo de opiáceos |
| Agonista no opioide | Lofexidina | Abstinencia |

## Tx farmacológico del trastorno por consumo de tabaco (TCT)

Para el TCT hay muchas opciones terapéuticas. Algunas incluyen un tratamiento con agonistas de nicotina (p. ej., pastillas, chicles, parches) y otros actúan para reducir el deseo de fumar (p. ej., bupropión y vareniclina).

- Tratamiento con agonistas de nicotina

  **Cómo funciona:** agonista del receptor nicotínico de acetilcolina

  **Administración:** pastilla, chicle, inhalador, nebulizador nasal, parche transdérmico

  **Contraindicaciones:** hipersensibilidad al fármaco o a sus componentes, arritmias graves, IM agudo en un lapso de 2 semanas, empeoramiento o angina grave (pastillas Nicorette. Sitio web de Epocrates)

  **Marcas:** Nicorette®, Nicotrol®, Nicoderm®

  **Consideraciones:** el nebulizador nasal y el inhalador son medicamentos de prescripción, mientras que las pastillas, los chicles y el parche transdérmico están disponibles como OTC

- Cigarrillos electrónicos (CE) (marca Vuse® aprobada por la FDA para dejar de fumar el 12 de octubre de 2021): los CE cuentan ahora con pruebas clínicas sólidas que respaldan su eficacia para el tratamiento del TCT en los adultos y están disponibles OTC. El consumo de tabaco por parte de los jóvenes en los EE.UU. ha provocado restricciones en la venta al por menor, la prohibición de muchos sabores populares y el escrutinio de la comercialización con fines de lucro. Los datos de las encuestas realizadas en los EE.UU. indican altos índices de uso de CE entre los adultos fumadores y exfumadores (*E-Cigarette Use Among Youth and Young Adults. A Report of the Surgeon General*, 2016; *Cochrane Database Syst Rev* 2021;(4):CD010216)

- Bupropión

  **Cómo funciona:** inhibidor de la recaptación de norepinefrina y dopamina que se cree que ayuda al tratamiento del TCT a través de sus efectos en la vía de la recompensa y actividad antagonista en los receptores nicotínicos de acetilcolina (ASAM *Principles of Addiction Medicine*, 6.ª ed, 2018)

  **Administración:** oral

  **Advertencia destacada:** síntomas neuropsiquiátricos y suicidio

  **Contraindicaciones:** hipersensibilidad al fármaco, uso de inhibidores de la MAO durante 14 días (para evitar el síndrome de la serotonina), interrupción brusca del consumo de alcohol, benzodiazepinas o sedantes, trastornos convulsivos, bulimia, anorexia (Wellbutrin® [IPP]. GlaxoSmithKline; 2009)

  **Marcas:** Wellbutrin®, Aplenzin®, Zyban®, Forfivo®

- Vareniclina
  **Cómo funciona:** agonista parcial de los receptores nicotínicos, específicamente en el receptor nicotínico de acetilcolina neuronal α-4 β-2
  **Administración:** oral
  **Contraindicaciones:** hipersensibilidad al fármaco o a sus componentes
  (Chantix® [IPP]. Pfizer; 2016)
  **Marcas:** Chantix®
  **Consideraciones:** anteriormente advertencias destacadas para depresión y suicidio, por lo regular causa sueños vívidos

|  | Tx farmacológico |
|---|---|
| Tratamiento con agonistas receptores de nicotina | Pastillas de nicotina, chicle, inhalador, nebulizador nasal, parche transdérmico |
|  | Cigarrillo electrónico Vuse® |
| Tratamiento farmacológico sin nicotina | Bupropión |
|  | Vareniclina |

## Tx farmacológico del trastorno por consumo de alcohol (TCA)

Existen varios métodos de tratamiento para el TCA. Las benzodiazepinas son el pilar de la farmacoterapia de la abstinencia; también pueden recetarse medicamentos que ofrecen otras formas de alivio sintomático. Para el mantenimiento, algunos fármacos implican una reducción directa de la avidez (*craving*) y el consumo (p. ej., acamprosato, naltrexona), mientras que otros inducen una reacción desagradable durante el consumo de alcohol (p. ej., disulfiram).

- **Para la abstinencia:**
- Benzodiazepinas
  **Nombres de los medicamentos:** clordiazepóxido (Librium®), diazepam (Valium®), lorazepam (Ativan®), oxazepam (Serax®), clorazepato (Tranxene®)
  **Cómo funcionan:** interactúan con los receptores GABA para modular la hiperactividad del SNC (*Cochrane Database Syst Rev* 2010;(3):CD005063)
  **Administración:** oral, intramuscular, inyección intravenosa
  **Advertencia destacada:** el uso concomitante con opiáceos puede provocar sedación profunda, depresión respiratoria, coma o muerte
  (Librium® [IPP]. ICN Pharmaceuticals; 2005)
- Barbitúricos
  **Nombres de los medicamentos:** fenobarbital (Luminal®), pentobarbital (Nembutal®)
  **Cómo funcionan:** interactúan con los receptores GABA para modular la hiperactividad del SNC
  **Administración:** oral, intramuscular, intravenosa, inyección subcutánea
- **Para el tratamiento del TCA:**
- Disulfiram
  **Cómo funciona:** inhibidor irreversible de la aldehído-deshidrogenasa que reacciona con el alcohol cuando se ingiere, provocando una respuesta desagradable durante la intoxicación
  **Administración:** oral
  **Advertencia destacada:** no administrar durante la intoxicación por alcohol o sin el pleno conocimiento del paciente
  **Contraindicaciones:** hipersensibilidad al fármaco o a sus componentes, consumo de alcohol en un lapso de 12 h, psicosis, coronariopatía grave
  (Disulfiram. Sitio web de Epocrates)
  **Marcas:** Antabuse®

- Acamprosato
  **Cómo funciona:** derivado de aminoácidos que afecta a la neurotransmisión del GABA y del glutamato (*ASAM Principles of Addiction Medicine*, 6.ª ed, 2018)
  **Administración:** oral
  **Contraindicaciones:** pacientes con hipersensibilidad al fármaco o a sus componentes, daño renal grave (Campral® [IPP]. Forest Pharmaceuticals, Inc.; 2012)
  **Marcas:** Campral®
- Naltrexona
  **Cómo funciona:** antagonista competitivo de acción prolongada con mayor afinidad por los receptores opioides μ y menor afinidad por los receptores opioides κ y δ que desplaza rápidamente cualquier agonista opioide presente
  **Administración:** oral, inyectable
  **Contraindicaciones:** pacientes con hipersensibilidad conocida a la Ntx que reciben analgésicos opiáceos, con dependencia actual de opiáceos, con abstinencia aguda de opiáceos, con prueba de provocación de naloxona fallida o con análisis de orina positivo para opiáceos (Revia® [IPP]. Duramed Pharmaceuticals, Inc.; 2013)
  **Marcas:** Revia®, Vivitrol®

**Uso en investigación u OTC:**
  **Topiramato:** anticonvulsivo que aumenta el GABA y reduce la actividad de la NDMA
  **Gabapentina:** anticonvulsivo y fármaco que actúa sobre el GABA. Puede causar sedación y mareos, en especial cuando se usa con opiáceos; por ello tiene potencial de abuso
  **Vareniclina:** (*véase* antes en el tratamiento del TCT) algunas evidencias a favor de su uso para tratar el TCA/TCT concomitante
  **Baclofeno:** agonista del GABA con eficacia similar a la del placebo en el tratamiento del TCA (*Cochrane Database Syst Rev* 2018;(11):CD012557)

| Resumen farmacoterapéutico del TCA | | |
|---|---|---|
| | **Fármaco** | **Utilizar para** |
| Benzodiazepinas y barbitúricos | Clordiazepóxido, diazepam, lorazepam, oxazepam, clorazepato, fenobarbital | Abstinencia |
| Sensibilizador al alcohol | Disulfiram | Tratamiento del TCA |
| Reductores de la avidez y el consumo directos | Acamprosato | Tratamiento del TCA |
| | Naltrexona | Tratamiento del TCA |

---

## TRATAMIENTOS PSICOSOCIALES

### Terapia cognitivo-conductual (TCC) (*Psychiatr Clin North Am* 2010;33:3)

- Aplica métodos basados en el aprendizaje para abordar las conductas inadaptadas, las barreras al cambio y los déficits de habilidades
- Mitiga los aspectos que refuerzan el consumo de sustancias, refuerza el no consumo
- Proporciona habilidades para la reducción del consumo, el mantenimiento del no uso y la prevención de la recurrencia del consumo
- Suele implicar tareas fuera de las sesiones

- La duración y la intensidad varían en función del protocolo específico utilizado

## Terapia de mejoría motivacional (TMM) *(https://pubs.niaaa.nih.gov/publications/ProjectMatch/match02.pdf)*

- Tratamiento estructurado basado en la psicología motivacional/entrevista motivacional *(Motivational Interviewing: Preparing People to Change Addictive Behavior, 1991)*
- Tratamiento de cuatro sesiones manualizadas
- El objetivo es movilizar los recursos propios del paciente hacia el cambio de forma reflexiva y empática
- Énfasis en la autonomía y la autoeficacia

## Facilitación de doce pasos (FDP) *(https://pubs.niaaa.nih.gov/publications/ProjectMatch/match02.pdf)*

- Basado en el método de 12 pasos de AA
- El objetivo es fomentar el compromiso y la participación en AA
- Tratamiento estructurado de 12 sesiones
- Material para las sesiones complementado con literatura y reuniones de AA

## Gestión de contingencias (GC) *(Psychol Addict Behav 2017;31:8)*

- Terapia conductual basada en el condicionamiento operante
- Proporciona recompensas de valor monetario por el cumplimiento de los objetivos basados en el tratamiento
- Ejemplo clásico: recompensa monetaria por muestras toxicológicas de orina negativas
- Los costos pueden sufragarse variando el valor de los premios o recompensando solo a una parte de los pacientes cada vez

## Community Reinforcement Approach (CRA) *(Alcohol Res Health 1999;23:2; Alcohol Res Health 2011;33:4)*

- El objetivo es eliminar el refuerzo del consumo y potenciar el refuerzo de la sobriedad
- Implica componentes motivacionales, cognitivos y conductuales
- Participación de la familia y otros apoyos para ajustar los reforzadores externos
- Flexible/ajustable según el método del proveedor de atención y las necesidades del paciente
- Terapias derivadas:
  - CRA para adolescentes (A-CRA): adaptada a los adolescentes y a sus cuidadores
  - Refuerzo comunitario y formación familiar (CRAFT): implica a los cuidadores de las personas

## Tratamientos por sustancia

Resumen de la evidencia para el tratamiento psicosocial del TCS

| | TCC | TMM | TCC + TMM | FDP | GC | GC + medicamento | GC + CRA |
|---|---|---|---|---|---|---|---|
| Alcohol | ✓ | ✓ | | ✓ | ✓ | | |
| Opiáceos | | | | | | ✓ | |
| Cannabis | ✓ | ✓ | ✓ | | | | |
| Psicoestimulantes | +/– | +/– | | +/– | +/– | | ✓ |
| Benzodiazepinas | | | | | | ✓ | |
| Nicotina | ✓ | ✓ | | | +/– | | |

## Trastorno por consumo de alcohol *(https://www.nice.org.uk/guidance/cg123/evidence/full-guideline-181771741; Cochrane Database Syst Rev 2020(3):CD012880)*

- El TCA ha sido el más ampliamente estudiado y tiene la base científica más profunda para varias intervenciones de terapia conductual para los TCS
- Los resultados heterogéneos (abstinencia vs. reducción, comparación de intervenciones con el TxH vs. control vs. otras intervenciones activas) y la reversión a la media en el seguimiento a largo plazo dificultan las comparaciones directas
- Pocos datos fiables para orientar la «adecuación» de los pacientes a la modalidad de tratamiento
  - Una excepción: la comorbilidad de trastornos mentales responde mejor al tratamiento que incluye la TCC o un enfoque en las habilidades concretas de afrontamiento
- Los tratamientos resultaron ser más eficaces que el control/ausencia de Tx:
  - Terapia de mejoría motivacional (TMM) (evidencia de baja calidad)
  - TCC y otras intervenciones conductuales (evidencia de baja calidad)
  - Terapia de redes sociales (evidencia de calidad moderada)
  - GC (evidencia de calidad moderada)
- Facilitación de doce pasos
  - La FDP funciona tan bien o mejor que otras intervenciones, incluida la TCC, en cuanto a la abstinencia continua, el período más largo de abstinencia, la intensidad del consumo de alcohol y las consecuencias relacionadas con el alcohol; puede reducir los costos relacionados con la atención sanitaria vs. otras intervenciones

## Trastorno por consumo de opiáceos *(Am J Psychiatry 2017;174:8; PLoS One 2020;15:12; J Addict Med 2016;10:2)*

- Las intervenciones psicosociales generalmente se estudian como complemento del tratamiento farmacológico
- La datos para el tratamiento del TCO mediante GC más medicación son más sólidos, sin que otros métodos proporcionen de forma constante un beneficio adjunto cuando se añaden a los MTCO
- La medicación debería ofrecerse sin importar que el paciente elija o pueda realizar un tratamiento psicosocial complementario
- La reducción de daños y los PSJE son esenciales para las PID

## Trastorno por consumo de *cannabis* *(Cochrane Database Syst Rev 2016(5):CD005336)*

- La evidencia apoya la TCC, la TMM, la combinación de TCC + TMM y la adición de la GC a cualquiera de estas intervenciones
- Las intervenciones anteriores aportan beneficios para la reducción de la frecuencia de uso en el seguimiento temprano
- Ninguna intervención psicosocial fue uniformemente eficaz en el seguimiento a 9 meses o más después de la terminación de la intervención

## Trastorno por consumo de estimulantes (cocaína/anfetamina) *(PLoS Med 2018;15:12; Cochrane Database Syst Rev 2016(9):CD011866)*

- El abordaje de GC + refuerzo comunitario (CRA) es la única intervención psicosocial que hasta la fecha ha demostrado inhibir el consumo al final del tratamiento y en el seguimiento a largo plazo
- Sin embargo, cualquier intervención, incluidas la TCC, la GC, la TMM, la FDP o la terapia interpersonal/dinámica, es mejor que la ausencia de intervención para mejorar el compromiso y para inhibir el consumo a corto plazo
- La reducción de daños y los PSJE son esenciales para las PID

## Trastorno por consumo de sedantes, somníferos o ansiolíticos (benzodiazepinas) *(Cochrane Database Syst Rev 2015(5):CD009652)*

- La calidad de los ensayos es limitada
- La TCC + reducción de benzodiazepinas prescritas es eficaz para la suspensión a corto plazo (3 meses), aunque este efecto no dura 6 meses o más

- Otras intervenciones que muestran nuevas evidencias basadas en estudios individuales incluyen una carta adaptada por el MAP describiendo los riesgos y aconsejando la reducción/interrupción del uso, una entrevista estandarizada frente vs. TxH y entrenamiento de relajación vs. TxH

### Trastorno por consumo de nicotina/tabaco

- Grandes revisiones apoyan las terapias conductuales y cognitivas (incluida la TCC), la TMM y la terapia de aceptación y compromiso (TAC)
- La GC es eficaz mientras se dan los incentivos, aunque carece de evidencias de inhibir el consumo a largo plazo
- Las modalidades basadas en evidencias incluyen el asesoramiento presencial y las intervenciones clínicas breves, las líneas telefónicas de ayuda para dejar de fumar, las intervenciones por SMS y las intervenciones por Internet. Según los CDC, las intervenciones basadas en aplicaciones móviles actualmente carecen de suficiente respaldo de eficacia

---

## NIVELES DE TRATAMIENTO DE LA ADICCIÓN Y ENTORNOS DE ATENCIÓN ESPECIALIZADA

**Determinación del entorno asistencial adecuado** (The ASAM Criteria: Treatment Criteria for Addictive, Substance-Related, and Co-Occurring Conditions, 3rd ed, 2013; The ASAM Principles of Addiction Medicine, 5.ª ed. 2014; Substance Use Disorder Treatment for People With Co-Occurring Disorders. Treatment Improvement Protocol (TIP) Series, No. 42. SAMHSA Publication No. PEP20-02-01-004. 2020; Spotlight on Medical Necessity Criteria for Substance Use Disorder Treatment. Legal Action Center, 22 julio del 2021)

### Continuidad de los cuidados

- Los trastornos por consumo de sustancias se reconocen cada vez más como un conjunto de alteraciones de la salud que pueden ser crónicas, con períodos de remisión y recurrencia que se benefician de la atención a largo plazo en un continuo de niveles de intensidad
- Los «niveles de atención médica» (NAM) varían en intensidad desde la intervención temprana y la atención ambulatoria hasta la atención médica intensa y prolongada en un régimen en PH o en una estancia
- Las intervenciones están diseñadas para satisfacer las necesidades del paciente en cada etapa de la adicción; los individuos pueden incrementar o disminuir la intensidad de la atención según lo justifique el trastorno o el estado de recuperación

### Herramientas de evaluación

- Diferentes organizaciones han creado varias herramientas de evaluación para guiar la toma de decisiones clínicas a la hora de elegir el NAM y para informar de los criterios de necesidad médica para la cobertura del plan de salud
- Algunos ejemplos de herramientas de evaluación son los criterios de la ASAM, el Índice de gravedad de la adicción (ASI) y la Evaluación global de las necesidades individuales (GAIN)
- Históricamente, los planes de salud utilizaban sus propios criterios discrecionales de necesidad médica, lo que les permitía restringir la cobertura de los tratamientos por consumo de sustancias y trastornos adictivos
- Desde 2020 muchos gobiernos estatales en los EE.UU. exigen a las aseguradoras privadas y a los planes de Medicaid que utilicen los criterios de necesidad médica aprobados por el estado o las herramientas de evaluación del NAM para garantizar una cobertura adecuada de la atención a los pacientes con trastornos adictivos
- Algunos estados delegan en los proveedores la determinación de los niveles de atención clínicamente adecuados para los pacientes

### Tratamiento individualizado

- Las herramientas de evaluación, como los criterios de la ASAM, fueron desarrolladas para apoyar la planificación individualizada del Tx. La evaluación identifica las necesidades específicas y los puntos fuertes del paciente para seguir con los objetivos de tratamiento individualizados

- Los criterios de la ASAM utilizan una evaluación multidimensional de las necesidades del paciente: potencial de intoxicación/abstinencia; condiciones/complicaciones biomédicas; condiciones/complicaciones emocionales, conductuales y cognitivas; disposición al cambio; potencial de reincidencia en el consumo y entorno de recuperación
- La gravedad del TCS no siempre determina la intensidad del tratamiento clínicamente adecuado para un paciente específico
- Por ejemplo, los pacientes con un trastorno grave por consumo de cocaína y una alta disposición al cambio pueden obtener un mayor beneficio de los programas de GC en régimen ambulatorio y de las intervenciones farmacológicas, en lugar de un NAM de PH o en una estancia
- Un pte que cumple los requisitos para recibir atención hospitalaria intensiva puede presentarse en una clínica ambulatoria en una fase temprana de cambio y rechazar la derivación a una intervención más intensiva. Un enfoque en los servicios de mejoría de la motivación y las estrategias de reducción de daños en el NAM ambulatorio puede ser apropiado para dicho pte
- Si se repite el consumo, los pacientes no deben ser remitidos automáticamente a un NAM superior. Las necesidades del paciente y su estado clínico deben reevaluarse periódicamente y el NAM debe ajustarse en consecuencia, según un abordaje centrado en el paciente y en la toma compartida de decisiones

**Otras consideraciones que guían el NAM**

- Riesgo inminente, p. ej., suicidio; embarazo; preferencia del paciente; necesidades culturales o lingüísticas; atención por mandato legal; disponibilidad de los servicios; necesidad de atención acorde con un trauma

Evaluación de **6 dimensiones (tabla)** para orientar el NAM

| Dimensiones de la evaluación de la ASAM | |
|---|---|
| Dimensión | Área de evaluación |
| 1. Intoxicación aguda, potencial de Sx de abstinencia | Necesidades de atención para el tratamiento de la abstinencia o la intoxicación |
| 2. Afecciones y complicaciones biomédicas | Necesidades de atención para afecciones concomitantes y posibilidad de que las condiciones médicas causen complicaciones |
| 3. Afecciones/complicaciones emocionales, conductuales y cognitivas | Necesidades de atención para trastornos mentales y cognitivos concomitantes |
| 4. Disposición al cambio | Objetivos del tratamiento, disposición a seguir la recuperación. Participar en la planificación con estrategias de mejoría de la motivación |
| 5. Recaída en el consumo, uso permanente, potencial de problemas continuos | Riesgo de continuar con el consumo o de volver a consumir con las consecuencias asociadas. Educar sobre la prevención de la reincidencia en el consumo y la reducción del daño |
| 6. Entorno de recuperación | Factores ambientales y sociales que afectan la recuperación, incluidos el apoyo social, la seguridad, la vivienda, el transporte, los ingresos, la educación y la exposición al consumo de sustancias |

| **STO (Servicios de tratamiento con opiáceos)** | | | | |
| | **Tratamiento prolongado con medicación para el TCO** | | | |
| | **Nivel 1:TAB** | **Nivel 2:TAB** | **Nivel 3.2:TAB** | **Nivel 3.7:TAB** | **Nivel 4:TAB** |
|---|---|---|---|---|---|
| **Dimensión 1:** intoxicación/potencial de Sx de abstinencia | Riesgo mínimo de Sx de abstinencia grave | Riesgo de síndrome de abstinencia de moderado a grave, necesita varias horas de vigilancia y medicación | En riesgo de abstinencia moderada que puede ser manejada clínicamente con seguridad | En riesgo de abstinencia grave, requiere de supervisión médica | En riesgo de abstinencia grave, requiere tratamiento médico |

| | **Nivel 1:** ambulatorio | **Nivel 2.1:** paciente ambulatorio intensivo | **Nivel 2.5:** hospitalización parcial |
|---|---|---|---|
| **Dimensión 2:** biomédica | Ninguna/muy estable | Ninguna/insuficiente para distraer del tratamiento | Ninguna/insuficiente para distraer del tratamiento |
| **Dimensión 3:** emocional, conductual o cognitiva | Ninguna/muy estable | Ninguna/necesidad de supervisión | Ninguna/leve a moderado, necesita estabilización |
| **Dimensión 4:** disposición | Listo para cambiar | Ambivalente, necesita un programa estructurado varias veces por semana | Poco compromiso, necesita un programa estructurado casi diario |
| **Dimensión 5:** recaída potencial | Mantiene el no consumo | Necesita vigilancia estrecha para evitar la recaída | Necesita vigilancia estrecha para evitar la recaída |
| **Dimensión 6:** entorno de recuperación | Entorno que apoya | Entorno que no apoya; necesita una estructura para enfrentar la situación | Entorno que no apoya; necesita una estructura para enfrentar la situación |

| | Nivel 3.1:<br>Servicios de baja intensidad en estancias gestionadas clínicamente | Nivel 3.5:<br>Servicios de alta intensidad en estancias gestionadas clínicamente | Nivel 3.7:<br>Servicios de hospitalización intensiva con control médico | Nivel 4:<br>Servicios de hospitalización con gestión médica |
|---|---|---|---|---|
| **Dimensión 2:** biomédica | Ninguna, estable o con control médico concurrente | Ninguna o estable, o control médico concurrente | Si está presente, se requiere un control médico las 24 h | Si está presente, se requiere atención intensiva las 24 h |
| **Dimensión 3:** emocional, conductual o cognitiva | Ninguna/mínima | Si está presente, la gravedad es moderada y necesita un entorno estructurado las 24 h | Si está presente, la gravedad es moderada y necesita un entorno de control médico las 24 h | Si está presente, necesita tratamiento psiquiátrico y de adicción las 24 h |
| **Dimensión 4:** disposición | Abierto a la recuperación, necesita estructura | Poco interés/oposición, necesita estructura | Poco interés, poco control de los impulsos, necesita motivación en la estructura las 24 h | N/A |
| **Dimensión 5:** recurrencia potencial | Comprende el riesgo de reincidencia en el consumo pero necesita una estructura para mantener los logros terapéuticos | Alto riesgo de recurrencia de consumo con consecuencias peligrosas | Incapacidad para controlar el consumo, con consecuencias peligrosas | N/A |
| **Dimensión 6:** entorno de recuperación | Peligroso para la recuperación, incapacidad logística para el paciente ambulatorio | Peligro para la recuperación, el paciente carece de habilidades para afrontarlo | Peligro para la recuperación, el paciente carece de habilidades para afrontarlo | N/A |

### Elección del tratamiento inicial, PH vs. ambulatorio

- Identificar a los pacientes que se beneficiarán de una atención inicial en un entorno más intensivo sigue siendo un reto debido a la escasez de evidencia científica. Los estudios suelen excluir a las personas con trastornos mentales y médicos complejos concomitantes. Las preocupaciones éticas impiden la aleatorización de los individuos con alto deterioro clínico a NAM inferiores
- La atención hospitalaria inicial saca a los pacientes de un entorno que ha estado perpetuando el consumo de sustancias. Algunos individuos con un mayor deterioro en varios dominios pueden beneficiarse de un tratamiento inicial como PH o en una estancia; sin embargo, la evidencia es limitada y, para el TCO en particular, la evidencia más fuerte es para la gestión de la medicación en régimen ambulatorio
- La atención ambulatoria mantiene a los pacientes en sus entornos y comunidades de origen y, por lo tanto, les alienta a participar en un tratamiento que se trasladará más fácilmente a su vida cotidiana. Hay pruebas de que los pacientes socialmente más estables se benefician del tratamiento inicial en régimen ambulatorio

### Admisión hospitalaria

- Para pacientes que no pueden ser tratados con seguridad en un NAM inferior debido a los riesgos de complicación por intoxicación o abstinencia, comorbilidades/complicaciones médicas o psiquiátricas, así como cualquier condición que cause un riesgo inminente para ellos o para otros

### Tratamiento de los Sx de abstinencia

- Proporcionar tratamiento para los síndromes de abstinencia agudos
- Iniciar el proceso subagudo de interrupción de los patrones conductuales y psicológicos que perpetúan el trastorno por consumo de sustancias
- Puede ser gestionado clínicamente o recibir tratamiento o supervisión médicos en caso de ser un PH o estar en una estancia; también en entornos ambulatorios en función de las necesidades clínicas

### Programas en estancias

- Proporcionan atención las 24 h del día, normalmente en entornos no hospitalarios, para pacientes sin afecciones médicas o psiquiátricas graves que requieran hospitalización, pero que necesiten altos niveles de estructura y supervisión para evitar la recaída en el consumo
- A menudo se aplican intervenciones psicosociales, por ejemplo, psicoterapia de grupo e individual, gestión de casos y abordajes de apoyo mutuo
- Puede ser necesario completar el Tx de la abs. aguda antes de recibir la atención en una estancia, esto con el fin de garantizar la seguridad clínica
- Pueden ser breves o prolongados. La duración específica de la estancia (los programas de 28 o 30 días son ejemplos frecuentes) carece de evidencia empírica
- La duración del Tx debe ser individualizada y basada en la respuesta clínica
- Las *comunidades terapéuticas (CT)* ofrecen atención en una estancia a largo plazo muy estructurada que se centra en la «resocialización» en una comunidad para producir cambios generales en el estilo de vida; la duración suele ser de 15 a 24 meses

### Programas ambulatorios intensivos (PAI)/de hospitalización parcial (PHP)

- Programas ambulatorios estructurados que proporcionan cuidados intensivos a pacientes con inestabilidad multidimensional, pero que tienen posibilidades de salir adelante en su entorno familiar
- El PAI es de al menos 9 h/semana para los adultos; el PHP es de al menos 20 h/semana
- Incluyen psicoterapia de grupo centrada en el desarrollo de habilidades

## Servicios de tratamiento con opiáceos (STO): PTO y TOEC

### Programas de tratamiento con opiáceos (PTO)

- Administración de metadona para el tratamiento del TCO; puede incluir otros medicamentos aprobados por la FDA para tratar el TCO (buprenorfina, Ntx de LP)
- Debe estar acreditado de acuerdo con la normativa federal de certificación (42 CFR 8), a diferencia de muchos otros programas de tratamiento que pueden carecer de acreditación revisada por especialistas
- Las normas federales también exigen que los PTO proporcionen asesoramiento y otras terapias conductuales, servicios especializados para pacientes embarazadas, asesoramiento y educación sobre el VIH
- Los pacientes que reciben tratamiento con metadona se presentan inicialmente para recibir una dosis diaria, pero pueden progresar gradualmente para recibir dosis para administrar en casa a medida que se estabilizan

### Entornos de atención general

- Incluyen atención primaria, clínicas de salud mental para pacientes ambulatorios, clínicas de enfermedades infecciosas/VIH, etc.
- Proporcionan exámenes de detección, intervenciones breves, tratamiento farmacológico, remisión a modalidades especializadas de tratamiento de la adicción, educación para la reducción del daño
- También pueden incluir el entrenamiento para la recuperación, participación en la gestión de casos y los recursos de la comunidad, así como abordajes motivacionales

### Tratamiento con opiáceos en el consultorio (TOEC)

- Programas ambulatorios que ofrecen acceso al tratamiento con buprenorfina y Ntx de LP para el TCO
- Puede estar integrado en los centros de atención general y puede implicar a personal de enfermería especializado en manejar la **inducción** con buprenorfina y en supervisar la respuesta al tratamiento
- Las recetas de buprenorfina se envían a las farmacias comunitarias. La buprenorfina no se suele dispensar directamente, a menos que el programa sea un PTO acreditado (*véase* antes)
- Pueden administrarse inyecciones de Ntx de LP
- Las intervenciones psicosociales estructuradas (p. ej., la psicoterapia individual y de grupo centrada en el tratamiento de la adicción o la programación intensiva para pacientes ambulatorios) no suelen estar disponibles

### Estancias para la recuperación

- Las *estancias comunitarias de recuperación* incluyen centros de vida sobria y centros de reinserción social; abordan los riesgos ambientales para la recuperación y ofrecen apoyo social y estructura. Las estancias de recuperación no proporcionan tratamiento, pero *algunos residentes pueden ser pacientes de programas de tratamiento ambulatorio (es decir, PAI o PHP)*. Por lo general, no están autorizadas ni reguladas. Ha habido ejemplos de violaciones a la Fair Housing Act (Ley de vivienda justa) (p. ej., acoso sexual, así como discriminación contra personas tratadas con MTCO)

---

## TRATAMIENTO DE LAS ADICCIONES EN EL ÁMBITO MÉDICO GENERAL

### Hospitalario

**Resumen** (*Med Clin North Am* 2018;102(4):587-601)**:**

*Ingreso hospitalario* = LUGAR DECISIVO DE CONTACTO

- La presentación clínica de los pacientes puede indicar la existencia de un TCS (p. ej., endocarditis, osteomielitis o ICTB, que pueden ser manifestaciones específicas de un TCS subyacente)

- Pasar tiempo con el pte para identificar el patrón de consumo, el papel que desempeña el consumo de sustancias en su vida, los objetivos y las prioridades de consumo a través de una EnM
- Alta prevalencia de TCS en pacientes hospitalizados; 2/3 están motivados para reducir el consumo mientras están ingresados
- El Dx y el Tx del TCS o de la abs. facilitan la atención de otras afecciones
- Conozca sus recursos; si se dispone de un equipo de consulta de adicciones, la consulta mejora los resultados. TS y un asesor ayudan con el Tx conductual y la vinculación con la atención ambulatoria. El entrenador de recuperación puede ayudar con el apoyo y el asesoramiento. El inicio de la medicación y la vinculación con el Tx continuo son fundamentales para TCO, TCA y TCT

**Evaluación:**

Detección de TCS (*véase* el capítulo 3):

- Cribado universal con preguntas NIAAA o NIDA. **Recomendación\*** reciente **de la USPSTF**

    **Alcohol:** *¿cuántas veces en el último año ha tomado 5 (hombres) o 4 (mujeres) bebidas o más en un día? Sí en caso de > 0 o no puede responder,* Sen. 82%, Esp. 79% para CAPS (*J Gen Intern Med* 2015;30(12):1757-64). Seguimiento con AUDIT-C

    **Otras sustancias:** NIDA: *¿cuántas veces en el último año ha consumido una droga ilegal/recreativa o ha usado un medicamento recetado por razones no médicas?* Sen. 100%, Esp. 73% para trastorno por consumo de drogas (*Arch Intern Med* 2010;170(13):1155-60)

    **\*USPSTF:** recomendación de grado B para realizar un cribado preguntando a los adultos de $\geq$ 18 años de edad sobre el consumo de drogas no saludables en entornos en los que se ofrezcan/remitan a servicios para un Dx preciso, un Tx eficaz y una atención de seguimiento adecuada (*JAMA* 2020;323(22):2301-9)

- Si presenta abs. activa, evaluar y tratar los síntomas con medidas de confort. Considerar si se necesita tratamiento hospitalario de cualquier abs. compleja (Hx de convulsiones, psicosis, encefalopatía). Si cumple los criterios de TCA o TCO, ofrecer el inicio del Tx farmacológico
- Enmarcar la evaluación desde el punto de vista de la reducción del daño y guiada por la reducción del riesgo y la promoción del bienestar
- Si hay malestar a causa de la abs. o por un problema médico agudo, centrar la evaluación inicial en: (1) optimizar el Tx de la abstinencia; (2) evaluar y mitigar el riesgo de alta voluntaria («ccm») y (3) preferencia y preparación para el tratamiento de la adicción
- Utilizar las visitas posteriores para completar la evaluación integral y la planificación del tratamiento

**Diagnóstico (descrito con más detalle en el capítulo 3):**

- Utilizar los criterios del *DSM-5*. También se puede considerar si hay consumo de alcohol/drogas (+): pérdida de control, avidez, consecuencias en la salud y en las relaciones, compulsión por el consumo e incapacidad de reducirlo, así como los criterios de abstinencia/tolerancia. Estratificar el TCS (grado de impacto en la vida del paciente): 2-3 criterios *DSM-5* = leve, 4-5 moderado, $\geq$ 6 grave
- Evaluar la comorbilidad con trastornos mentales
- Valorar las comorbilidades médicas frecuentes y las complicaciones infecciosas de los TCS

    Estado del VHA/VHB para los pacientes que usan drogas inyectables, consumo excesivo de alcohol o TCA

    Identificación del VHC y vinculación a tratamiento

VIH, detección de ITS si se trata de UDI o de prácticas de alto riesgo.
PPoE y PPrE para los pacientes adecuados

**Tratamiento:**
- Abordaje general: tratar el síndrome de abs., iniciar el Tx farmacológico, vincular con la atención ambulatoria longitudinal y los apoyos para la recuperación, promover la reducción del daño
- La buprenorfina y la metadona pueden ser prescritas por cualquier proveedor de servicios hospitalarios si: (1) la razón principal de admisión va más allá del TCO o (2) el paciente ya fue recetado
- La buprenorfina aparece en los PCOR estatales, la metadona no
- Si el mantenimiento con buprenorfina es necesario para el TCO, todo prescriptor puede obtener una exención presentando una notificación de intención, ya que los cambios en los requisitos de la exención permiten ahora a los prescriptores obtenerla para recetar buprenorfina a un máximo de 30 pacientes sin requisitos de formación (https://www.samhsa.gov/medication-assisted-treatment/become-buprenorphine-waivered-practitioner)
- Ofrecer un Tx farmacológico basado en evidencias para todos los pacientes con TCO, TCA y TCT. La continuación representa el estándar de atención; requiere la vinculación con la atención ambulatoria con una duración del Tx suficiente para hacer una cita de seguimiento

  **TCA**: naltrexona, acamprosato, disulfiram

  **TCO**: buprenorfina, metadona, Ntx de LP

  **TCT**: vareniclina, combinada con TRN, bupropión. Vincular con los recursos de tratamiento del TCT, como las líneas telefónicas (1-800-No-Butts)
- **Vacunas** para VHA y VHB si hay hepatopatía, UDI. TdAP en caso de UDI. Meningococo si se trata de lugares concurridos (incluidos albergues o Tx en estancias). PPSV en caso de TCA. Vacuna contra COVID
- **Prevención de sobredosis:** kit de naloxona o prescripción con asesoramiento para cualquier paciente expuesto a drogas no prescritas
- **Plan de cuidados posteriores:** formular un plan concreto, considerar visitas virtuales mientras el pte esté hospitalizado para realizar el traspaso
  - A las personas que rechazan los tratamientos conductuales más intensivos se les deben seguir prescribiendo los MTCO adecuados
  - Ofrecer la remisión a terapia conductual. Si el pte está interesado y cumple con los criterios, se le puede ofrecer la vinculación con otros niveles de atención a la adicción (en estancia, ambulatorio intensivo); no se requiere asesoramiento complementario para iniciar la medicación indicada
  - Vincular con la atención médica longitudinal (primaria, psiquiátrica o especialista en adicción): los asesores de pacientes y las clínicas puente pueden servir a menudo como punto de aterrizaje para los pacientes entre el AH y el seguimiento de atención primaria (West J Emerg Med 2020;21(6):257-63)
  - Fomentar los apoyos para la recuperación (entrenamiento para la recuperación, grupos de apoyo mutuo)
  - Los pacientes que requieren esquemas largos de antibióticos pueden ser tratados con antibióticos parenterales en el caso de forma ambulatoria si los MTCO son estables y el entorno del hogar y la red de apoyo son adecuados
  - Si el paciente decide su alta voluntaria («ccm»), discutir la prevención de s/d, el plan de cuidados posteriores y la posible transición a los antibióticos v.o.

## Servicio de urgencias

**Resumen:**

- Puede ser la única vez que un paciente se presenta por una secuela del consumo de sustancias. Ofrece la oportunidad de realizar un diagnóstico de TCS, iniciar el tratamiento, vincularlo y reducir los daños
- Pasar tiempo con el pte para identificar el patrón de uso, los objetivos y las prioridades a través de una EnM, así como las oportunidades de tratamiento inmediato del TCS
- El Dx y el Tx de los TCS o de la abs. facilitan otros cuidados médicos
- Conozca sus recursos: utilice el equipo de consulta de adicciones si está disponible; TS/asesor pueden ayudar con el Tx conductual y la vinculación con las opciones de atención ambulatoria o en estancias. El entrenador de recuperación puede ayudar con el apoyo y el asesoramiento
- **Evaluación:** cribado y Dx como en el caso anterior y referenciado en el capítulo 3

**Tratamiento:**

- Ofrecer un tratamiento farmacológico basado en evidencias para el TCS
  - TCA: naltrexona, acamprosato, disulfiram
  - TCO: metadona, buprenorfina, Ntx de LP (la metadona y la buprenorfina se pueden dispensar durante un máximo de 72 h, pero no se prescriben mientras se coordina la vinculación al tratamiento en curso)
  - Reducir el consumo de tabaco: vareniclina, combinada con TRN
- Vacunas para el VHA, VHB si hay hepatopatía, UDI. TdAP en caso de UDI. Meningococo si se trata de lugares concurridos (incluidos albergues o Tx en estancias). PPSV en caso de TCA. Vacuna contra COVID
- Prevención universal de sobredosis: naloxona al alta
- Ofrecer remisiones a terapia conductual
- Vincular con la atención médica longitudinal (primaria, psiquiátrica o especializada en adicciones)
- Fomentar los apoyos para la recuperación (entrenamiento para la recuperación, grupos de apoyo mutuo)
- Estrategias para fomentar el seguimiento: a menudo los SU o los hospitales cuentan con asesores de pacientes para vincularlos (y ofrecerles el traslado) con las clínicas puente, los programas de tratamiento con opiáceos y los programas para mujeres embarazadas

## Atención primaria

**Resumen** (*Med Clin North Am* 2018;102(4):635-52)**:**

- El TCS es una enfermedad frecuente y crónica que se encuentra a menudo en la atención primaria. Solo el 7% de los pacientes con TCS reciben Tx de su MAP
- Cualquier visita a la clínica es un buen momento para hablar del consumo de sustancias
- Se debe pasar tiempo con el paciente para identificar su patrón de consumo, el papel de dicho consumo en su vida, los objetivos y las prioridades de los pacientes a través de una EnM
- El Dx y el Tx del TCS o de la abs. facilitan la atención, ya que permiten dedicar tiempo y atención a otras enfermedades crónicas
- Conozca sus recursos: si tiene un especialista en adicciones en la clínica, consúltelo. Pida a TS/asesor que le ayude con el Tx conductual y la vinculación con la atención ambulatoria u hospitalaria. Vincule con el entrenador de recuperación, si está disponible
- Consulte Pcssnow.org para obtener recursos educativos y tutoría en el tratamiento del TCO y el dolor

**Evaluación:**

- **Antecedentes:** enmarca la evaluación desde el punto de vista de la reducción del daño, guiada por la reducción del riesgo y la promoción del bienestar. Se deben averiguar los objetivos del paciente más allá de la abstinencia (mejoría de las relaciones, funcionamiento, etc.). Si se reconoce la existencia de un TCS, preguntar sobre los períodos anteriores de remisión y cómo se lograron (medicamentos, apoyo, niveles de atención a la adicción)
- **Pruebas de detección** y Dx como en el capítulo 3

**Tratamiento:**

- **Abstinencia**: evaluar el riesgo. La abstinencia de opiáceos, la abstinencia leve de alcohol y la abstinencia leve de sedantes y somníferos pueden tratarse desde la atención primaria si se dispone de acceso suficiente
  - **Criterios de Tx de la abs. en ptes ambulatorios**: no hay Hx de abstinencia grave (no hay convulsiones, DT, estancia en la UCI), CIWA-Ar baja (menos de 10), no hay trastorno concomitante por consumo de BZD, PAS baja, entorno doméstico estable, capacidad para buscar atención (llamar a la clínica, ir al SU)
  - Considerar el Tx con gabapentina 1800-2 400 mg al día y considerar la reducción de la dosis durante unos días *(Ann Pharmacother 2015;49(8):897-906; JAMA Intern Med 2020 May 1;180(5):728-736)*
  - Desintoxicación del pte ambulatorio: *véase* el capítulo 5
- **Medicamentos:** ofrecer Tx farmacológico con base en la evidencia para el TCS

  **TCA**: naltrexona, acamprosato, disulfiram

  **TCO**: buprenorfina, Ntx de LP después del seguimiento de abs. de opiáceos, remisión a un PTO para recibir metadona

  **TCT**: vareniclina, combinada con TNR, bupropión
- **Asesoramiento**: ofrecer manejo de la medicación (revisar el uso, los efectos de la medicación, el cumplimiento, el estado general) inicialmente. Ofrecer mayores apoyos de asesoramiento si el paciente no cumple los objetivos *(JAMA 295(17):2003-3017; Am J Psychiatry 2017;174(8):738-47)*
- **Remisiones** a Tx psicosociales, a un nivel de atención superior en función de la necesidad clínica y las preferencias del paciente
- **Prevención de sobredosis:** kit de naloxona o prescripción con asesoramiento para cualquier paciente expuesto a drogas no prescritas
- **Apoyos para la recuperación:** vincule con el entrenamiento para la recuperación, grupos de apoyo mutuo
- **Vacunas**: VHA, VHB si hay hepatopatía o es UDI. TdAP en caso de ser UDI. Meningococo si se trata de lugares concurridos (incluidos albergues o Tx en estancias). PPSV en caso de TCA. Vacuna contra COVID

## IMPORTANCIA DEL APOYO PARA LA RECUPERACIÓN

### Revisión general de los servicios de apoyo para la recuperación *(SAMHSA What are Peer Recovery Support Services? HHS Publication No. (SMA) 09-4454. 2009)*

- **Servicios de apoyo para la recuperación (SAR):** apoyos no clínicos, a menudo proporcionados por personas en recuperación que ayudan a otros a iniciar y mantener la recuperación del trastorno por consumo de sustancias (TCS)
- Los SAR surgieron de una necesidad reconocida entre las personas con TCS, más que de la ciencia médica
- Utilizado en múltiples etapas del TCS, tratamiento y recuperación
- Puede aprovecharse para apoyar a las personas independientemente de su trayectoria de recuperación

### Importancia en la recuperación de adicciones *(Alcohol Res Health 2011;33:4; Recovery/Remission from Substance Use Disorders. 2012; Eval Rev 2007;31:6; Addiction Recovery Management. 2011; Coming Clean: Overcoming Addiction Without Treatment. 1999. Addict Res Theory 2014;23:1)*

- El TCS es una afección crónica que a menudo requiere diversos episodios de búsqueda de ayuda y atención, durante varios años, antes de lograr una remisión completa y sostenida
- El riesgo de recurrencia sigue siendo alto después de lograr una remisión sostenida; se necesitan unos 4-5 años antes de que el riesgo de cumplir con los criterios del TCS al siguiente año descienda a <15% (riesgo anual de la población general)
- Muchos requieren una combinación de cuidados intensivos, gestión a largo plazo y SAR para mantener la remisión
- El SAR ayuda a conseguir y mantener la ausencia de consumo de alcohol o drogas; ayuda a compensar los déficits en educación, empleo, vivienda y relaciones interpersonales (es decir, recursos de recuperación, p. ej., **capital de recuperación**); puede reforzar la resiliencia y la capacidad de afrontamiento; ayuda a las personas a amortiguar el estrés

## PROGRAMAS DE AYUDA MUTUA

### Definición y revisión *(Alcohol Res Health 2011;33:4; http://www.williamwhitepapers.com/pr/ CSAT%20Mutual%20Support%20Groups%202008.pdf; SAMHSA Key Substance Use and Mental Health Indicators in the United States. HHS Publication No. PEP21-07-01-003, NSDUH Series H-56. 2021)*

- **Ayuda mutua:** grupo de personas con experiencia compartida, que se apoyan en un problema común
- Es una de las fuentes de ayuda para los TCS más utilizadas en los EE.UU.; 1.8 millones de personas los utilizaron en 2020
- Dirigido por miembros de la comunidad, sin participación profesional
- Suelen ofrecer «reuniones» gratuitas programadas con regularidad; están abiertas a cualquier persona que desee asistir
- Se asiste con la frecuencia y el tiempo que se desee; hay diversos programas y son muy accesibles

### Programas de 12 pasos *(Soc Work Public Health 2013;28:3-4; Cochrane Database Syst Rev 2020;(3))*

- **Grupo de ayuda mutua de doce pasos:** SAR dirigido por la comunidad, centrado en inhibir el consumo y basado en los 12 pasos de recuperación de adicciones originalmente utilizados por Alcohólicos Anónimos (AA)
- Abordaje: asistir a las reuniones, hacer el trabajo de pasos con un asesor, ayudar a los compañeros en recuperación

- El manual de facilitación de 12 pasos (FDP)/AA es el más estudiado; en relación con otros Tx psicosociales, los resultados del manual de FDP/AA para el TCA son similares a corto plazo y mejores a largo plazo
- **Dosificación:** cualquier apoyo resulta de beneficio si los individuos la encuentran útil; ≥ 3 reuniones/semana se relacionan con mejores resultados de recuperación
- La participación voluntaria se asocia con mejores cumplimientos en el Tx farmacológico y la abstinencia, una mayor probabilidad de no consumir a largo plazo, reducciones en los servicios de Tx para la salud mental y TCS; sin embargo, no ofrece ningún beneficio el exigir la asistencia a las reuniones (*J Subst Abuse Treat* 2015;57:89-95)
- **Consideraciones sobre los pacientes en FDP:** los beneficios de la participación se observan con independencia de la gravedad del TCS, los trastornos mentales concomitantes y el grado de motivación (*Soc Work Public Health* 2013;28:3-4)

    Las **mujeres** se benefician tanto como los hombres; existen grupos solo para mujeres (*J Drug Issues* 2001;31:3)

    Aprox. 10% de los miembros son < 30 años, pero las reuniones para jóvenes son habituales; los **adolescentes y adultos jóvenes** que usan la FDP muestran mejores resultados contra el consumo de sustancias

    **Los individuos de minorías étnicas** están menos representados que los blancos no hispanos, pero se benefician de igual manera (*J Subst Abuse Treat* 2017;73; *Soc Work Public Health* 2013;28:3-4)

    Los individuos con **trastornos mentales concomitantes** pueden asistir a menos reuniones; los efectos sobre el consumo de sustancias no son tan fuertes; los programas especializados (Dual Recovery Anonymous; Double Trouble in Recovery) pueden ser más útiles (*Subst Use Misuse* 2010;45:4)

    Están enfocados en un **poder superior e impotencia** sobre el alcohol/drogas, lo que es desagradable para algunos

    - **Hay FDP que apoyan específicamente el Tx para los TCS:**
    Medication-Assisted Recovery Anonymous (MARA): apoya a las personas que buscan recuperación con Tx farmacológico (p. ej., buprenorfina/metadona/naltrexona) (mara-international.org)

    Methadone Anonymous: para personas que reciben tratamiento con metadona y sus familiares/amigos

    Otros programas (*J Subst Abuse Treat* 2018;88; *J Subst Abuse Treat* 2017;73)

- **LifeRing Secular Recovery:** programa laico que ofrece reuniones gratuitas de ayuda mutua con un enfoque en abandonar el consumo y la recuperación por uno mismo (lifering.org; *J Subst Abuse Treat* 2017;73)
- **Moderation Management:** programa de ayuda mutua para personas que quieren reducir su consumo de alcohol con énfasis en dicha reducción y la eliminación de los daños relacionados con el alcohol (moderation.org)
- **Refuge Recovery:** programa inspirado en el budismo y orientado al no consumo que ofrece reuniones gratuitas de ayuda mutua con énfasis en la meditación y los recursos personales, la tutoría de los compañeros y el servicio a los demás (refugerecovery.org)
- **Self-Management and Recovery Training (SMART Recovery):** organización laica orientada a la abstinencia que ofrece reuniones gratuitas de ayuda mutua con énfasis en la recuperación basada en la evidencia y la autoafirmación (*Smart Fast Facts*, 2020)

    Modelo: se basa en los principios de la terapia cognitivo-conductual (TCC) y se centra en la aplicación de pruebas científicas actualizadas al abordar la recuperación de la adicción

**Women for Sobriety:** organización laica sin ánimo de lucro basada en el no consumo, formada por mujeres que ofrecen apoyo mutuo gratuito a otras mujeres que buscan la recuperación

Modelo: se basa en el abordaje de la terapia cognitiva

Servicios de recuperación basados en la fe

### Definición y revisión (J Groups Addict Recover 2012;7:2-4; Counselor 2009;10.5; Counselor 2005;6:5; Faith and Community Roadmap to Recovery Support: Getting Back to Work. 2020; samhsa.gov; J Relig Health 2019;58.5)

- Entidades religiosas (p. ej., iglesias, mezquitas, sinagogas, templos) que proporcionan SAR para adicciones a través del patrocinio de sus comunidades religiosas; marcos religiosos explícitos de recuperación
- **Incluye:** iglesias que favorecen la recuperación; grupos de apoyo a la recuperación patrocinados por la iglesia; servicios de culto y talleres centrados en la recuperación; colonias de recuperación basadas en la fe
- Ofrecen recursos, programas, instalaciones y contactos individuales para apoyar los esfuerzos de recuperación; ayudan a las personas a estabilizarse y mantener la recuperación, desarrollar habilidades y reintegrarse en la comunidad (p. ej., empleo, vivienda) para apoyar la recuperación a largo plazo
- **Principios rectores:** las creencias y experiencias religiosas apoyan la recuperación en casos de adicción
- **Ejemplos:** Catholic Charities, Celebrate Recovery, Faith in Harm Reduction, Jewish Alcoholics y Millati Islami
- Hay poca investigación al respecto; pueden ser apropiados para aquellos con mayor religiosidad o con una afiliación religiosa

---

## ENTRENAMIENTO PROFESIONAL DE RECUPERACIÓN ENTRE IGUALES

### Definición y revisión (J Subst Abuse Treat 2016;63; Psychiatr Serv 2014;65:7; Facing Addiction in America: The Surgeon General's Report on Alcohol, Drugs, and Health, 2016; Front Psychol 2019;10:1052; J Clin Psychol Med Settings 2020;27:4)

- SAR no clínicos, proporcionados en sistemas de atención orientados a la recuperación por compañeros que han vivido la experiencia de la recuperación de la adicción
- **Enfoque:** abordar las necesidades inmediatas para iniciar la recuperación y mejorar el capital de recuperación; apoyar las transiciones entre los niveles de atención
- Pueden utilizarse solos o junto con el Tx formal, en todo el proceso de recuperación (desde el consumo activo hasta el mantenimiento de la recuperación a largo plazo); se administran de forma individual o en grupo
- Se diferencian de la ayuda mutua, el asesoramiento profesional y el Tx formal: se otorgan a través de organizaciones formales y por personas con experiencia y formación especializada; los servicios se dirigen a múltiples ámbitos de la vida; aceptación y apoyo a diversas etapas de recuperación
- **Entrenadores de recuperación entre iguales:** tienen experiencia vivencial con la recuperación de la adicción; proporcionan una amplia gama de SAR; la formación, la acreditación y las funciones varían según los estados/instituciones

  Otros nombres: «especialistas en apoyo entre iguales», «mentores entre iguales», «proveedores de apoyo a la recuperación entre iguales»

  Voluntarios y entrenadores remunerados; la mayoría son empleados remunerados con formación y certificación formal

  El **entrenamiento tiene como objetivo:** motivar; ayudar a guiar y apoyar el proceso de recuperación; aumentar la resiliencia; reducir/

eliminar el consumo de sustancias; mejorar la calidad de vida, la autoestima, el propósito; reducir el aislamiento social y las conductas delictivas; mejorar los recursos y las relaciones sociales

- **Actúa en varios entornos, a saber:** clínicas, atención primaria, hospitales, jurídico-penal, etc.
- **Principios básicos del entrenamiento:** comprometerse con el individuo, mantener la recuperación autodefinida como prioridad; adaptarse a las necesidades particulares del individuo; proporcionar apoyo, no una dirección específica; aprovechar la experiencia
- **Actividades principales:** educación y entrenamiento; ayuda para establecer objetivos y desarrollar planes, iniciar y mantener la recuperación; identificar y obtener recursos para facilitar la recuperación
- Los entrenadores **no** desempeñan el papel de patrocinador de la FDP, terapeuta, clínico o mentor religioso
- **Resultados preliminares:** puede llenar los vacíos de la atención estándar y mejorar los resultados del tratamiento

## CENTROS COMUNITARIOS DE RECUPERACIÓN

**Definición y revisión** *(ACER 2020;44:J Groups Addict Recover 2012;7; Addiction Recovery Management, 2010; Facing Addiction in America, 2016; J Subst Abuse Treat 2020;111)*

- Ámbitos crecientes de apoyo a la recuperación que ofrecen actividades profesionales y dirigidas por iguales que atienden a la comunidad de recuperación más allá de los entornos clínicos; «ventanilla única» para los SAR
- Se basan en el principio de la atención continua; se hace énfasis en la acumulación de capital de recuperación
- Los servicios varían según el centro, pero la mayoría ofrece una combinación de reuniones de ayuda mutua, asesoramiento para la recuperación, gestión de casos, reducción del daño, recursos educativos, vivienda, empleo, apoyo familiar, salud, Tx y tecnología para el TCT, actividades sociales recreativas
- Actúan como eje de apoyo para la recuperación, el soporte entre iguales y los servicios comunitarios
- La participación mejora el capital de recuperación, la calidad de vida, el bienestar psicológico y la autoestima

## ESTANCIAS DE RECUPERACIÓN

**Definición y revisión** *(J Groups Addict Recover 2012;7:2-4; Recovery Housing Best Practices and Suggested Guidelines, 2018; Facing Addiction in America, 2016)*

- Parecidas al hogar, basadas en el no consumo, diseñadas para una vida segura y saludable con apoyo de compañeros
- Suelen depender de la autogestión, más que de personal profesional y clínico
- La estructura varía según la estancia; todas hacen énfasis en el apoyo y el servicio de los compañeros como mecanismos principales
- La aceptación del Tx farmacológico puede variar, lo que puede suponer una violación de la Fair Housing Act (Ley de Vivienda Justa) o de la ADA si la estancia no acepta a personas tratadas con medicamentos
- Formas usuales de alojamiento: casas de transición (para personas que abandonan el Tx en estancias, pueden proporcionar supervisión profesional vs. estructuras informales, principalmente comerciales, conocidas como «Casas de sobriedad») y casas Oxford (totalmente dirigidas por iguales)

# SERVICIOS DE RECUPERACIÓN EN CONTEXTOS EDUCATIVOS

**Definición y revisión** *(Facing Addiction in America: The Surgeon General's Report on Alcohol, Drugs, and Health, 2016; Counselor 2009:10:5)*

- Programas de apoyo a la recuperación en entornos académicos; proporcionan SAR y compromiso entre iguales
- La participación reduce el riesgo de reincidencia y mejora los resultados de la recuperación y el rendimiento académico

## Escuelas de recuperación *(Am J Drug Alcohol Abuse 2018:44:2; recoveryhighschools.org; Facing Addiction in America: The Surgeon General's Report on Alcohol, Drugs, and Health, 2016)*

- Bachilleratos centrados en el no consumo, con educación posterior al Tx y SAR; > 40 establecidos en los EE.UU.
- Específicamente para personas en recuperación, incluidas aquellas con trastornos mentales concomitantes
- **Énfasis:** abordar las amenazas para la recuperación y el éxito académico; crear un capital social y de recuperación
- Suelen tener un número reducido de alumnos matriculados (entre 12 y 25 alumnos a la vez)
- Se ha demostrado que aumentan la probabilidad de no consumo en comparación con las escuelas tradicionales

## Programas y comunidades de recuperación universitarios

*(collegiaterecovery.org; Alcohol Treat Q 2019:37:2; Facing Addiction in America: The Surgeon General's Report on Alcohol, Drugs, and Health, 2016)*

- **Programas/comunidades de recuperación universitarios:** servicio universitario que proporciona apoyo para la recuperación en el campus dentro de un contexto académico
- La mayoría ofrece residencias de recuperación, asesoramiento, ayuda mutua, apoyo social y educativo
- La admisión suele requerir 3-6 meses sin ningún tipo de consumo
- **Los datos sugieren** bajas tasas de reincidencia entre los participantes y exalumnos del programa (< 15%); rendimiento académico superior en relación con el alumnado general de una institución determinada

# APOYO ENTRE IGUALES PARA REDUCIR EL DAÑO

**Definición y revisión** *(hri.global; Pilot Feasibility Stud 2019:5:64; Peer Support Models for Harm Reduction Services: A Literature Review for The Wellington Guelph Drug Strategy, 2018)*

- Programas destinados a reducir los daños asociados con el consumo de sustancias y el estigma asociado
- Alientan a las personas a definir sus propios objetivos y necesidades, sin hacer hincapié en dejar de consumir ni juzgar el consumo actual o futuro de sustancias
- **Principios:** no juzgar, derechos humanos universales; centrarse en la mejoría de la calidad de vida y el cambio gradual; oponerse activamente al estigma; utilizar prácticas basadas en la evidencia
- Los **servicios** incluyen prevención y educación sobre la enfermedad; derivación para Tx, incluidos los medicamentos; acceso y derivación a servicios médicos, psicológicos, jurídicos y sociales; educación para la reducción del consumo de sustancias y los daños relacionados; prevención de sobredosis y entrenamiento con naloxona
- La integración entre iguales facilita las prácticas de uso seguro y reduce los daños entre consumidores de sustancias

## Dispensarios de jeringas (Int J Drug Policy 2015;26:51; Harm Reduct J 2018;15:52; PDSE Toolkit, 2020)

- Proporcionan una serie de servicios, incluida la distribución de material de inyección estéril (p. ej., agujas y jeringas), para reducir los daños relacionados con las drogas; ~320 programas en los EE.UU.
- Intentan reducir las tasas de transmisión del VIH/sida entre las personas que se inyectan drogas
- Vinculan oferta y demanda de MTCO *in situ*; los participantes tienen más probabilidades de entrar en Tx y reducir o abandonar el consumo de sustancias que perjudican la salud
- Son una de las intervenciones de salud pública más rentables
- Nuevos modelos de **acceso a jeringas entre iguales**: compañeros que trabajan en los centros de intercambio y en la comunidad, aprovechando las redes sociales personales para aumentar la consciencia y el uso de los servicios

## Lugares para consumo supervisado (https://www.catie.ca/prevention-in-focus/ harm-reduction-in-action-supervised-consumption-services-and-overdose)

- Centros legalmente autorizados donde las personas pueden autoadministrarse drogas bajo supervisión médica
- Proporcionan servicios de reducción del daño: vigilancia/rescate para sobredosis, equipo estéril, derivación a Tx
- Se ha demostrado que reducen las tasas de transmisión de enfermedades entre las personas que se inyectan drogas; se ha constatado que *no* aumentan el consumo de sustancias
- Actualmente no están permitidos en los EE.UU. por las normas y reglamentos federales; hay apoyo de gobiernos locales ahora documentado en varias ciudades (p. ej., Nueva York, San Francisco, Filadelfia, Seattle, Denver, Somerville)

# TRASTORNO POR CONSUMO DE ALCOHOL

## Epidemiología del espectro del TCA (JAMA Psychiatry 2015;72(8): 757-66; SAMHSA Key Substance Use and Mental Health Indicators in the United States. HHS Publication No. PEP20-07-01-001, NSDUH Series H-55, 2020)

- **Prevalencia en los EE.UU.:** 139.7 millones de adultos consumen alcohol, 65.8 millones tienen episodios de consumo intensivo, 16 millones consumen alcohol en exceso
- TCA en el **DSM-5**: prevalencia en 12 meses y de por vida 13.9% y 29.1%. Mayor frecuencia entre hombres (17.6% y 36.0%) y nativos americanos (19.2% y 43.4%). Mayor prevalencia entre las subpoblaciones vulnerables (p. ej., en personas sin vivienda: ~37.9% de prevalencia de TCA)
- **Daños causados por el alcohol**
  Causa principal de morbimortalidad en los EE.UU., con aceleración de la mortalidad relacionada con el alcohol de 2000 a 2016 y un total de 425 045 muertes inducidas por el alcohol *(JAMA Netw Open 2020;3(2):e1921451)*
  El consumo excesivo de alcohol se asocia con ↑ incidencia de ciertos tipos de cáncer, enfermedades CV, cirrosis y pancreatitis, así como trastornos GI *(JAMA Netw Open 2020;3(5):e204687)*
- **Costos**
  Consumo excesivo de alcohol: 250 mil millones de dólares/año *(Am J Prev Med 2015;49(5):e73-e79)*. Visitas al SU relacionadas con el alcohol: las visitas al SU ↑ 62%, costos ↑ 272% hasta los 15 300 millones de dólares *(Alcohol Clin Exp Res 2018;42(2):352-9)*

## Definición (SAMHSA Key Substance Use and Mental Health Indicators in the United States. HHS Publication No. PEP19-5068, NSDUH Series H-54, 2019; JAMA 2018;320(18): 1910-28)

- **Consumo no saludable de alcohol:** espectro de conductas
- **Consumo riesgoso/peligroso:** consumo por arriba de los umbrales diarios, semanales o por ocasión recomendados según el sexo (umbrales de consumo que aumentan el riesgo de consecuencias para la salud)
- **Consumo perjudicial:** patrón de consumo que ya está causando daños a la salud; los daños pueden ser físicos (p. ej., daños en el hígado por el consumo crónico de alcohol) o mentales (p. ej., un episodio depresivo secundario al consumo de alcohol)
- **Trastorno por consumo de alcohol:** patrón desadaptativo de consumo de alcohol que conduce a un deterioro o malestar clínicamente importante, manifestado por al menos 2 de los 11 criterios operativos del DSM-5 que se producen en un período de 12 meses

## Farmacología del alcohol (ASAM Principles of Addiction Medicine 6.ª ed. 2018)

- **Farmacocinética**
  Molécula pequeña e hidrosoluble: se absorbe rápido en el torrente sanguíneo desde el sistema GI y la sangre; se absorbe rápidamente en los tejidos
  Con un peso corporal equivalente, la misma cantidad de alcohol en las mujeres → CAS 20-25% mayor que en los hombres
  Metabolizado por la ADH a partir de alcohol → acetaldehído → acetato a un ritmo constante
  Tiene una cinética de orden cero (cantidad constante metabolizada por unidad de tiempo); promedio de ~30 mL c/3 h
  Bebida estándar = 355 mL de cerveza = 150 mL de vino = 45 mL de licor
- **Farmacodinámica**
  Actúa de forma aguda como depresor del SNC. Fase inicial al subir la CAS → desinhibición, ansiólisis, euforia. El uso continuo → deterioro del juicio, ataxia, ↓ tiempo de reacción

A cantidades más altas actúa como sedante/somnífero. También potencia otros sedantes/somníferos

- **Neurobiología**

  El refuerzo implica la excitación de las neuronas DA del ATV y ↑ eficiencia de la señalización glutamatérgica en áreas límbicas, corticales y estriatales → reforzando la asociación entre uso y resultado

  El alcohol aumenta de forma aguda la función de los receptores $GABA_A$ e inhibe los canales iónicos activados por el glutamato, en especial los receptores NMDA

  Sensibilización = aumento de la respuesta farmacológica y fisiológica a la sustancia tras una exposición repetida. Con el alcohol se observa una sensibilización con una intensificación de la gravedad de la abstinencia con episodios repetidos. También se observa un fenómeno de sensibilización con aumento del riesgo de convulsiones después de una crisis anterior

  La tolerancia a los efectos sedantes y letales se produce con la exposición crónica. La dependencia se define por la aparición del síndrome de abstinencia a la interrupción; impulsada por una ↓ de la función, la expresión alterada de la subunidad de $GABA_A$ y ↑ de la expresión y función del receptor de glutamato

- **Síntomas de la abstinencia**

  Desarrollo de síntomas debido a la disminución compensatoria de los sistemas inhibitorios y al aumento regulado de los sistemas excitatorios que se observa con el consumo crónico de alcohol. Cuando se interrumpe el alcohol → deficiencia relativa de GABA ↑ noradrenalina → actividad autónoma simpática (↑ FC, HTA, temblor, diaforesis). Desregulación glutamatérgica y de NMDA implicada en la excitación del SNC que se observa en la abstinencia

  Los síntomas comienzan 6-24 h después del último consumo de alcohol (o marcada ↓ en la cantidad de alcohol consumido). Se puede experimentar el síndrome de abstinencia antes de una PAS = 0

  Signos/Sx tempranos: ansiedad, alteraciones del sueño, sueños vívidos, anorexia, náuseas, cefalea, ↑ FC, HTA, sudoración, hipertermia, temblor, percepciones visuales/auditivas/táctiles erróneas o alucinaciones. La alucinosis puede ocurrir sin otros Sx de abstinencia

  La gravedad varía significativamente; para la mayoría de los pacientes, los Sx son leves y se resuelven en 1-2 días

  Las convulsiones comienzan a las 8-24 h, alcanzan su punto máximo 24 h después de la última bebida y pueden ocurrir antes de una PAS = 0. Pueden presentarse sin otros Sx de abstinencia. El riesgo de convulsionar ↑ si hay crisis previas (sensibilización) y si hay abstinencia de sedantes/somníferos concomitante

  Posible delírium por abstinencia de alcohol tras el empeoramiento progresivo de los Sx de abstinencia. *Delirium tremens* (DT) = delírium grave + trastornos del sistema simpático. Aparece 72-96 h después de la última bebida. Los Sx incluyen confusión general, desorientación y agitación, con desarrollo marcado de taquicardia, temblor, diaforesis y fiebre

- **Evaluación y tratamiento del síndrome de abstinencia (véase el cap. 5 y la ASAM Clinical Practice Guideline on Alcohol Withdrawal Management, 2020, para más detalles):**

  Evaluado con CIWA-Ar c/4-8 h hasta una puntuación < 8 durante 24 h. Puntuación: 10-18 = abs. moderada; puntuación > 18 = abs. grave. Es importante entrenar a los clínicos para que evalúan a los ptes con CIWA-Ar. No utilizar cuando el paciente se encuentre aún intoxicado

Los objetivos principales del Tx son estabilizar clínicamente al paciente y fomentar el Tx del TCA

Las benzodiazepinas son el Tx de referencia para los Sx de abstinencia

Las BZD reducen la gravedad del síndrome de abstinencia y la incidencia de DT y de convulsiones. El Tx desencadenado por Sx con escalas de abs. da lugar a la administración de una cantidad significativamente menor de medicamentos y a un Tx más breve (*JAMA* 1997;278(2):144-51)

Los esquemas de dosis fijas o programadas pueden ser apropiados si se debe prevenir el desarrollo de cualquier Sx de abstinencia (es decir, en ptes con SCA activo o trauma grave)

## Cribado y diagnóstico (*véase también* el cap. 3)

- **Cribado:** puede utilizarse en contextos médicos generales para identificar el consumo perjudicial de alcohol y el riesgo de padecer un TCA

  Método de una sola pregunta: «¿Usted en ocasiones consume cerveza, vino u otras bebidas alcohólicas?». Si la respuesta es sí, preguntar: «¿Cuántas veces en el último año ha tomado (hombres) 5 o más bebidas (para mujeres: 4 o más) en un día?». ≥ 1 días de consumo excesivo de alcohol implica un consumo perjudicial e indica la necesidad de cribado adicional (Sen. 81%, Esp. 79%)

  AUDIT-C consta de tres preguntas:

| 1. ¿Con qué frecuencia toma bebidas alcohólicas? | Nunca | Mensualmente o menos | 2-4 veces al mes | 2-3 veces/ semana | 4 o más veces/ semana |
|---|---|---|---|---|---|
| 2. ¿Cuántas bebidas alcohólicas toma en un día normal cuando bebe? | 1 o 2 | 3 o 4 | 5 o 6 | 7 a 9 | 10 o más |
| 3. ¿Con qué frecuencia toma 6 o más bebidas en una sola ocasión? | Nunca | Menos de una vez al mes | Mensualmente | 2-3 veces/ semana | 4 o más veces/ semana |

  Los puntos de corte óptimos para detectar el consumo riesgoso de alcohol varían en los estudios desde ≥ 3 en mujeres o ≥ 4 en hombres hasta ≥ 5 en ambos sexos. Establecer un umbral de ≥ 5 puede optimizar la Sen. y la Esp. (Sen. 91%; Esp. 86%). Las puntuaciones de la AUDIT-C ≥ 8 identifican a los individuos con alto riesgo de padecer TCA (Esp. 92%) (*Arch Intern Med* 1998;158(16):1789-95)

- **Diagnóstico:** basado en los criterios del *DSM-5* (*véase* cap. 3)
- **Usar los antecedentes**

  Edad del primer consumo, duración de este, frecuencia, cantidad, consecuencias, pros/contras del consumo

  Períodos anteriores de abstinencia, intervenciones/Tx previos

- **TCA:** se diagnostica si se cumplen ≥ 2 de los 11 criterios en el período anterior de 12 meses en 4 dominios de comportamiento

**Criterios diagnósticos del *DSM-5*:** subclasificación del TCA (# criterios cumplidos): leve 2-3; moderado 4-5; grave ≥ 6

Los **criterios incluyen** consumir más alcohol del previsto; problemas para controlar el consumo; pasar más tiempo buscando, consumiendo o recuperándose del alcohol; avidez (*craving*); consumo continuo que provoca el incumplimiento de las obligaciones de la vida cotidiana; consumo continuo a pesar de los problemas sociales; abandono de actividades importantes a causa del consumo de alcohol; consumo en situaciones de riesgo;

consumo continuo a pesar de los problemas de salud mental o física asociados; tolerancia y abstinencia

## Tratamiento basado en evidencia para el TCA

- La medicación y el asesoramiento son eficaces por sí solos; la combinación de ambos tratamientos probablemente sea más eficaz
- El asesoramiento puede ser individual o en grupo; modalidades de TCC, GC, TMM, FDP
- La intensidad puede variar de baja (semanal o menos) a alta (3×/semana o más). El entorno puede variar de ambulatorio a hospitalario
- El Tx farmacológico es eficaz y es poco utilizado. Los fármacos deben ser usados con asesoramiento de quien prescribe +/− intervenciones conductuales adicionales. El consumo continuo de alcohol no debe impedir el Tx

---

## INTERVENCIONES CONDUCTUALES

### Intervención breve

- Solo es eficaz para el consumo riesgoso de alcohol, no para el TCA
- Asesoramiento breve (5-15 min), personalizado, al paciente por parte del MAP u otro profesional de la salud con seguimiento para limitar el consumo de alcohol. Se puede utilizar el método de la entrevista breve negociada: establecer una relación, explorar los pros y los contras, compartir opiniones, evaluar la disposición al cambio, desarrollar un plan de acción y organizar el seguimiento. Para más detalles, *véase* el capítulo 3

### Intervenciones no farmacológicas

- **Entrevista motivacional/terapia de refuerzo motivacional**
  Objetivo de explorar y resolver la ambivalencia respecto al cambio de comportamiento
- **Terapia cognitivo-conductual**
  Enfocada en la comprensión de los pensamientos y sentimientos → cambio de comportamiento
- **Gestión de contingencias**
  Ofrece recompensas positivas (vales u otros incentivos positivos) por participar en el tratamiento o reducir o abandonar el consumo

---

## TRATAMIENTO FARMACOLÓGICO

### Clases de medicamentos

- **Guías de la APA para el TCA:** fármacos de primera línea: naltrexona y acamprosato para el TCA moderado-grave; topiramato o gabapentina si se prefiere o se es intolerante/no se responde a naltrexona o acamprosato
  (Am J Psychiatry 2018;175(1):86-90)

### Medicamentos aprobados por la FDA para el TCA

- **Naltrexona:**
  Mecanismo de acción: antagonista no selectivo de los receptores opioides μ, κ y δ, alcohol → liberación de opioides endógenos, efectos de refuerzo positivo; la naltrexona bloquea esta actividad y reduce los efectos gratificantes del alcohol → reducción de su consumo
  Dosis: v.o.: 50 mg/día; liberación prolongada i.m.: 380 mg/mes (glúteos)
  Efectos: el beneficio más relevante es la reducción del consumo excesivo de alcohol y la disminución del consumo diario; también puede promover el no consumo y reducir la probabilidad de volver a beber en cualquier momento y de forma excesiva; menos días de consumo en

general; reducción de la experiencia subjetiva de «avidez»; **NNT de 20 para volver a beber; NNT de 12 para volver a beber en exceso** (*JAMA* 2014;311(18):1889-900). Puede ↓ el reingreso hospitalario cuando se administra antes del alta (*JGIM* 2014; 30(3):365-70). Es seguro administrarla a pacientes que actualmente beben; de hecho, puede ser más eficaz cuando se empieza de esta manera, ya que el mecanismo de acción propuesto es la «extinción farmacológica» (bloquea los efectos placenteros del alcohol, lo que con el tiempo conduce a una disminución de su consumo)

Contraindicaciones: uso actual de opiáceos o cirrosis descompensada/insuficiencia hepática aguda. Es probable que sea segura en la cirrosis y en el espectro de las hepatopatías relacionadas con el alcohol, como lo constatan los estudios que evalúan la naltrexona para la ictericia colestásica (CiBP o CEP) en pacientes con ALT de hasta 10× el LSN y bilirrubina de hasta 30× el LSN, en los que no hay efectos adversos sobre las aminotransferasas. Es probable que la Ntx i.m. sea aún menos preocupante en cuanto a hepatotoxicidad, dado que evita el metabolismo de primer paso y la dosis diaria total es menor (*Addict Biol* 2004;9(1):81-87; *Alcohol Clin Exp Res* 2006;30(3):480-90)

- **Acamprosato:**

  Mecanismo de acción: modulador de los receptores de glutamato; se cree que promueve el no consumo al «restablecer» el equilibrio entre los sistemas GABA y de glutamato (*Addiction* 2013;108(2):275-93)

  Dosis: 666 mg v.o. c/8 h

  Efectos sobre el consumo de alcohol: disminución del retorno a cualquier consumo de alcohol, NNT 12, disminución de la probabilidad de volver a beber después de lograr no consumir; menos días de consumo (*JAMA* 2014;311(18):1889-900). Más eficaz para promover y mantener el no consumo que la naltrexona, pero menos eficaz para reducir la avidez o el regreso al consumo excesivo de alcohol, si se produce algún episodio, que la naltrexona (*Addiction* 2013;108(2):275-93). Los resultados en la abstinencia han diferido entre los ensayos estadounidenses y los europeos (p. ej., el estudio COMBINE en EE.UU. no encontró que el acamprosato fuera mejor que el placebo). Esto puede deberse a las diferencias en el diseño de los estudios entre los países (SAMHSA, 2009: TIP 49)

  Contraindicaciones: depuración de Cr < 30 mL/min. Dosis reducida si es de 30-50 mL/min

- **Disulfiram**

  Mecanismo de acción: inhibidor de la aldehído-deshidrogenasa → acumulación de acetaldehído tras la ingesta de alcohol → síntomas desagradables (ruborización facial, cefalea, náuseas, mareos, taquicardia, sudoración); reacción adversa teórica para prevenir la recurrencia del consumo de alcohol

  Dosis: 250-500 mg/día v.o.

  Efectos sobre el consumo de alcohol: no es mejor que el placebo para la abstinencia o el retorno a cualquier consumo de alcohol en los EA (*JAMA* 2014;311(18):1889-900; *Alcohol Clin Exp Res* 2014;38(2):572-78). Ha mostrado beneficios en estudios sin ciego (ocultación) con dosificación supervisada (*Alcohol Clin Exp Res* 2011;35(10):1749-58; *PLoS One* 2014;9(2):e87366)

  Contraindicaciones: cardiopatía grave, psicosis e hipersensibilidad

## Tratamiento farmacológico no aprobado por la FDA

- **Topiramato**

  Mecanismo de acción: agonista del receptor GABA$_A$, antagonista del receptor de glutamato AMPA/kainato. En teoría altera las propiedades de refuerzo y la experiencia subjetiva de las drogas y el alcohol; puede ayudar a restablecer el equilibrio en los circuitos de recompensa al mejorar la neurotransmisión GABAérgica y antagonizar la neurotransmisión glutamatérgica, lo que conduce a la supresión de las oleadas dopaminérgicas en el NA (J Addict Med 2019;13(1):7-22)

Dosis: 75-300 mg/día v.o.

Efectos sobre el consumo de alcohol: inhibe la abstinencia, disminuye del consumo excesivo, reduce los días de consumo y la experiencia subjetiva de «avidez» (Alcohol Clin Exp Res 2014;38(12):3017-23). NNT en la reducción de días de consumo excesivo de alcohol = 5.29 (J Clin Psychiatry 2016;77(3):e278-e282)

Contraindicaciones: embarazo, acidosis metabólica clínicamente relevante

- **Gabapentina**

  Mecanismo de acción: análoga del GABA, ligando del canal del Ca sensible a voltaje α-2-Δ; reduce el glutamato (neurotransmisor excitador), aumenta el GABA (neurotransmisor inhibidor), modula la glutamato-descarboxilasa, enzimas sintetizadoras de glutamato para aumentar el GABA y disminuir el glutamato (Cleve Clin J Med 2019;86(12):815-23)

  Dosis: 600-1800 mg/día v.o. en tres tomas

  Efectos sobre el consumo de alcohol: disminución del porcentaje de días de consumo excesivo (Addiction 2019;114(9):1547-55). Subgrupo de pacientes con Sx de abs. de alcohol: aumento del no consumo, reducción de los días de consumo excesivo. Puede ser más eficaz en los pacientes con TCA y antecedentes de síntomas de abstinencia (JAMA Intern Med 2020;180(5):728-36)

  Contraindicaciones: miastenia grave o mioclonía. Tener precaución en el embarazo y en personas con TCO activo, dados los mayores índices de uso no médico y potenciación de la sobredosis. El daño renal exige la reducción de la dosis

## Epidemiología (Lancet 2019;393(10182):1760-72; N Engl J Med 2012;367(2):146-55; Key Substance Use and Mental Health Indicators in the United States: Results from the 2020 National Survey on Drug Use and Health, 2021)

- Trastorno por consumo de opiáceos (TCO): patrón de consumo de opiáceos que lleva al deterioro o malestar clínicamente relevante **y a un consumo continuo a pesar de los problemas relacionados**
- En los EE.UU., 9.5 millones de personas de 12 años o más consumieron heroína u opiáceos por razones no médicas en 2020; 2.7 millones de personas tenían TCO
- Factores de riesgo para desarrollar TCO: el ↑ de riesgo se asocia con experiencias infantiles adversas (EIA), ser más joven (35-44 años), ser varón, estar subempleado o desempleado, o tener un trastorno mental, un dolor musculoesquelético complejo u otro trastorno por consumo de sustancias

## Valoración y evaluación (ASAM Principles of Addiction Medicine, 6th ed, 2019)

- Proceso de tres pasos para la identificación y el diagnóstico:
  1. *DETECTAR* el riesgo de consumo de opiáceos. Pregunta de cribado de un solo reactivo del NIDA: «¿Cuántas veces en el último año ha consumido una droga ilegal o ha usado un medicamento recetado por razones no médicas?» (si el paciente pregunta qué se entiende por «razones no médicas» se puede aclarar diciendo: «por la sensación o experiencia que provoca»)
  2. *INVESTIGAR* el patrón de consumo de los opiáceos y determinar si el paciente cumple con los criterios del TCO con base en el *DSM-5* (*véanse* criterios de Dx más adelante)
  3. *EVALUAR* los Hx de consumo de opiáceos del paciente, su consumo actual, su Hx de Tx y el riesgo de consumir nuevamente. Considerar:
     Riesgos del consumo actual: ¿Hx de s/d?, ¿síntomas de abstinencia?
     Inicio: ¿cuándo comenzó el consumo de opiáceos?
     Patrón de consumo, vía de administración
     Tx: historial de los episodios de Tx y sus resultados
     Efectos: explorar las experiencias positivas y negativas
     Cese del consumo: ¿cuáles fueron las circunstancias que rodearon un abandono de consumo anterior?
     Regreso al plan de prevención del consumo: conversar sobre los planes centrados en el paciente para prevenir la vuelta al consumo excesivo o reducir los riesgos del consumo
- **Criterios del *DSM-5*:** diagnóstico del TCO con base en 11 criterios: TCO leve (2-3 criterios), moderado (4-5 criterios) o grave (≥ 6 criterios). Cumplir los criterios de tolerancia y abstinencia solo cuando se toman opiáceos según lo prescrito no cumple con los criterios para TCO
- TCO en remisión: cuando todos los criterios, excepto la avidez (*craving*), ya no se cumplen durante 3 meses (remisión temprana) o 12 meses (remisión sostenida)
- Los **criterios** incluyen uso de más opiáceos de lo previsto; problemas para controlar el consumo; pasar más tiempo buscando, usando o recuperándose; avidez; uso continuo que lleva al incumplimiento de las obligaciones vitales; uso continuo en situaciones de riesgo; uso continuo a pesar de los problemas de salud mental o física asociados; tolerancia y abstinencia

## SOBREDOSIS RELACIONADAS CON LOS OPIÁCEOS

## Epidemiología (MMWR Morb Mortal Wkly Rep 2018;67(5152):1419-27)

- Las muertes por sobredosis de opiáceos siguen aumentando

- Se observa que el mayor ↑ de los últimos años ocurre entre afroamericanos, en especial los hombres
- Puede considerarse que las crisis por s/d se han producido en tres olas:
  1.ª ola asociada con ↑ en los opiáceos prescritos en la década de 1990
  2.ª ola asociada con rápido ↑ en el consumo de heroína en 2010
  3.ª ola asociada con ↑ en los opiáceos sintéticos (fentanilo de fabricación ilegal) iniciada en 2013 con una contaminación continua del suministro de medicamentos

## Signos y síntomas (*véase también el cap. 5*) (ASAM Principles of Addiction Medicine, 2019)

- Pupilas pequeñas y constreñidas
- Aumento de la somnolencia o pérdida de la consciencia
- Reducción de la frecuencia respiratoria/respiración
- Extremidades o cuerpo flácidos, claudicantes
- Piel pálida, azulada o fría
- El signo más preocupante es la depresión respiratoria con un paciente que se vuelve apneico e hipóxico. Tener en cuenta que las pruebas toxicológicas no son necesarias para iniciar el Tx por s/d de opiáceos

## Tratamiento de la sobredosis de opiáceos (https://www.cdc.gov/drugoverdose/pdf/patients/Preventing-an-Opioid-Overdose-Tip-Card-a.pdf; Ann Intern Med 2018;169(3):I-27-45)

- El tratamiento agudo por sospecha de sobredosis incluye la petición de ayuda (911 o código si está en un hospital/clínica), la administración de naloxona y la administración de respiración artificial; si no hay respuesta o esta es mínima, administrar naloxona adicional
- La sobredosis de opiáceos no mortal es una oportunidad para iniciar con medicamentos para el TCO (MTCO)
- Los sistemas de salud deben adoptar una política de «ninguna puerta es incorrecta» para los pacientes después de una s/d
- Cualquier entorno sanitario, incluyendo atención primaria, urgencias, hospitalización, etc., es una oportunidad para iniciar el tratamiento y vincular a los pacientes con la atención continua
- Los programas destinados a frenar las muertes por s/d deberían:
  - Integrar la educación respecto a s/d con el suministro y la capacitación sobre naloxona
  - Ofrecer un acceso inmediato a los MTCO
  - Ofrecer servicios de reducción de daños o asociarse con organizaciones que los ofrezcan (*véase* el cap. 17 para más información)

## Tratamiento de la abstinencia (ASAM Principles of Addiction Medicine, 6.ª ed. 2019)

- La reducción brusca o el cese de los opiáceos puede provocar Sx de abstinencia
- El tratamiento para la abstinencia de opiáceos debe considerarse parte de un proceso continuo de Tx del TCO; el tratamiento para la abstinencia, por sí solo, se asocia con altas tasas de consumo recurrente de opiáceos
- Se puede evaluar la gravedad de la abstinencia con la *Escala clínica de abstinencia de opiáceos* (*véase* más adelante)
- **Tx de 1.ª línea:** metadona o buprenorfina
- Metadona para el tratamiento de la abstinencia: 5-10 mg PRN hasta 40 mg en las primeras 24 h (se puede administrar en entornos hospitalarios o en PTO)
- Buprenorfina o buprenorfina/naloxona: pueden iniciarse con 2-8 mg s.l. y administrarse 2-8 mg PRN para los síntomas de abstinencia, hasta 24 mg en las primeras 24 h

- Lo ideal es continuar con los MTCO para el mantenimiento, a menos que el paciente prefiera reducirlos después de una conversación informada acerca de los riesgos (recurrencia, s/d, muerte)
- **Tx de 2.ª línea.** Adyuvantes: clonidina, 0.1-0.2 mg c/4-6 h PRN para la inquietud/ansiedad; diciclomina, 20 mg c/6 h PRN para los cólicos abdominales; trazodona, 50 mg c/24 h pm para el insomnio; ibuprofeno, 400-800 mg c/8 h PRN para las mialgias/artralgias; hidroxizina, 25-50 mg v.o. c/4-6 h PRN para la ansiedad

### Embarazo *(ASAM Principles of Addiction Medicine, 6.ª ed. 2019)*

- No se recomienda el Tx médico de los Sx de abstinencia (es decir, la disminución con metadona/buprenorfina); se deben iniciar y continuar los MTCO

---

## TRATAMIENTO

### Evaluación inicial *(ASAM Principles of Addiction Medicine, 6.ª ed. 2019)*

- Evaluar el consumo y los Hx de Tx
- Considerar la posibilidad de realizar un cribado para enfermedades infecciosas como el VIH o la hepatitis vírica, en especial si hay uso por vía inyectable
- Determinar los objetivos del paciente. Participar en la toma de decisiones compartida para decidir la estrategia del Tx

### Medicamentos para el TCO *(ASAM Principles of Addiction Medicine, 6.ª ed. 2019)*

- Metadona o buprenorfina como 1.ª línea: muy respaldadas en su eficacia, reduciendo el consumo recurrente de opiáceos, la s/d y la mortalidad
- Ntx de LP. Opción de 2.ª línea para los pacientes que han sido asesorados sobre los riesgos vs. los beneficios y la prefieren a la medicación agonista (*véase* tabla siguiente)
- La inducción con dosis bajas de buprenorfina-naloxona (es decir, inducción con «microdosis») es una opción para los pacientes que necesitan continuamente agonistas puros para el dolor o cuando la inducción estándar se vuelve difícil; p. ej., los pacientes que utilizan fentanilo no prescrito con Hx de Sx de abstinencia precipitada o en transición desde la metadona

**Ejemplos de protocolos de inducción con dosis bajas de buprenorfina**

| | Día 1 | 2 | 3 | 4 | 5 | 6 | ≥7 |
|---|---|---|---|---|---|---|---|
| **1. Con buprenorfina s.l.** | 0.5 mg una vez | 0.5 mg c/12 h | 1 mg c/12 h | 2 mg c/12 h | 4 mg c/12 h | 4 mg c/8 h | Ajustar PRN |
| **2. Con buprenorfina transdérmica + s.l.** | - | 1 mg c/24 h pm | 1 mg c/12 h | 2 mg c/12 h | 4 mg c/12 h | 4 mg c/8 h | Ajustar PRN |
| | Parche transdérmico 20 µg/h<br>Continuar hasta la primera dosis s.l. o durante la inducción | | | | | | |

Para la opción 1 o 2 se continúa con el agonista puro o se reduce lentamente hasta el día 5, luego se suspende

### Tratamiento continuo

- Es importante el seguimiento continuo. Las visitas de control, frecuentes al principio, se reducen en frecuencia a medida que el pte se estabiliza. Al igual que en cualquier Tx de cuidados crónicos, las visitas de seguimiento implican la evaluación de los síntomas en curso (avidez, abstinencia, consumo), los beneficios o problemas con la medicación, la necesidad de apoyo adicional o de modificaciones del Tx, así como el enfoque en los objetivos identificados por el paciente

- Si el pte no se siente bien, modificar el Tx. El consumo continuo de sustancias por parte del pte no es razón suficiente para interrumpir los MTCO, pero puede reflejar la necesidad de un cambio en el plan de Tx. Considere aumentar la dosis de medicación e intensificar los apoyos y las terapias complementarias (servicios psicosociales, apoyo entre iguales, apoyos de vivienda, NAM). Si los problemas persisten, explorar el cambio de medicamento (p. ej., de buprenorfina a metadona)
- Incorporar la reducción del daño al Tx continuo

## Abordaje de pacientes ya tratados con MTCO (J Hosp Med 2019;10:633-35; Ann Intern Med 2006;144(2):127-34; J Gen Intern Med 2020;35(12):3635-43)

- Si están hospitalizados, los pacientes deben continuar con los MTCO. La buprenorfina y la metadona pueden administrarse durante la hospitalización por un problema médico/quirúrgico agudo sin una licencia especial. Si está con metadona, la dosis del paciente debe ser confirmada con un PTO
- Si los pacientes tienen dolor agudo o están en período perioperatorio:
  - Para la metadona: continuar la dosis domiciliaria y utilizar opiáceos de acción corta
  - Para la buprenorfina: continuar la dosis domiciliaria (considerar la posibilidad de dividir la dosis a c/8 h o c/6 h) y utilizar opiáceos de acción corta

| Medicamento | Metadona | Buprenorfina-naloxona | Ntx de LP | Buprenorfina de LP |
|---|---|---|---|---|
| Acción sobre el receptor opioide | Agonista opioide puro | Agonista opioide parcial | Antagonista opioide | Agonista opioide parcial |
| Dosis habitual | 60-120 mg v.o. al día | 8-24 mg s.l. diarios | 380 mg i.m. mensuales | 100-300 mg s.c. mensuales |
| Ideal para el siguiente tratamiento | TCO moderado-grave; larga historia de uso de opiáceos; alta tolerancia a los opiáceos; preferencia por la metadona | TCO leve-grave; preferencia por la buprenorfina | Estabilidad a largo plazo en el tratamiento del TCO; institucionalizado sin acceso al TAO; tras ser asesorado sobre los riesgos y beneficios, prefiere el tratamiento antagonista | Pacientes con TCO moderado-grave que han iniciado el tratamiento con buprenorfina-naloxona transmucosa durante al menos 7 días |
| Beneficios | Mejora el cumplimiento del tratamiento<br>Reduce la mortalidad por sobredosis<br>Mejoría de la remisión del TCO<br>Eficaz en el embarazo<br>Facilidad para iniciar el tratamiento<br>No hay dosis máxima | Pueden ser recetadas en el ámbito ambulatorio por el médico/NPS/AMd con ERB<br>Programa de dosificación más flexible<br>Menor riesgo de depresión respiratoria o sedación<br>Riesgo mínimo de sobredosis en el paciente tolerante a los opiáceos<br>Pocos efectos secundarios<br>Corto tiempo hasta la dosis terapéutica | No provoca sedación ni depresión respiratoria; no es necesaria una ERB para el prescriptor | Beneficios similares a los de la buprenorfina-naloxona, con la ventaja añadida de la dosificación mensual; requiere ERB |

| | | | |
|---|---|---|---|
| Desventajas | Requiere visitas a un PTO regulado por el gobierno federal de EE.UU. Riesgo potencial de sobredosis en el periodo de inducción La normativa exige dosis diarias vigiladas al inicio; dosis para llevar a casa solo después de meses de estabilidad Perfil de efectos secundarios con somnolencia importante. ↑ QTc Riesgo de interacción con otros medicamentos debido a los efectos en el citocromo P450 | Posible precipitación de Sx de abstinencia en la iniciación Menor retención de los pacientes cuando hay una dosificación inadecuada Requiere un prescriptor con ERB según la normativa actual (aunque ya no requiere formación si trata a 30 o menos pacientes a la vez) | No reduce la avidez Puede precipitar el síndrome de abstinencia si el periodo sin consumo es inadecuado Riesgo de sobredosis mortal si el individuo consume opiáceos después del intervalo de dosificación dada la pérdida de tolerancia Menor eficacia en comparación con los agonistas opioides Datos de seguridad limitados en pacientes embarazadas Insomnio y estado de ánimo depresivo | Desventajas similares a las de la buprenorfina-naloxona, incluido el riesgo de precipitar Sx de abstinencia |
| Poblaciones especiales | Adecuada para el embarazo y la lactancia Puede requerir un ajuste de la dosis en caso de insuficiencia renal/ hepática | Apropiadas en el embarazo y la lactancia Pueden necesitar un ajuste de la dosis en caso de insuficiencia hepática grave | Puede ser útil en pacientes con antecedentes de TCO y TCA actual | No se recomienda la buprenorfina de LP mensual en el embarazo debido al excipiente NMP; la formulación semanal se considera segura en el embarazo (*Contemp Clin Trials* 2020;93:106014) |

# TRASTORNO POR CONSUMO DE SEDANTES/SOMNÍFEROS

## Introducción

- Grupo diverso de fármacos que incluye benzodiazepinas (BZD), somníferos no BZD, barbitúricos y otros
- Utilizados clínicamente como ansiolíticos, sedantes/somníferos, anticonvulsivos y relajantes musculares
- Provocan depresión del SNC dependiente de la dosis que puede llevar al coma y a la muerte

## Farmacología *(ASAM Principles of Addiction Medicine, 6.ª ed. 2019)*

- **BZD:** anillo de benceno fusionado con un anillo de diazepina de siete miembros. Varios compuestos se derivan mediante modificaciones del sistema de anillos
- Se enlazan alostéricamente al receptor $GABA_A$ para permitir una mayor afinidad del GABA al receptor
- Aumentan la **frecuencia** de apertura del canal de cloruro del receptor $GABA_A \rightarrow$ disminuye la excitabilidad neuronal
- Los **barbitúricos** se unen a diferentes subunidades del receptor $GABA_A$ para aumentar la **duración** de la apertura del canal de cloruro $\rightarrow$ índice terapéutico más estrecho $\rightarrow$ mayor riesgo de depresión respiratoria
- Los **somníferos no BZD** (también conocidos como «fármacos Z»: **es**zopiclona, **z**olpidem, **z**aleplón) se unen a diferentes subunidades $GABA_A$. Efectos clínicos diferentes; potencial similar de uso no médico y para Sx de abs.

---

## TRATAMIENTO DE LA INTOXICACIÓN

### Cuadro clínico *(ASAM Principles of Addiction Medicine, 6.ª ed. 2019)*

- **Dosis bajas:** deterioro de la actividad motora, amnesia anterógrada, dificultad para hablar, ataxia
- En los adultos mayores a veces puede provocar agitación paradójica y delírium
- **Dosis altas:** depresión respiratoria, colapso CV, coma, muerte
- Uso crónico de barbitúricos $\rightarrow$ tolerancia a los efectos terapéuticos, pero no a los efectos letales $\rightarrow$ índice terapéutico estrecho
- Las sobredosis letales son raras cuando se usan las BZD solas. Es más frecuente cuando se combina con otros sedantes como el alcohol, los barbitúricos y los opiáceos debido a la sinergia

### Tratamiento *(ASAM Principles of Addiction Medicine, 6.ª ed. 2019)*

- ABC estándar
- Descartar otras causas: hipoglucemia, anomalías electrolíticas, etc.
- Examen toxicológico
- El carbón activado no suele recomendarse debido al riesgo de aspiración *(QJM 2005;98:655)*
- La alcalinización de la orina puede ayudar a eliminar el fenobarbital; la diuresis forzada no ayuda
- El **flumazenil** (antagonista de $GABA_A$) tiene un papel limitado y controvertido. Puede revertir los efectos de las BZD de acción corta cuando se administra lentamente. No obstante, puede causar arritmias y convulsiones, en especial cuando hay consumos concomitantes (p. ej., ATC); $\uparrow$ riesgo de convulsiones en ptes con dependencia fisiológica a las BZD *(Clin Ther 1992;14:292)*
- **Tratamiento sintomático**

# ABSTINENCIA DE SEDANTES/SOMNÍFEROS

## Signos y síntomas *(ASAM Principles of Addiction Medicine, 6.ª ed. 2019)*

- Los síntomas de abstinencia son similares en todos los sedantes/somníferos, pero con diferencias en la gravedad y el curso temporal; influyen la dosis, la duración del uso y la semivida de eliminación
- El síndrome de abstinencia puede observarse a partir de las 3-4 semanas de uso diario. Es más probable que se produzca con un uso terapéutico diario durante al menos 4-6 meses o con dosis supraterapéuticas durante al menos 2-3 meses *(Subst Use Misuse 2005;40:449)*
- **SV:** taquicardia, HTA, fiebre
- **SNC:** agitación, ansiedad, delírium, alucinaciones, temblores, convulsiones, muerte
- **GI:** anorexia, diarrea, náuseas

## Interrupción definitiva de las BZD *(ASAM Principles of Addiction Medicine, 6.ª ed. 2019)*

- Los síntomas se dividen en **cuatro categorías**:
  - *Recurrencia de los síntomas o regreso al uso:* reaparición de los Sx para los que la BZD se estaba usando inicialmente (p. ej., ansiedad)
  - *Rebote:* desarrollo de Sx similares a los que se estaban tratando inicialmente con la BZD, pero más graves y de corta duración. Probablemente debido a la regulación por disminución del GABA
  - *Seudoabstinencia:* hipersensibilización de los Sx que se interpretan como Sx de abstinencia debido a la expectativa de interrupción definitiva
  - *Abstinencia verdadera:* desarrollo de Sx fisiológicos verdaderos de abstinencia debido a la desregulación crónica del GABA inducida por la BZD en el SNC y la regulación por incremento del glutamato
- **Síndrome de abstinencia postaguda:** puede ocurrir en algunos pacientes con duración de semanas a meses. Se caracteriza por una evolución con altas y bajas. Puede contribuir a la recurrencia del consumo

## Factores que afectan la abstinencia *(ASAM Principles of Addiction Medicine, 6.ª ed. 2019)*

- La abs. aguda de BZD de acción corta (alprazolam, lorazepam, oxazepam, temazepam) se produce en las 24 h siguientes a la interrupción, alcanzando un máximo de gravedad en 1-5 días, con una duración de 7-21 días
- La abs. aguda de BZD de acción prolongada (clordiazepóxido, diazepam, clonazepam) se produce en los 5 días siguientes a la interrupción, alcanzando un máximo de gravedad en 1-9 días, con una duración de 10-28 días
- Las abs. de BZD de mayor potencia (alprazolam, triazolam) son más graves
- Los pacientes con comorbilidades psiquiátricas preexistentes (p. ej., ansiedad) tienden a tener una abs. más intensa
- El consumo simultáneo de otras sustancias, en particular opiáceos y alcohol, aumenta la intensidad de la abs.
- La eficiencia de la eliminación hepática disminuye con la edad; los pacientes mayores experimentan una depuración prolongada de las BZD con metabolismo hepático

## Embarazo *(ASAM Principles of Addiction Medicine, 6.ª ed. 2019)*

- Todas las BZD y los barbitúricos son **categoría D o X** (temazepam, flurazepam, estazolam, quazepam). Atraviesan la placenta y se excretan en la leche materna. No hay evidencia de malformaciones congénitas relacionadas *(BMJ Open 2013;3:2)*. Algunas se asocian con nacimientos prematuros *(Am J Obstet Gynecol 2009;201:6)*
- El síndrome de abstinencia tratado médicamente es posible durante el embarazo con un control regular

- La exposición neonatal a las BZD puede causar hipotonía, somnolencia y mala alimentación

---

## TRATAMIENTO

### Evaluación inicial (ASAM Principles of Addiction Medicine, 6th ed, 2019)

- Utilizar los criterios del *DSM-5* para evaluar el diagnóstico de trastorno por consumo de sedantes/somníferos (para más información, *véase* el cap. 3). Determinar el motivo de la interrupción del sedante/somnífero y su indicación inicial
- Realizar una anamnesis médica, psicológica y de consumo de sustancias completa. **Centrarse en las experiencias de los ptes con intentos anteriores de interrupción definitiva**
- Evaluar la toxicología y otros análisis como se indica. Considerar la posibilidad de hacer pruebas de cribado para VIH o hepatitis vírica, sobre todo si se utilizan otros medicamentos no recetados
- Determinar el entorno adecuado para la gestión de la abs. Participar en la toma de decisiones compartidas para elegir una de las siguientes estrategias:

### Intervención mínima (ASAM Principles of Addiction Medicine, 6.ª ed, 2019)

- Proporcionar asesoramiento centrado en el paciente para interrumpir las BZD tomando decisiones compartidas
- Puede ser eficaz en pacientes que reciben dosis bajas de BZD

### Disminución progresiva simple (ASAM Principles of Addiction Medicine, 6.ª ed, 2019)

- Desescalar gradualmente a los ptes utilizando un programa de disminución de dosis fijas
- Eficaz para ptes fisiológicamente dependientes solo a las BZD en dosis terapéuticas
- Las dosis se reducen cada 1-2 semanas, no más rápido que 5 mg de equivalentes de diazepam por semana, el 10% o la dosis inicial, lo que sea menor
- En general, la disminución del primer 50% de la dosis es suave, mientras que el 25% final es más difícil y requiere disminuciones de dosis más graduales (*Arch Gen Psychiatry* 1990;47:908)
- Si aparecen Sx de abs., puede aumentarse la dosis y reanudarse la disminución a un ritmo más lento
- Tener visitas semanales en el consultorio para evaluar, alentar y supervisar
- Tx solo con la cantidad necesaria de medicamentos hasta la siguiente visita. Discutir las estrategias de contingencia para medicamentos perdidos
- Puede ser útil un acuerdo mutuo de tratamiento con una copia de cronograma tentativo de disminuciones

### Sustitución y disminución (ASAM Principles of Addiction Medicine, 6.ª ed, 2019)

- Sustituir por un fármaco de acción prolongada (clonazepam, clordiazepóxido, fenobarbital) y luego disminuir gradualmente
- Provoca una reducción más gradual de las concentraciones séricas y una disminución más suave
- **Clordiazepóxido, fenobarbital** y **clonazepam** son opciones razonables de acción prolongada
- El fenobarbital produce una menor desinhibición conductual y es eficaz cuando se interrumpen varios sedantes/somníferos o en ptes con dependencia a altas dosis (*J Psychoactive Drugs* 1983;15:85)
- El oxazepam puede utilizarse en ptes con disfunción hepática

| Conversiones de dosis de sustitución para sedantes/somníferos | |
|---|---|
| *(ASAM Principles of Addiction Medicine, 6.ª ed, 2019, p 733, tabla 52-3 abreviada)* | |
| **Fármaco** | **Dosis equivalente a 30 mg de fenobarbital** |
| Alprazolam | 0.5-1 mg |
| Clordiazepóxido | 25 mg |
| Clonazepam | 1-2 mg |
| Diazepam | 10 mg |
| Lorazepam | 2 mg |
| Oxazepam | 10-15 mg |
| Pentobarbital | 100 mg |

- En primer lugar, calcular la dosis equivalente del fármaco sustituido de acción prolongada y suministrarla en 2-4 dosis divididas al día
- Proporcionar al pte dosis más pequeñas del mismo medicamento durante los primeros 2-3 días de reducción para la supresión de la abs. Evitar combinar barbitúricos con BZD
- Una vez que el pte se estabilice con el medicamento sustituto, comenzar a disminuir la dosis como se describe en la **sección anterior de disminución simple** (↓ con equivalentes de 5 mg de diazepam o con 10% de la dosis inicial cada 1-2 semanas)

**Tratamientos adyuvantes** *(ASAM Principles of Addiction Medicine, 6.ª ed, 2019)*

- La **carbamazepina** inhibe la liberación de glutamato; puede provocar Sx de abs. menos intensos y una mejor finalización de la reducción. Eficacia general mixta *(Drug Alcohol Depend 2018;189:96-107)*
- El **valproato de sodio** ↑ la conc. de GABA y ↓ los Sx de abs. ↑ el porcentaje de ptes que permanecen libres de BZD a las 5 sem de la disminución. Menos efectos secundarios que la carbamazepina *(Psychopharmacology 1999;131:1)*
- La **gabapentina** ↓ la actividad neuronal excesiva, con una eficacia similar a la del valproato de sodio. Categoría C para embarazo. Tiene riesgos para el uso no médico. **Puede ayudar a tratar el síndrome de abs. postagudo** *(Drugs Today (Barc) 2004;40:603)*
- El **propranolol** puede ↓ los Sx hiperadrenérgicos. No debe utilizarse como medicamento único. **Puede ayudar a tratar el síndrome de abs. postagudo** *(Lancet 1981;1:520)*
- La **trazodona** y la **mirtazapina** ↓ la ansiedad y ↑ las tasas de abstinencia de BZD después de la disminución *(J Clin Psychiatry 1993;54:189; Singapore Med J 2008;49:166)*
- La **clonidina** y la **buspirona** no son eficaces para tratar la abs. de BZD *(Am J Psychiatry 1986;143:1590; Am J Psychiatry 1986;143:900)*
- La **TCC** puede aumentar la tasa de interrupción exitosa de las BZD *(J Clin Psychopharmacol 1999;19:S17)*

**Tratamiento del trastorno por consumo de benzodiazepinas**

- No hay Tx farmacológico aprobado por la FDA para el Tx del trastorno por consumo de BZD ni para la interrupción a largo plazo *(Curr Pharm Des 2015;21:22)*
- Varios estudios mostraron que el uso (fuera de indicación) de la monoterapia con **pregabalina** puede tener éxito en la interrupción del uso de BZD *(J Psychopharmacol 2012;26:4; Hum Psychopharmacol 2008;23:4)*
- El Tx agonista a largo plazo no tiene eficacia clínica *(Curr Pharm Des 2015;21:22)*
- Las intervenciones psicosociales siguen siendo la piedra angular del tratamiento a largo plazo *(ASAM Principles of Addiction Medicine, 6.ª ed, 2019)*

# TRASTORNO POR CONSUMO DE ESTIMULANTES

## Epidemiología

- La cocaína y las anfetaminas están entre las drogas más consumidas en el mundo
- La incidencia de los trastornos por consumo de estimulantes está aumentando (*Lancet* 2019;394:1652)
- El uso de múltiples sustancias es frecuente y puede ↑ el riesgo de daño
- Modalidades de uso: inhalado, insuflado, inyectado, supositorios rectales o vaginales

---

## COCAÍNA

### Mecanismo de acción

Inhibe la recaptación de serotonina, dopamina y noradrenalina al bloquear el transportador de monoaminas → aumenta la dopamina, noradrenalina y serotonina liberadas previamente en la hendidura sináptica.

### Intoxicación y sobredosis (*véase el cap. 5*)

Provocan Sx médicos y psiquiátricos.

Síntomas de estimulación simpática excesiva.

CV: arritmias, taquicardia, hipertensión grave, angina/IM.

Neurológicos: ACV hemorrágico/isquémico, temblor, convulsiones, confusión.

Psiquiátricos: agitación, psicosis, ansiedad.

Otros: hipertermia, náuseas y vómitos.

### Tratamiento de la intoxicación o la sobredosis

BZD i.v. temprana para el dolor torácico inducido por la cocaína con características de alto riesgo (cambios en el ECG, troponina elevada) y atención habitual.

BCC para el vasoespasmo coronario.

A pesar de la preocupación teórica en torno al uso de BB y la potencial estimulación α sin oposición, no hay indicios de peores resultados entre los pacientes con dolor torácico asociado con la cocaína tratados con BB (*Emerg Med J* 2018 Sep;35(9):559-563).

Enfriamiento e hidratación i.v. para la hipertermia.

Diazepam oral o lorazepam i.v. si hay ansiedad/agitación grave.

### Síndrome de abstinencia

Ocurre 1-3 días después del último consumo.

Provoca avidez intensa, depresión, fatiga, agitación, inhibición psicomotriz.

Los síntomas físicos de la abstinencia no suelen estar presentes.

Es más probable que el «choque» se produzca inmediatamente después del cese del consumo.

La agitación y la paranoia son infrecuentes, se tratan con cuidados de apoyo.

La reincidencia en el consumo es frecuente y representa una característica de todos los TCS.

### Tratamientos del trastorno por consumo de cocaína

**Establecer el diagnóstico:** *véase* el capítulo 3.

**Terapias conductuales** (*PLoS ONE* 2020;15(6):e0234809; *PLoS Med* 2018;15(12):e1002715)

- La gestión de contingencias (GC) es eficaz para reducir el consumo de estimulantes

Ofrece incentivos monetarios o premios por la participación en las actividades de tratamiento, por la demostración de la disminución del consumo o por no consumir.

Es más eficaz cuando se combina con el refuerzo comunitario.

- La terapia cognitivo-conductual ayuda a mejorar la percepción de las circunstancias; menos eficaz que la GC
- El abordaje de refuerzo comunitario identifica las conductas que refuerzan el consumo de estimulantes, hace que el estilo de vida sin estimulantes sea más gratificante que el consumo de sustancias, requiere una larga duración de la terapia
- La entrevista motivacional intenta explorar y resolver la ambivalencia acerca del cambio. Es eficaz para disminuir la cantidad y la frecuencia de consumo

**Tratamientos farmacológicos** (*JGIM* 2019;34:2858)

No hay medicamentos aprobados por la FDA para el trastorno por consumo de cocaína.

Bupropión: poca evidencia a favor de que el bupropión inhiba el consumo.

Topiramato: algunas evidencias a favor del topiramato sobre el placebo para inhibir el consumo (RR 2.56; IC 1.39-4.73).

Psicoestimulantes: actualmente no hay evidencia suficiente. Las investigaciones en curso favorecen a la dexanfetamina y a las sales mixtas de anfetamina para frenar el consumo vs. placebo (RR 1.36; IC 1.05-1.77); sin diferencias en la disminución del consumo o la retención en el tratamiento.

Otros medicamentos con poca evidencia de mejoría en los resultados del consumo de cocaína: antidepresivos, antipsicóticos, memantina, atomoxetina, anticonvulsivos, naltrexona.

## METANFETAMINAS

### Mecanismo de acción

Actúa como sustrato del transportador de monoaminas → aumento de la liberación intracelular de dopamina, noradrenalina, serotonina.

### Intoxicación y sobredosis (*véase* el cap. 5 para más información)

La mayoría se presenta en los SU con alteraciones del comportamiento.

La toxicidad sistémica grave es rara, surge de una crisis simpaticomimética.

Sx psiquiátricos: agitación, ansiedad, paranoia, gritos, movimientos rápidos y repetitivos.

Neurológicos: ACV, convulsiones.

CV: taquicardia, HTA, IM; uso crónico → HTA pulmonar.

Renales: LRA, rabdomiólisis.

### Tratamiento de la intoxicación y la sobredosis

Énfasis en calmar y desescalar, pasar a un entorno con pocos estímulos, ofrecer una interacción de apoyo 1:1 para disminuir la paranoia.

Las alteraciones del comportamiento suelen responder bien a una reorientación, si son leves. En casos moderados/graves puede considerarse la sedación con BZD (v.o./v.i.) (*Emerg Med Aus* 31:593).

Cuidados de apoyo, hidratación i.v. para la LRA, rabdomiólisis.

Considerar BZD para la cardiotoxicidad grave.

### Síndrome de abstinencia

Caracterizado por dos fases: «choque» y síntomas prolongados.

Choque: se observa en las 24 h posteriores a la interrupción. Aumento del sueño (de mala calidad) y del apetito. Algo de depresión y avidez (*craving*).

Fase prolongada: se observa depresión continua, anhedonia, paranoia leve.

Tratar con cuidados de apoyo, espacio para el descanso, tratamiento farmacológico para el insomnio, nutrición adecuada.

Si los síntomas depresivos continúan después de 2 semanas, considerar el tratamiento.

El deseo de consumir es mayor entre los días 7 y 14, período de alto riesgo para la reaparición del consumo.

Ningún beneficio de la mirtazapina para los síntomas de abstinencia.

## Tratamiento del trastorno por consumo de metanfetaminas

**Diagnóstico:** *véase* el capítulo 3.

**Tratamientos conductuales:** *véase* Trastorno por consumo de cocaína

GC: más eficaz.

Ejercicio: el ejercicio moderado tiene efectos beneficiosos.

**Tratamientos farmacológicos:** (*Addict* 2020;114:2122)

No hay tratamientos aprobados por la FDA, por lo que no hay evidencia suficiente para recomendar ningún Tx farmacológico.

Las investigaciones en curso han evaluado una serie de tratamientos:

La mirtazapina puede disminuir el consumo de metanfetaminas y las conductas sexuales de riesgo en los varones con relaciones homosexuales.

La Ntx de LP y el bupropión pueden ser una combinación eficaz para reducir el consumo de metanfetaminas (*NEJM* 2021;384:140).

Metilfenidato: datos de baja calidad que sugieren disminución del consumo.

Los resultados positivos más homogéneos en la revisión sistemática de 2020 se obtuvieron con el tratamiento con agonistas estimulantes (dexanfetamina y metilfenidato); la Ntx y el topiramato pueden ser opciones potenciales de tratamiento, pero necesitan investigación adicional (*CNS Drugs* 2020;34(4):337).

Otros medicamentos *sin* evidencia válida: antidepresivos (bupropión, ISRS), antipsicóticos atípicos, baclofeno, gabapentina, modafinilo (*Psychopharmacology* 2020;237:2233).

---

# PSICOESTIMULANTES DE PRESCRIPCIÓN

La dextroanfetamina, la anfetamina y el metilfenidato recetados para el TDAH, la narcolepsia, la depresión, etc., pueden utilizarse por razones no médicas.

Es frecuente que los estudiantes de bachillerato y universitarios los utilicen como «drogas para estudiar».

La absorción es más lenta cuando se toma por vía oral; sin embargo, el contenido puede esnifarse para un inicio de acción más rápido.

Puede provocar tolerancia fisiológica, trastornos de consumo y síndrome de abstinencia. Tratamiento y abordaje similar al apartado anterior.

# TRASTORNO POR CONSUMO DE TABACO

## Epidemiología del tabaquismo *(Surgeon General's Report 2020, USDHHS 2014)*

- **Prevalencia en los EE.UU.:** ~13.7% de los adultos declaran fumar cigarrillos (34.2 millones, mínimo histórico)
- **Formas de consumo**: cigarrillos, tabaco para mascar, rapé (polvo), pipas, habanos (puros), cigarrillos con clavo (especia), *hookah* (narguile), *bidis* (India)
- **Daños del tabaco**

  Causa #1 de mortalidad evitable en los EE.UU., con ~480 000 muertes al año

  Contiene compuestos cancerígenos como amoníaco, benceno, formaldehído, plomo, cianuro

  Fumar durante el embarazo ↓ crecimiento fetal, ↑ riesgo de SMSL

  El humo ambiental del tabaco ↑ efectos adversos en bebés, niños y no fumadores
- **Tratamiento exitoso del trastorno por consumo de tabaco**

  ↑ esperanza de vida, hasta 10 años

  ↓ riesgo de cáncer (ORL, cabeza/cuello, pulmón, GI, urológico, ginecológico)

  ↓ riesgo de enfermedad CV (IM, ACV, EVP)

  ↓ riesgo de enfermedad pulmonar (EPOC, asma)
- **Los consumidores de tabaco quieren y pueden dejarlo con éxito**

  ~60% de quienes han fumado tabaco alguna vez han dejado de fumar

  ~67% de quienes actualmente fuman tabaco muestran interés en dejarlo

## Neurobiología y farmacología de la nicotina

- **La nicotina se encuentra de forma natural en el tabaco**

  Compuesto altamente adictivo, activa las vías neuronales de recompensa (*véase* cap. 1)
- **Farmacocinética**

  Su absorción ↑ en la mucosa oral con pH elevado (contenido alcalino en pipas, tabaco masticado)

  Rápida a través del epitelio pulmonar

  La distribución alcanza rápidamente el SNC en 10-20 segundos

  Metabolización/excreción en orina: 70-80% como cotinina, ~10% sin cambios, ~10% otros
- **Farmacodinámica**

  Se une a los receptores nicotínicos de acetilcolina en todo el cuerpo y el cerebro

  Estimulante: ↑ FC, ↑ PA, ↑ rendimiento, ↑ excitación, ↑ metabolismo, ↓ apetito, pérdida de peso

  Alteración del estado de ánimo: ↓ ansiedad y tensión; ↑ placer
- **Síntomas de la abstinencia**

  La gravedad y la duración varían; la mayoría se presenta en 1-2 días con un máximo en la 1.ª semana

  Suele remitir a las 2-4 semanas; la avidez de consumo (*craving*) y el aumento de peso pueden persistir durante meses o años

  ↑ avidez, irritabilidad, desregulación del estado de ánimo, insomnio

  ↑ apetito/aumento de peso, ansiedad, dificultad para concentrarse
- **Toxicidad e intoxicación**

  Puede ocurrir si se ingiere demasiada nicotina, especialmente en lactantes, niños y mascotas

  También se observa con la TRN, especialmente si se utiliza de forma incorrecta

  Sx: temblores, mareos, náuseas/vómitos, confusión, convulsión, arritmias

- **Interacciones con medicamentos**
  Los compuestos del tabaco (no la nicotina) inducen el CYP1A2
  ↓ efecto de la clozapina, clorpromazina, haloperidol, fluvoxamina, clopidogrel
  Dejar de fumar puede ↑ las concentraciones de cafeína (empeorar la experiencia de los Sx de abstinencia de nicotina)
  Fumar ↑ el riesgo de episodios CV y trombosis con anticonceptivos hormonales

## Diagnóstico y evaluación de la gravedad

- **Diagnóstico:** basado en los criterios del *DSM-5* (*véase* el cap. 3 para más información)
- **Gravedad:** determinar la dependencia a la nicotina
  Test de Fagerström para la dependencia a la nicotina (PFDN) (*Br J Addict 1991;86:9*)

  6 preguntas con puntuación más alta = mayor dependencia a la nicotina
  Índice de tabaquismo intenso (HSI) (*Br J Addict 1989;84:7; BMC Public Health 2009;9:493*)
  2 preguntas: (1) ¿Cuánto tiempo tarda en fumar su 1.ᵉʳ cigarrillo después de despertar? (2) ¿Cuántos cigarrillos fuma al día?
- **Antecedentes de consumo**
  Edad del primer consumo, duración de la dependencia, frecuencia, cantidad (p. ej., paquetes al día)
  Intentos de abandono, períodos de éxito sin consumir, intervenciones/tratamientos previos
  1 cigarrillo ≈ 1 mg de nicotina
  20 cigarrillos en un paquete estándar
  La cantidad de nicotina suministrada varía según la profundidad y la duración de la inhalación

## Tratamiento basado en evidencias

- Son dos los componentes del trastorno por consumo de tabaco que se deben evaluar y tratar (*Am J Prev Med 2008;35(2):158-76*)
  (1) Fisiológicos: avidez, síntomas de abs. al dejar de fumar → medicación
  (2) Conductuales: hábitos en torno al consumo de tabaco/nicotina → asesoramiento
- La medicación y el asesoramiento son eficaces por sí solos, pero la combinación es más eficaz/«tratamiento de referencia»
  ~67% que intentó dejar de fumar en el último año no utilizó ningún tratamiento basado en evidencias
  ~44% de las personas que fuman actualmente, atendidas por un PdS en el último año, no recibieron asesoramiento para dejar de fumar

---

## INTERVENCIONES CONDUCTUALES

### Intervención breve y etapas de modificación de conductas
(*Am J Prev Med 2008;35:2*)

- **5 pasos:** preguntar, asesorar, evaluar, apoyar, planificar (*véase* el cap. 3)
- **Etapas del cambio:** precontemplación, contemplación, preparación, acción, mantenimiento (fig. 12-1)

### Intervenciones no farmacológicas

- **Entrevista motivacional**
  El objetivo es explorar y resolver la ambivalencia respecto al cambio de comportamiento
  Factores clave: respetar autonomía, expresar empatía, desarrollar discrepancia, evitar confrontación, disminuir resistencia, apoyar autoeficacia

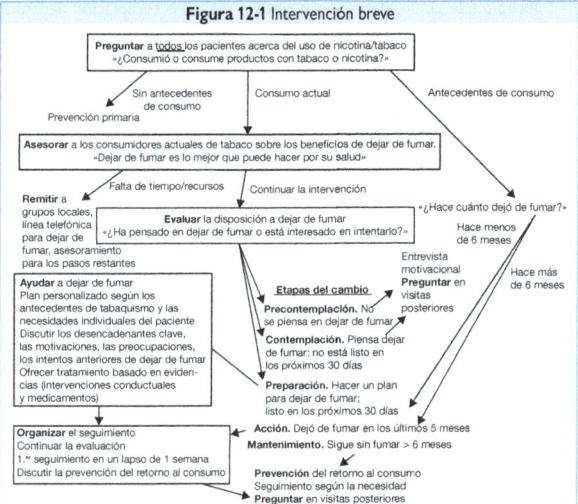

**Figura 12-1** Intervención breve

- **Terapia cognitivo-conductual**
  - Se basa en la teoría de que la adicción y el consumo de sustancias es un proceso aprendido que hay que desaprender
  - Factores clave: comprensión de los pensamientos y sentimientos → cambio de comportamiento
  - Reconocer las rutinas asociadas con el uso y desarrollar estrategias de afrontamiento
  - Gestión de los factores desencadenantes y prevención del regreso al consumo
- **Recursos tecnológicos**
  - El número 1-800-QUIT-NOW de los EE.UU. conecta con la línea telefónica gratuita del estado para dejar de fumar
  - La línea de ayuda para dejar de fumar ofrece asesoramiento (varía según el estado en los EE.UU.; también puede ofrecer medicamentos gratuitos o de bajo costo)
  - Las líneas telefónicas/sitio web suelen estar disponibles en varios idiomas
  - Algunos planes de seguro médico y algunos empleadores también ofrecen servicios de líneas de ayuda para dejar de fumar
  - Servicios basados en mensajes de texto, como SmokefreeTXT (los adultos estadounidenses envían un mensaje de texto con la palabra «QUIT» al 47848)
  - Intervenciones interactivas en la web como smokefree.gov del NCI
- **Medicina complementaria/alternativa:** acupuntura, masoterapia

---

## TRATAMIENTO FARMACOLÓGICO

### Medicamentos aprobados por la FDA para el Tx del TCT
- **Terapia de reemplazo de nicotina (TRN):** cinco formulaciones, diferentes sistemas de administración y dosis: parche, goma de mascar, pastilla, nebulizador nasal, inhalador bucal
- **Sin TRN:** bupropión de LL, vareniclina

Bupropión de LL: antidepresivo, inhibidor dual de la recaptación neuronal de noradrenalina y dopamina

Vareniclina: agonista parcial de los receptores nicotínicos (subtipo α4β2)

- Los medicamentos no están aprobados por la FDA para el consumo de tabaco sin cigarrillos; poblaciones especiales (cap. 21 para pacientes embarazadas; cap. 22 para adolescentes)
- **Eficacia de la medicación** (Lancet 2016;387(10037):2507-20)

Vareniclina > bupropión de LL ≈ mono-TRN (parche)

- **Combinación de medicamentos aprobados por la FDA**

Hay estudios que recomiendan la combinación como 1.ª línea, en especial para aquellos con puntuación más alta en la PFDN

Utilizar fármacos para dejar de fumar con diferentes mecanismos o farmacocinética

Parche para TRN (base) + cualquier otra TRN (de acción rápida para la avidez) > mono-TRN

Bupropión de LL + TRN > bupropión de LL solo

La eficacia de la TRN corta + TRN de acción prolongada es comparable con la de la vareniclina

## Tx farmacológico sin nicotina no aprobada por la FDA

- Nortriptilina: antidepresivo tricíclico, considerado de 2.ª línea
- Clonidina: agonista adrenérgico α-2, de acción central, considerado de 2.ª línea
- Sin pruebas de eficacia: ISRS, IRSN, IMAO, buspirona

## Confirmación del tratamiento del TCT (Nicotine Tob Res 2020;22:7)

- Cotinina (plasma, saliva, orina): metabolito de la nicotina; detecta la exposición a la nicotina incluso en la TRN
- Anabasina, anatabina (orina): alcaloides menores del tabaco; detectan la exposición a productos nicotínicos derivados del tabaco (utilizar en lugar de la cotinina si la persona utiliza TRN)
- Monóxido de carbono (aire exhalado): detecta el consumo de tabaco y otras drogas (incluyendo fumar *cannabis*)

## Sistemas electrónicos de administración de nicotina (SEAN)
*(Public Health Consequences of E-Cigarettes. 2018; Surgeon General's Report 2020)*

- Tipos: cigarrillos electrónicos, vapeadores
- Dispositivos de pilas diseñados para calentar y nebulizar líquido que contiene nicotina
- El líquido contiene nicotina y disolvente (propilenglicol, glicerina vegetal) y a veces sabores
- Existen desde 2007; su regulación por la FDA comenzó en 2018
- Los datos sugieren que los SEAN ↓ el daño vs. la combustión de los cigarrillos; posible reducción del daño
- Hay preocupación por la introducción de la nicotina en jóvenes, adolescentes y adultos jóvenes a través de vapeadores/SEAN
- Lesión pulmonar asociada con el uso de CE o vapeadores

Enfermedad pulmonar asociada con el uso de vapeadores: se relaciona con productos que contienen THC y acetato de vitamina E; no hay pruebas suficientes para descartar otras sustancias químicas

- Hay poca evidencia que recomiende los SEAN para dejar de fumar (no están aprobados por la FDA); hay pocos datos del ↑ del abandono mediante SEAN de nicotina vs. SEAN placebo o TRN (Nicotine Tob Res 2021;23:4)

Tratamiento farmacológico para el trastorno por consumo de tabaco

| | Producto | Dosificación | Precauciones | Efectos adversos |
|---|---|---|---|---|
| Terapia de reemplazo de nicotina | **Goma de mascar**<br>OTC | 1.er cigarrillo ≤ 30 min después de despertar: 4 mg<br>1.er cigarrillo > 30 min después de despertar: 2 mg<br>Semanas 1-6: 1 pieza c/1-2 h<br>Semanas 7-9: 1 pieza c/2-4 h<br>Semanas 10-12: 1 pieza c/4-8 h<br>• Duración: hasta 12 semanas | • IM reciente (≤ 2 semanas)<br>• Arritmias subyacentes graves<br>• Angina de pecho grave o que empeora<br>• Enfermedad de la articulación temporomandibular | • Irritación de la boca y la garganta<br>• Dolor muscular en la mandíbula<br>• Hipo<br>• Molestias GI<br>• Puede adherirse a los arreglos dentales |
| | **Pastilla (para chupar)**<br>OTC | 1.er cigarrillo ≤ 30 min después de despertar: 4 mg<br>1.er cigarrillo > 30 min después de despertar: 2 mg<br>Semanas 1-6: 1 pastilla c/1-2 h<br>Semanas 7-9: 1 pastilla c/2-4 h<br>Semanas 10-12: 1 pastilla c/4-8 h<br>• Duración: hasta 12 semanas | • IM reciente (≤ 2 semanas)<br>• Arritmias subyacentes graves<br>• Angina de pecho grave o que empeora | • Irritación de la boca y la garganta<br>• Hipo<br>• Molestias GI |
| | **Parche transdérmico**<br>OTC | > 10 cigarrillos/día:<br>21 mg/día × 4-6 semanas<br>14 mg/día × 2 semanas<br>7 mg/día × 2 semanas<br>• Duración: 8-10 semanas<br>≤ 10 cigarrillos/día:<br>14 mg/día × 6 semanas<br>7 mg/día × 2 semanas | • IM reciente (≤ 2 semanas)<br>• Arritmias subyacentes graves<br>• Angina de pecho grave o que empeora | • Reacciones cutáneas locales<br>• Alteraciones del sueño (si las hay, quitarlo antes de acostarse) |
| | **Nebulizador nasal**<br>Con receta | 1-2 dosis/hora (8-40 dosis/día)<br>• Una dosis = 2 nebulizaciones (una por fosa nasal)<br>• Duración: 3 meses | • IM reciente (≤ 2 semanas)<br>• Arritmias subyacentes graves<br>• Angina de pecho grave o que empeora<br>• Trastornos nasales crónicos subyacentes<br>• Enfermedad reactiva grave de las vías resp | • Irritación nasal o de la garganta<br>• Irritación/desgarro ocular<br>• Estornudos<br>• Tos |

(continúa)

## Tratamiento farmacológico para el trastorno por consumo de tabaco (continuación)

| Producto | Dosificación | Precauciones | Efectos adversos |
|---|---|---|---|
| **Inhalador bucal**<br>Con receta | 6-16 cartuchos/día<br>• Individualizar la dosis: inicialmente utilizar 1 cartucho c/1-2 h<br>• Duración: 3-6 meses | • IM reciente (≤ 2 semanas)<br>• Arritmias subyacentes graves<br>• Angina de pecho grave o que empeora<br>• Enfermedad broncoespástica | • Irritación de la boca o la garganta<br>• Tos<br>• Hipo<br>• Molestias GI |
| **Bupropión de LL**<br>Con receta | 150 mg v.o c/24 h am × 3 días → 150 mg v.o c/12 h<br>• Comenzar 1-2 semanas antes de la fecha de dejar de fumar<br>• Duración: 7-12 semanas con mantenimiento hasta 6 meses en pacientes seleccionados | • Medicamentos/afecciones con bajo umbral para convulsiones<br>• Deterioro hepático<br>• Síntomas neuropsiquiátricos* (ADVERTENCIA DESTACADA ELIMINADA EL 12/2016)<br>**Contraindicaciones:**<br>• Trastorno epiléptico<br>• Bulimia o anorexia nerviosa<br>• Interrupción brusca de alcohol/sedantes<br>• IMAO en los últimos 14 días | • Insomnio<br>• Boca seca<br>• Náuseas<br>• Ansiedad/dificultad para concentrarse<br>• Estreñimiento<br>• Temblor<br>• Exantema<br>• Convulsión (el riesgo es del 0.1%)<br>• Sx neuropsiquiátricos (inusuales) |
| **Vareniclina**<br>Con receta | Días 1-3: 0.5 mg v.o c/24 h am<br>Días 4-7: 0.5 mg v.o c/12 h<br>Semanas 2-12: 1 mg v.o c/12 h<br>• Comenzar 1 semana antes de la fecha de dejar de fumar<br>• Duración: 12 semanas; se puede utilizar un esquema adicional de 12 semanas en pacientes seleccionados | • Daño renal grave (ajustar la dosis)<br>• Síntomas neuropsiquiátricos* (ADVERTENCIA ELIMINADA EN 12/2016) | • Náuseas<br>• Trastornos del sueño<br>• Cefalea<br>• Flatulencias<br>• Estreñimiento<br>• Alteración del gusto<br>• Sx neuropsiquiátricos (inusuales) |

## Introducción

- Hay más de 565 compuestos sintetizados por la planta de *cannabis*, de los cuales ~120 se denominan «canabinoides» debido a sus similitudes estructurales con el principal compuesto psicoactivo, el THC
- También existen canabinoides endógenos (endocanabinoides)
- La FDA ha aprobado varios productos sintéticos/derivados del *cannabis* para diversos Tx

  **Canabidiol** (Epidiolex®): convulsiones en los síndromes de Lennox-Gastaut o de Dravet

  **Dronabinol** (Marinol®/Syndros®): náuseas asociadas con la quimioterapia resistentes al tratamiento, anorexia relacionada con el sida

  **Nabilona** (Cesamet®): náuseas asociadas con la quimioterapia resistentes al tratamiento

- Se sigue investigando su uso para diversas afecciones, sobre todo: dolor (asociado con EM, lesiones, cáncer, VIH), trastornos del movimiento, náuseas, anorexia. Resultados generales mixtos e inconstantes (*Syst Rev* 2019;8:320)
- Canabinoides sintéticos ilegales o no aprobados por la FDA: con mayor afinidad y potencia en los receptores canabinoides. Se venden bajo nombres como «K2» o «Spice»

## Farmacología (ASAM Principles of Addiction Medicine 6.ª ed. 2019)

- Dos isoformas de receptores canabinoides: **CB$_1$** (se encuentra en el cerebro) y **CB$_2$** (asociado con las células inmunitarias). Receptores acoplados a proteínas G (*Int Rev Neurobiol* 2015;125:1)
- Efectos adictivos de los canabinoides mediados por la activación del CB$_1$
- El **THC** es un agonista parcial de los receptores CB$_1$ y CB$_2$
- La inhalación conduce a una intoxicación más rápida e intensa; la ingesta conduce a un inicio, compensación e intensidad más lentos
- Relación no lineal entre la concentración plasmática de THC y los efectos farmacológicos (*Ther Drug Monit* 2006;28:540)
- Hay dos modelos matemáticos validados que pueden predecir el último consumo de *cannabis* con base en las proporciones de THC/metabolitos en contextos forenses (*Ther Drug Monit* 2006;28:540)

---

# EFECTOS AGUDOS

## Intoxicación aguda (ASAM Principles of Addiction Medicine 6.ª ed. 2019)

- Euforia, relajación, hambre, disminución de la percepción del tiempo, aumento de la percepción sensorial, ataxia
- Puede provocar ansiedad/paranoia, psicosis transitoria, alucinaciones, especialmente a dosis altas
- Afecta el tiempo de reacción, el procesamiento de la información y la coordinación motora
- Puede disminuir la habilidad para conducir, especialmente en combinación con el alcohol
- No hay casos definitivos de víctimas mortales en humanos cuando se usa solo, salvo en accidentes de tránsito mortales (*Drug Alcohol Rev* 2010;29:318)
- Los canabinoides sintéticos tienen efectos más diversos y a menudo más graves: hiperadrenergia vs. psicosis. Se han notificado LRA (NTA/NIA) que requieren HD (*MMWR Morb Mortal Wkly Rep* 2012;62:93)
- El antagonista del CB$_1$, rimonabant, puede bloquear los efectos del THC, pero ha sido retirado del mercado debido a sus graves efectos psicológicos secundarios (*Lancet* 2007;370:1706; *Psychopharmacology* 2007;194:505)

## Tratamiento de la intoxicación aguda *(ASAM Principles of Addiction Medicine, 6.ª ed, 2019)*

- Suele ser autolimitada y no requiere intervenciones farmacológicas
- Se deben proporcionar cuidados de apoyo en un entorno tranquilo
- Cese del consumo, duchas calientes, crema de capsaicina para la hiperemesis *(World J Gastroenterol 2009;15:1264; ACG Case Rep J 2018;5:e3)*
- Si se necesitan medicamentos para la agitación, se prefieren las BZD a los antipsicóticos según la **opinión de los expertos**
- No existen medicamentos aprobados por la FDA para tratar la intoxicación aguda por *cannabis*
- Se puede considerar que el propranolol reduce los efectos secundarios CV de acuerdo con **pequeños ensayos clínicos** *(Psychopharmacology 1977;52:47)*

# EFECTOS CRÓNICOS

## Efectos conductuales/cognitivos *(ASAM Principles of Addiction Medicine, 6.ª ed, 2019)*

- Poca evidencia de que cause «síndrome amotivacional» *(Prev Sci 2017;19:117)*
- Puede causar deterioro cognitivo y de la memoria, especialmente con un uso intensivo ($> 15$ cigarrillos/semana), pero ya no es evidente 3 meses después de interrumpir el consumo *(Neurotoxicol Teratol 2005;27:231)*. Los efectos dependen de la dosis y de la edad

## Efectos respiratorios *(ASAM Principles of Addiction Medicine, 6.ª ed, 2019)*

- Se han encontrado carcinógenos similares en el *cannabis* y el humo de los cigarrillos. Sin embargo, no hay estudios basados en evidencia que asocien el humo de *cannabis* con EPOC, enfermedades de las vías respiratorias pequeñas o neoplasias pulmonares *(Ann Am Thorac Soc 2015;12:235)*

## Efectos inmunitarios *(ASAM Principles of Addiction Medicine, 6.ª ed, 2019; J Clin Endocrinol Metabol 2006;91:3171)*

- La activación de los receptores CB mediada por canabinoides es un área de investigación activa
- Puede disminuir la inflamación en la DM autoinmunitaria
- Potencialmente, puede aumentar la susceptibilidad a los patógenos infecciosos

## Efectos cardiovasculares *(ASAM Principles of Addiction Medicine, 6.ª ed, 2019)*

- ↑ FC e hipotensión ortostática
- Asociados con CPT, en particular con los canabinoides sintéticos

## Efectos gastrointestinales *(ASAM Principles of Addiction Medicine, 6.ª ed, 2019)*

- Síndrome de hiperemesis canabinoide: algunas series de casos han descrito la asociación entre la emesis cíclica y el consumo crónico de altas dosis; sin embargo, existe controversia sobre la definición clínica y la distinción del síndrome de vómitos cíclicos *(Neurogastroenterol Motil 2019;21:S2e13606)*
- Inhibe los microsomas hepáticos y puede prolongar los efectos de los barbitúricos
- El consumo diario predispone al desarrollo de fibrosis hepática a través de la esteatogénesis *(Gastroenterology 2008;134:432)*

## Efectos endocrinos *(ASAM Principles of Addiction Medicine, 6.ª ed, 2019)*

- El THC altera las hormonas hipofisarias, aunque los efectos se observan sobre todo en estudios con ratones
- En ratones puede inhibir la secreción de GH, reducir las concentraciones de tiroxina, aumentar la ACTH y el cortisol → posiblemente

responsable de los efectos neuropsicológicos a largo plazo (*Life Sci* 2004;75:2959; *Curr Drug Targets CNS Neurol Disord* 2005;4:657)

# TRATAMIENTO

## Diagnóstico (*véase cap. 3*)

## Tratamiento de la abstinencia (*ASAM Principles of Addiction Medicine, 6.ª ed, 2019*)

- Los Sx son opuestos a los de la intoxicación: insomnio, anorexia, ansiedad, irritabilidad, depresión, temblores
- Produce un verdadero síndrome de abs., aunque sobre todo conductual/afectivo, más que físico
- Su intensidad es similar a la abs. de tabaco
- El consumo de *cannabis* disminuye la densidad de los receptores $CB_1$ en el cerebro, lo cual se revierte rápidamente al dejar de consumir
- En general, la abs. de *cannabis* rara vez requiere tratamiento farmacológico; no existen medicamentos aprobados por la FDA

## Tratamiento farmacológico

- Mo hay medicamentos aprobados por la FDA para el trastorno por consumo de *cannabis*
- Se han estudiado el dronabinol, la gabapentina y los nabiximoles (no disponibles en los EE.UU.) y se ha constatado que reducen los Sx de abs. (*Drug Alcohol Depend* 2011;116:142). Solo la gabapentina redujo el consumo de *cannabis* (*Neuropsychopharmacology* 2012;37:1689)
- El zolpidem o el nitrazepam pueden ayudar con las alteraciones del sueño en la abs. causada por *cannabis* (*Curr Pharm Des* 2016;22:6409)
- La *N*-acetilcisteína + la GC han demostrado ser eficaces en los adolescentes, pero no en los adultos (*Am J Psychiatry* 2012;169:8; *Drug Alcohol Depend* 2017;177:249-257)

## Tratamiento psicosocial

- La MET y la TCC con incentivos basados en el cese del consumo muestran un beneficio más homogéneo entre las terapias (*Cochrane Database Syst Rev* 2016;5:CD005336)

# OTROS TIPOS DE TRASTORNOS POR CONSUMO DE SUSTANCIAS

## ESTEROIDES ANABÓLICOS-ANDROGÉNICOS

**Introducción** *(ASAM Principles of Addiction Medicine, 6.ª ed., 2019)*
- La testosterona fue el primer EAA utilizado en el deporte → sustitución gradual por compuestos con mayores efectos anabólicos-androgénicos
- Normalmente i.m. o v.o.
- Otros fármacos para mejorar el rendimiento son no esteroideos: hormona del crecimiento humano, clembuterol, clomifeno, eritropoyetina, BB, estimulantes, diuréticos
- Los usos terapéuticos incluyen hipogonadismo, cáncer de mama, anemia, angioedema hereditario

**Consumo no saludable** *(ASAM Principles of Addiction Medicine, 6.ª ed., 2019)*
- Tomado en dosis suprafisiológicas para la hipertrofia muscular, aumento del rendimiento atlético, acortamiento del período de recuperación, lipólisis
- Además de deportistas, también lo utilizan personas con trastorno dismórfico corporal
- A menudo siguen estrategias de dosificación cuestionables de sitios web no médicos
- Amplia gama de efectos adversos que afectan a numerosos sistemas de órganos, especialmente el CV y el hepático

**Tratamiento** *(ASAM Principles of Addiction Medicine, 6.ª ed., 2019)*
- No se ha establecido una farmacoterapia para tratar el consumo crónico no saludable de EAA
- Algunos médicos citan estudios antiguos que no muestran ninguna mejoría atlética con los EAA para desaconsejar su uso. Sin embargo, esto no es cierto ya que estos estudios presentaban varias deficiencias metodológicas
- **Abordaje general**: tratar la dismorfia corporal si está presente, tratar los Sx neuropsicológicos de la abstinencia de EAA, tratar la disfunción del eje HHG *(Addiction 2015;110:823)*
- Se puede considerar la **reducción de la testosterona** de acción prolongada y **hCG/GnRH/clomifeno**
- Se pueden considerar los ISRS para la depresión *(Drug Alcohol Depend 2010;109:6)*. Evitar los ATC debido a su cardiotoxicidad

## DISOCIATIVOS

**Introducción** *(ASAM Principles of Addiction Medicine, 6.ª ed., 2019)*
- Los de uso más frecuente son la fenciclidina (PCP), la ketamina y el dextrometorfano (DXM). Antagonistas del NMDA
- En comparación con los verdaderos alucinógenos, estos generan más disociación y menos alucinaciones
- La ketamina se utiliza con fines terapéuticos como anestésico y antidepresivo *(Ther Adv Psychopharmacol 2020;10:2045125320916657)*; el DXM como antitusivo
- Vías de consumo: la PCP a veces se rocía en material vegetal y se fuma
- El DXM se encuentra en medicamentos OTC; **a veces se combina con seudoefedrina, paracetamol, antihistamínicos o bromuros**, los cuales tienen sus propias **toxicidades** en dosis altas

## Trastorno por consumo indebido/abuso (ASAM Principles of Addiction Medicine, 6.ª ed, 2019)

- La ketamina a veces se utiliza por vía i.v. → complicaciones infecciosas
- El DXM es uno de los medicamentos recreativos de venta libre más habituales. A veces se mezcla con soda y caramelos duros → «robotripping»
- El estado de intoxicación depende de la dosis: desde la euforia y las alucinaciones hasta el coma y la disociación. Puede haber **confusión durante la reanimación** cuando los ptes pasan de un estado a otro
- Sx neuropsiquiátricos: son variados y pueden ser prolongados: delírium, psicosis, catatonia, letargia. **Tx agudo: cuidados de apoyo** (tener al paciente en una habitación tranquila con luz tenue, evitar el exceso de estimulación), considerar BZD para la agitación aguda, los efectos psicomiméticos, la hipertensión, la hipertermia y las convulsiones. Los agonistas α-2 como la clonidina y los antipsicóticos también pueden ser útiles (Intensive Care Med 2004;30:1526; StatPearls 2020; "Ketamine Toxicity")
- Sx médicos: nistagmo, hiperadrenergia, hiperreflejo, ataxia, rabdomiólisis, convulsiones. **Tx agudo:** BB, BCC, nitroprusiato, evitar diuresis forzada + acidificación de la orina debido a ↑ de riesgo de NTA (Curr Psychiatry Rep 2003;5:347; Cal J Emerg Med 2007;8:9). La HD no suele ser útil. La atropina y el glicopirronio pueden tratar la hipersalivación por el uso de ketamina (StatPearls 2020; "Ketamine Toxicity")

### Tratamiento (ASAM Principles of Addiction Medicine, 6.ª ed, 2019)

- **No hay medicamentos establecidos para el Tx del consumo/abuso disociativo crónico**
- El pilar del Tx a largo plazo son las terapias psicosociales, aunque las tasas de éxito son bajas (Am J Drug Alcohol Abuse 1989;15:367)
- La desipramina (ATC) y la buspirona pueden reducir los Sx depresivos, pero no han demostrado reducir el consumo de PCP (J Clin Pharmacol 1986;26:211; J Subst Abuse Treat 1993;10:523)

---

## INHALANTES

### Introducción (ASAM Principles of Addiction Medicine, 6.ª ed, 2019)

- Grupo diverso de compuestos volátiles, generalmente hidrocarburos
- Suele provocar una euforia breve, mareo y cambios perceptivos
- En dosis altas puede causar ataxia, somnolencia, neurotoxicidad

### Consumo indebido

- **Nitritos inhalados** («poppers»): relajación del músculo liso, hipotensión, taquicardia refleja, **metahemoglobinemia** (Pharmacotherapy 2004;24:1). Se han observado complicaciones médicas graves: degeneración combinada subaguda (DCS) (el óxido de dinitrógeno causa indirectamente una deficiencia de vitamina $B_{12}$ al inactivar su forma biológicamente activa) → desmielinización de la sustancia blanca de la médula espinal (Cureus 2020;12:10) e hiperhomocisteinemia que conduce a TEV/EP y SCA (Eur Heart J Case Rep 2021;5:2)
- **GI:** anorexia, diarrea, náuseas

### Tratamiento (ASAM Principles of Addiction Medicine, 6.ª ed, 2019)

- **No hay medicamentos establecidos para el Tx del consumo crónico de inhalantes**
- El pilar del tratamiento son las terapias psicosociales, aunque los resultados suelen ser poco eficientes (Addict Sci Clin Pract 2011;6:18; Cochrane Database Syst Rev 2010;12:CD007537)

# ALUCINÓGENOS

## Introducción *(ASAM Principles of Addiction Medicine, 6.ª ed, 2019)*

- Grupo diverso de compuestos que provocan alteraciones del estado de ánimo y trastornos sensitivos/perceptivos mientras se mantiene la claridad de consciencia
- Serotoninérgicos: LSD, psilocibina, DMT. Catecolaminérgicos: mescalina, MDMA. Agonista selectivo de los opioides κ: salvinorina A
- Efectos fuertemente influenciados por el entorno social y ambiental más que por la dosis

## Consumo indebido *(ASAM Principles of Addiction Medicine, 6.ª ed, 2019)*

- Pueden provocar «malos viajes» → ataques de pánico
- Pueden dar lugar a una psicosis transitoria que imita la esquizofrenia paranoide, aunque con más alucinaciones visuales
- La mayoría de los alucinógenos son simpaticomiméticos
- El consumo de LSD es intermitente debido al rápido desarrollo de tolerancia

## Tratamiento *(ASAM Principles of Addiction Medicine, 6.ª ed, 2019)*

- Tratar la intoxicación aguda mediante apoyo. Tranquilizar al pte. Por otra parte, probar con BZD *(Curr Psychiatry Rep 2003;5:347)*
- No hay Sx de abstinencia para la mayoría de los alucinógenos, aparte de fatiga/anhedonia. En general, no hay medicamentos indicados para los Sx de la abs. *(Curr Psychiatry Rep 2003;5:347)*
- Algunos ptes pueden experimentar un trastorno de percepción persistente por alucinógenos («analepsia» o *flashbacks*) → puede empeorar con los ISRS y otros medicamentos serotoninérgicos *(Eur Neuropsychopharmacol 2014;24:1309)*
- **No hay medicamentos establecidos para el Tx del trastorno por consumo crónico de alucinógenos**
- El pilar del tratamiento son las terapias psicosociales. Los tratamientos basados en los Sx (p. ej., BZD) pueden ser útiles en algunos casos *(Eur Neuropsychopharmacol 2014;24:1309)*

---

# GAMMA-HIDROXIBUTIRATO

## Introducción *(ASAM Principles of Addiction Medicine, 6.ª ed, 2019)*

- Metabolito natural del GABA que actúa sobre los receptores del $GABA_B$ y el GHB
- También existen precursores legales (GBL y BD) que se metabolizan fácilmente en GHB
- Sedante con efectos eufóricos, desinhibidores y afrodisíacos
- Aprobado por la FDA para el tratamiento de la cataplejía y la somnolencia diurna excesiva en los ptes con narcolepsia (Xyrem®/Xywav®, lista III de la DEA). Mecanismo: mejora la arquitectura del sueño *(Sleep Medicine 2019;64:62)*
- Utilizado con fines terapéuticos en Europa para el tratamiento del TCA *(Eur Neuropsychopharmacol 2007;17:781)*
- Se requiere CG-EM para su detección

## Consumo indebido *(ASAM Principles of Addiction Medicine, 6th ed, 2019)*

- Se ha implicado en agresiones sexuales facilitadas por drogas, fisicoculturismo (↑ hGH)
- Suele consumirse por vía oral en forma líquida o en polvo. Inicio de efectos en 15 min y duran 2-4 h

- Índice terapéutico estrecho, sin antídoto eficaz para las sobredosis
- Dosis bajas: ataxia, hipotonía, vómitos. Dosis altas: mioclonía, bradicardia, hipotensión arterial, crisis GTC, coma

**Tratamiento** *(ASAM Principles of Addiction Medicine, 6.ª ed. 2019)*

- Intoxicación aguda: cuidados de apoyo (BZD para las convulsiones, atropina para la bradicardia, intubación para la depresión respiratoria)
- El cese tras el uso crónico → abs. de tipo sedante/somnífero debido a la regulación por disminución de los receptores GABA y GHB → puede durar 1-2 semanas y puede parecerse al DT
- Tx de la abs.: 1.ª línea: BZD, por lo regular dosis altas debido a la tolerancia cruzada incompleta entre el GABA$_A$ y el GABA$_B$ *(Toxicol Rev 2004;23:45; Drug Alcohol Depend 2004;75:3)*. 2.ª línea: barbitúricos, disminución de GHB *(Eur Addict Res 2012;18:40)* o propofol
- La base del tratamiento a largo plazo son las terapias psicosociales; las recaídas son frecuentes *(Drug Alcohol Depend 2017;176:96)*
- El baclofeno es prometedor para prevenir la recaída en el consumo de GHB después de la supervisión médica de la abs. *(CNS Drugs 2018;32:437)*

---

## KRATOM

**Introducción** *(ASAM Principles of Addiction Medicine, 6.ª ed. 2019)*

- Producto vegetal derivado de las hojas del árbol *Mitragyna speciosa*. Hay decenas de compuestos, pero su principal compuesto activo son las **mitragininas** opiáceas μ y δ, agonistas de los receptores de dopamina y serotonina
- **Dosis bajas:** estimulante con **síndrome simpaticomimético**.
- **Dosis altas: síndrome de neurotoxicidad inducido por opioides**
- Por lo regular se prepara en forma de té. Inicio de efectos en 5-10 min, duración de 1 h
- Tradicionalmente se ha utilizado en el sudeste asiático con fines recreativos y para tratar la abs. de opio
- Se observa un aumento de su popularidad en los EE.UU. debido a su estatus **legal**. No clasificado por la DEA a partir de 2020
- A veces los ptes lo utilizan para **autotratar la abs. de opio** y el dolor crónico *(J Addict Med 2020;epub 2020 Aug 25)*
- Puede causar **hepatotoxicidad** a través de mecanismos poco claros *(Int J Mol Sci 2016;17:580)*

**Tratamiento** *(J Addict Med 2020;epub 2020 Aug 25)*

- Informes de casos de tratamiento exitoso con **BPN-nx** 4/1 mg a 8/2 mg para el consumo de < 20 g/día de kratom y con BPN-nx 12/3 mg a 16/4 mg para el consumo de > 40 g/día

## Abordaje de las pruebas toxicológicas (J Gen Intern Med 2012;27:1521-27; Clin J Pain 2014;30:679-84; J Addict Med 2017:11(3):163-73)

- **Antecedentes:** las pruebas toxicológicas se usan con frecuencia como componente de la atención del TCS. La utilidad de las pruebas toxicológicas de rutina no está clara (*Drug Alcohol Depend 2014;136:11-20*). En una minoría de ptes puede aumentar la información proporcionada para identificar a quienes necesitan atención adicional (*J Addict Med 2019;13(3):188-92*). Puede ser útil cambiar la práctica rutinaria de la toxicología y utilizar en su lugar pruebas específicas; esto cambia el enfoque hacia los objetivos del pte, en lugar de los resultados binarios de toxicidad, y reduce los costos (*J Subst Abuse Treat 2021;120:108155*)

- **Finalidad de la toxicología en el TCS:** ayudar y supervisar el Dx y Tx del TCS. Verificar el uso del fármaco. Identificar otras sustancias con consumo de riesgo. Modelar otros Tx médicos crónicos como herramienta para guiar el cuidado (p. ej., GPD para DM o PA para HTA) (*JAMA 2000;284:1689*). Evitar el foco punitivo (p. ej., «pillar», «admitir la culpa» o «confirmar el fracaso»). Las pruebas «reprobadas» que dan lugar al despido del pte no tienen eficacia ética ni médica para la remisión sostenida del TCS (*Clin J Pain 2014;30:679-84*)

  **Beneficencia:** actuar en beneficio del pte. Las pruebas toxicológicas son una herramienta de Dx. El resultado se utiliza para informar y apoyar el Tx (cambio del medicamento [+/−], barreras, desencadenantes, apoyo psicosocial, interconsultas), no para castigar. Los resultados concordantes pueden usarse como prueba/documentación de estabilidad, si el paciente consiente la prueba y considera útil la supervisión

  **No maleficencia:** no hacer daño. El nivel de preparación de los proveedores/médicos puede ser una barrera para el tratamiento del TCS y el tratamiento basado en la evidencia. La interpretación inadecuada de los tóxicos, la acusación de falta de cumplimiento terapéutico, una respuesta clínica punitiva, la percepción de peligrosidad del pte, el término de la atención, todo contribuye a los malos resultados para el paciente (Sx de abs., regreso al consumo, incremento de la morbimortalidad). Es importante entender y comentar las posibles consecuencias del resultado toxicológico; p. ej., para el bienestar de los niños, para el sistema de justicia penal, antes de los exámenes

  **Justicia:** ptes tratados de forma justa y equitativa. Las pruebas toxicológicas no deben realizarse en función de etnia, religión, orientación sexual o simpatía. La norma 42 del CFR, parte 2, limita la divulgación de los resultados del tratamiento sin consentimiento específico

  **Autonomía:** capacidad de autogestión del pte con una comprensión adecuada de la elección clínica. Libre de malentendidos o de coacción. Divulgación por parte del proveedor/médico del riesgo/beneficio, el costo y la justificación de las pruebas toxicológicas como parte del Tx

| Lenguaje estigmatizante en toxicología | |
|---|---|
| **Evitar** | **Preferir** |
| Orina limpia/sucia | +/−, presente/no presente, detectada/no detectada |
| Hacer un A/O | Análisis de orina con fines «médicos o toxicológicos» |
| Orina manipulada | Orina que no se registró en el control de temperatura |
| Bueno/malo | Esperado/inesperado |

- **Introducción:** el objetivo es detectar y medir la sustancia utilizada. La complejidad de la matriz biológica determina la técnica de extracción necesaria para maximizar Sen. y Esp., así como para reducir FN y FP. Un umbral bajo de detección incrementa los FP. En general: cribado = Sen. alta con más FP y una confirmación = Esp. alta con más FN, dependiendo de la sustancia: p. ej., AMP/MAMP con muchos FP en el IA, mientras que COC y THC con pocos FP en el IA (*véase Pruebas específicas por sustancia*)

  **Detección mediante inmunoanálisis (IA):** capacidad de los Ac para unirse selectivamente a Ag específicos. Por lo regular IA + CL-EM. El IA tiene ventaja como prueba de cribado inicial: no es invasivo, es fácil de usar, tiene un tiempo de respuesta rápido y es de bajo costo (*J Appl Lab Med 2018;2(4):489-526*). Ensayo con Ac monoclonales para una sustancia específica como POC y ELISA. Los resultados (+) se consideran presuntivos debido a la reactividad cruzada y a las limitaciones de FP con otras estructuras moleculares similares (p. ej., AMP/MAMP) (*véase tabla de FP*). Si el pte revela un historial de consumo de sustancias que concuerda con la presunción (+), no se requiere prueba de confirmación. Todos los positivos deben ser confirmados, especialmente si tienen alguna implicación clínica o de otro tipo (p. ej., penal, legal, de bienestar infantil)

  **Confirmación (CG-EM o CL-EM):** a través de extracción química, luego cromatografía de gases y cromatografía de líquidos (CG/CL) para separar las sustancias, seguidas en tándem por la espectrometría de masas (EM). Alta Esp. para identificar la molécula y cuantificar la concentración de la sustancia o los metabolitos. Confirmar la utilidad de los análisis: (1) confirmar un resultado de IA (+) inesperado; (2) identificar metabolitos específicos de la clase de droga general (BZD u opiáceo); las pruebas cuantitativas pueden ser útiles para confirmar el cumplimiento del Tx o una variante potencial del metabolismo/polimorfismo; (3) detectar un resultado de IA (−) inesperado (p. ej., el fentanilo no forma parte rutinaria del IA y no será detectado en el ensayo estándar para opiáceos)

| Comparación de las categorías de análisis | | |
|---|---|---|
| | **Inmunoanálisis (IA)** | **Cromatografía** |
| Nombres alternativos y tipos | Ensayo de inmunoadsorción enzimática (ELISA) Técnica de inmunoanálisis multiplicado por enzimas (EMIT) | Cromatografía de gases EM (CG-EM) Cromatografía líquida EM (CL-EM) CL en tándem con EM (CLEM/EM) |
| Velocidad | Rápida (min/h) | Lenta (días) |
| Precisión | Moderada | Alta |
| Costo | Bajo | Mayor |
| Indicaciones | Pruebas iniciales Pruebas de rutina Pruebas en el sitio de atención | Confirmación de resultados inesperados Detección de FP/FN Detección de alteración en la prueba de orina Seguimiento terapéutico de la medicación |
| Tipo de datos | Cualitativo (sí o no) | Cuantitativo (ng/mL) |

# Ejemplos de matrices *(J Appl Lab Med 2018;2(4):489-526; The ASAM Principles of Addiction Medicine, 6.ª ed. 2019)*

- **Introducción:** las pruebas normalmente se realizan mediante un IA de cribado confirmatorio por CG-EM o CL-EM. Cualquier líquido o tejido corporal puede ser analizado en busca de una sustancia. La modalidad y la matriz ideales son: no invasivas, fáciles de obtener, rentables y con un rendimiento adecuado y confiable. Los más utilizados son la orina, el suero/plasma y líquido bucal. La prueba estándar de 9 reactivos incluye: AMP, COC, THC, opiáceos, PCP, barbitúricos, BZD, MTD, propoxifeno

**Orina:** matriz preferida y más habitual. Fácil recolección, no invasiva y de amplia disponibilidad para pruebas toxicológicas. Sustancia de interés presente en grandes cantidades, gran volumen de muestra ideal para analizar y volver a analizar si es necesario. Limitaciones: la muestra se puede alterar fácilmente: dilución, adulteración o sustitución («contaminada»). Inspeccionar la micción no respeta la dignidad del paciente y se requiere espejo unidireccional y formación especial para el personal. Los parámetros de validación (*véase* más adelante en buprenorfina) incluyen aspecto, pH, temperatura, densidad relativa, CCr. La orina es la única modalidad aprobada para los análisis exigidos por el Gobierno federal (actualmente se está desarrollando la norma para cabello y líquidos bucales)

**Sangre/suero:** ventana de detección más corta, limitada a la semivida de la sustancia. De mayor utilidad durante la exposición aguda o la s/d para guiar el Tx clínico, la cuantificación de la conc. en sangre y en ptes que no pueden producir orina. Menos falseable que la orina. Entrenamiento en venopunción vs. orina. Mayor preparación de la muestra antes de la prueba

**Saliva:** mayor utilidad en la práctica. No invasivo, observado directamente (menos falseable). Conc. de sustancias como en el plasma. Se utiliza para drogas seleccionadas con base en un nivel de evidencia A, III para el TD con fármacos seleccionados: AMP, BZD, buprenorfina, THC, COC, opiáceos, MTD, oxicodona *(J Appl Lab Med 2018;2(4):489-526)*. Limitaciones: ventana de detección más estrecha que la de la orina, recolección (contaminación debida a tabaquismo reciente, meds./sustancias ingeridas, enjuague bucal). Espere 30 min antes de la recolección para mejorar la precisión

**Aliento:** método de evaluación habitual para alcohol del DOT y para la aplicación de la ley. Detección de sustancias volátiles durante la exhalación del aire alveolar. Una limitación es la subestimación si no se obtiene una inhalación profunda (*véase* la prueba específica de toxicidad para el alcohol)

**Cabello:** la ventana de detección depende de la longitud del cabello. Aplicable en el análisis forense, la investigación o la vigilancia ocupacional sensible a la seguridad (p. ej., médicos o pilotos con TCS). No invasivo, bajo potencial de falsificación. Sustancias que se depositan en el cabello durante la queratinización desde el tejido circundante. Limitaciones: no puede evaluar la intoxicación aguda, requiere 1-2 semanas para que el pelo crezca hasta una longitud utilizable. Variabilidad en la concentración debido a: pigmento natural/sintético/cabello y contaminación ambiental

**Sudor:** en el sudor se segregan diversas sustancias. Los parches para sudor miden la secreción. Los parches se usan días/semana para un control continuo. Posible utilidad en la detección cualitativa solo durante la remisión. Limitación cuantitativa: no se puede determinar el grado de detección del sudor para proporcionar una comparación precisa con la sangre

**Meconio:** *(Ther Drug Monit 2018;40(2):166-85)* primera deposición del recién nacido. Formularios de las 12-16 semanas de gestación para evaluar el uso a largo plazo hasta por 3 meses. Los diversos reactivos para la sustancia de interés detectan la incorporación materna de la sustancia durante el último trimestre. Útil para el Tx clínico y el apoyo social sin cadena de custodia

## Análisis de laboratorio para el etanol (SAMHSA, 2012; *Biomolecules* 2015;5(2):1339-85)

### Biomarcadores específicos para la exposición aguda: alcohol, EtG, SEt
### Biomarcadores específicos para la exposición crónica: TDC, PEth
### Marcadores inespecíficos: AST, ALT, GGT, VCM

| Biomarcador | Ventana de detección | Sen./Esp. | Utilidad/limitaciones | Posible FP |
|---|---|---|---|---|
| Alcohol (EtOH) | Sangre: depende de la concentración inicial; eliminación de orden cero (tasa de eliminación ~0.02 g/dL c/60-90 min) | Alta/alta | • Concentración más precisa<br>• Disminución de la fiabilidad después de 6-8 h desde la última bebida. Concentración/metabolización variable según el estado hepático y el sexo | EtOH en medicamentos, cosméticos, higiene bucal y alimentos |
| Etilglucurónido (EtG) Sulfato de etilo (SEt) | Orina: 1-5 días<br>Sangre: hasta 36 h<br>Cabello/uñas: hasta 90 días | Alta/alta (útil para supervisar el no consumo) | • Metabolitos directos del EtOH. Sen. para la evaluación aguda del consumo y para evaluar abstinencia/recurrencia<br>• Las concentraciones no implican la frecuencia ni la cantidad de uso de EtOH. La Sen. desaparece después de 24 h | EtOH en medicamentos, cosméticos, higiene (enjuague bucal), alimentos |
| Transferrina deficiente en hidratos de carbono (TDC) | Sangre/suero: hasta 30 días | Moderada/alta | • Metabolito indirecto del etanol. Biomarcador de recurrencia de EtOH después de dejar de beber. Pocos FP. Más Esp. que la GGT. Detecta con fiabilidad >40 g/día de EtOH hasta las 2 semanas | Incluida en hepatopatías (CiBP, IHT, VHC), concentración alterada: sexo, tabaquismo, IMC |

*(continúa)*

TOXICOLOGÍA 15-95

## Análisis de laboratorio para el etanol (SAMHSA, 2012; *Biomolecules* 2015;5(3):1339-85) *(continuación)*

### Biomarcadores específicos para la exposición aguda: alcohol, EtG, SEt
### Biomarcadores específicos para la exposición crónica: TDC, PEth
### Marcadores inespecíficos: AST, ALT, GGT, VCM

| Biomarcador | Ventana de detección | Sen./Esp. | Utilidad/limitaciones | Posible FP |
|---|---|---|---|---|
| Fosfatidiletanol (PEth) | Sangre/suero: 3-4 semanas | Alta/alta (se necesita más investigación) | • Metabolito directo del EtOH. Más Sen. que para TDC, EtG y SEt. Detecta ~20-50 g de EtOH al día durante varias semanas y una sola ocasión de consumo excesivo<br>• Uso para controlar el consumo de EtOH y la detección temprana de recurrencia tras un periodo de abstinencia | • Ninguno (se necesita más investigación)<br>• Correlación variable del EtOH con las concentraciones de PEth *(Alcohol 2019;54(6):567-73)* |
| Gamma glutamil-transferasa (GGT) | Suero/plasma: 2-3 semanas | Moderada/moderada | • Marcador indirecto sensible. Económico. Su rendimiento es mejor en adultos de 30-60 años<br>• Principalmente detecta el daño hepático, no el consumo de EtOH | Incluida en otras hepatopatías, EHNA, hepatitis ABC, DM, obesidad, edad, tabaquismo, medicación |
| (AST) (ALT) | Suero/plasma: 1-4 semanas | Moderada/moderada | Alta Sen. y baja Esp. para el daño hepático inducido por el EtOH: AST:ALT > 2 | Muchas hepatopatías *(véase GGT)* |
| VCM | Sangre: hasta 8-12 semanas | Baja/moderada | • Incluye VCM con el consumo intensivo de EtOH. Debido a mala alimentación<br>• Marcadores pobres para la recurrencia del uso de EtOH | Hemólisis, anemia, folato (bajo), hipotiroidismo, hiperglucemia |

## Frecuencia de recolección

- Argumentos para recolección cada consulta: menos vulnerable al sesgo implícito, más probabilidad de detectar la recurrencia
- Argumentos para una menor frecuencia: brindar la mejor atención. ¿Los resultados cambiarán el tratamiento?, ¿se comparten los costos?

## Pruebas específicas por sustancia

- **Alcohol (EtOH)**

  Los biomarcadores específicos directos e inespecíficos indirectos son indicadores del consumo o exposición al alcohol. Las concentraciones pueden correlacionarse con las pruebas de consumo y complementar el contexto clínico. Medición de alcohol en varios líquidos corporales: suero/plasma (mediante IA enzimático o CG), orina, saliva, pelo, aliento y biomarcadores específicos/inespecíficos en sangre. Las concentraciones de alcohol no siempre determinan con precisión el deterioro (tolerancia) ni determinan el Dx de TCS (*Biomolecules* 2015;5(3):1339-85). El contexto clínico es primordial para establecer la relación

- **Opiáceos**

  Cualquier molécula que se una a los receptores de opioides μ/κ/δ. Opioides ≠ opiáceos

  Opioides = derivados de la adormidera: morfina, codeína, opio (una mezcla de opiáceos), semillas de adormidera (codeína y morfina en baja concentración) y tebaína

  Opiáceos = más amplio, incluyendo todos los agonistas y antagonistas con actividad similar a la morfina: opiáceos naturales, sintéticos (metadona, buprenorfina, meperidina, fentanilo, tramadol), semisintéticos (heroína, oxicodona, oximorfona, hidrocodona e hidromorfona)

| Detección y confirmación toxicológica de opiáceos en orina: resultados esperados | | | |
|---|---|---|---|
| **Compuesto** | **Resultado del inmunoanálisis para opiáceos** | **Resultado positivo esperado en una prueba de confirmación** | **Tiempo de detección** |
| Morfina | + | Morfina Posiblemente hidromorfona | 1-3 días |
| Heroína | + | Morfina 6-MAM | < 1 día (6-MAM) |
| Codeína | + | Codeína Morfina Posiblemente hidrocodona | 1-3 días |
| Hidrocodona | +/− | Hidrocodona Posiblemente hidromorfona | 1-3 días |
| Hidromorfona | +/− | Hidromorfona | 1-3 días |
| Oxicodona | +/− | Oxicodona Posiblemente oximorfona | 1-3 días |
| Oximorfona | − | Oximorfona | 1-3 días |
| Fentanilo | − | Fentanilo Norfentanilo | 1-7 días[*] 1-13 días[*] |

(continúa)

| Detección y confirmación toxicológica de opiáceos en orina: resultados esperados (*continuación*) | | | |
|---|---|---|---|
| Compuesto | Resultado del inmunoanálisis para opiáceos | Resultado positivo esperado en una prueba de confirmación | Tiempo de detección |
| Metadona | – | Metadona<br>EDDP | 7 días |
| Buprenorfina | – | Buprenorfina<br>Norbuprenorfina | 1-11 días |

(Miller et al, *The ASAM Principles of Addiction Medicine.* 6th ed. 2019; https://www.mayocliniclabs.com/test-info/drug-book/drug-groups.html; ; https://www.uptodate.com/contents/urine-drug-testing-for-patients-with-chronic-pain).
*Drug Alcohol Depend* 2020;214.

**Detección en orina por inmunoanálisis (IA):** prueba más frecuente y confiable. La detección de opiáceos es específica para los derivados de la morfina (codeína, hidromorfona, heroína). Otros opiáceos (p. ej., fentanilo, metadona, oxicodona, meperidina, buprenorfina) deben seleccionarse específicamente en el panel de pruebas para evaluar la sustancia madre y los metabolitos deseados

Las semillas de amapola contienen morfina y codeína. Los umbrales son ahora de 2 000 ng/mL en IA y se confirman para evitar los FP en alimentos con bajo contenido (SAMHSA, 2012)

**Pruebas de confirmación:** CG-EM y CL-EM: útiles para determinar y cuantificar con precisión opioides/opiáceos: confirmación de metabolitos para apoyar la detección con IA o la sospecha de FP, sospecha de alteración. La vía metabólica es importante para determinar con precisión los resultados

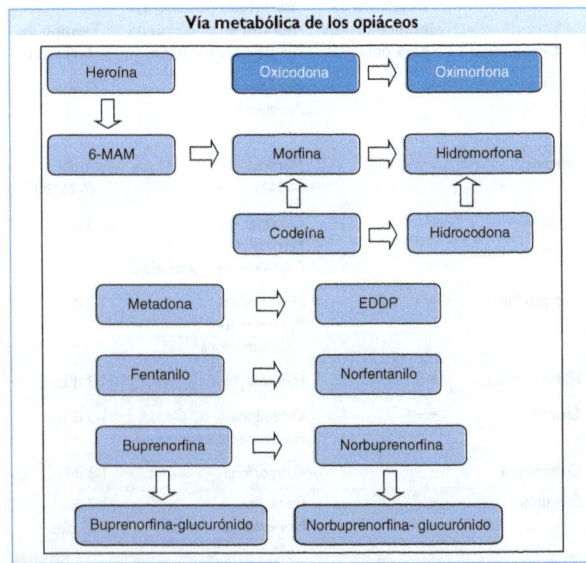

Vía metabólica de los opiáceos

- **Buprenorfina (vigilancia del Tx con opiáceos en el consultorio)**
  La práctica varía según las condiciones locales y el personal. El análisis de orina no suele ser incluido (su uso requiere una capacitación especial del personal y es intrusiva)

  **Pruebas de validez de las muestras para detectar las alteraciones:**
  Temperatura, concentración de Cr, pH, densidad específica
  La tira de temperatura debe mostrar de 32.2 a 37.7 °C dentro de los 4 min posteriores a la recolección
  Los signos de dilución de la muestra con agua incluyen:
  Concentración de Cr $< 5$ ng/mL; densidad específica $< 1.003$
  Pruebas de oxidación por adición de lejía u otro oxidante

  **Alteración de la orina:** adición directa de un fragmento de medicamento (un fragmento de pastilla), no observada, al vaso de orina durante la recolección (*JSAT 2017;83:62-67; Drug Alcohol Depend 2017;180:46-51; Subst Abus 2017;38(4):504-7; J Addict Med 2020;14(6):e344-e349*). Es probable que se presente con una molécula madre $>$ máximo y metabolitos bajos (p. ej., buprenorfina $> 1000$ ng/mL, norbuprenorfina $< 200$ ng/mL, naloxona $> 1000$ ng/mL). La naloxona no puede ser detectada con IA, confirmación cuantitativa solo con CG-EM o CL-EM. Los metabolitos suelen estar presentes en concentraciones bajas debido al equilibrio químico, no al metabolismo

- **Anfetaminas**
  Estimulantes que incluyen AMP y sustancias del tipo AMP con estructuras amínicas similares: AMP, metanfetamina (MAMP), éxtasis MDMA, MDA y MDEA. La orina es la matriz más frecuente y es muy utilizada para la detección. Puede detectarse de forma fiable en sangre y saliva (ventana de detección más corta) o en cabello (ventana de detección más larga). La disminución de los niveles de pH en la orina puede reducir la excreción. La ingesta de bicarbonato ha sido usual para la alteración de la orina

  **Inmunoanálisis (IA):** el IA de la orina es muy sensible, con una alta tasa de FP en comparación con cualquier otra prueba frecuente para TCS mediante IA de orina (*J Chromatogr B Biomed Sci Appl 1998;713:163-87*). Reacción cruzada con MDMA, MDEA y MDA. Interpretar con precaución el IA debido a los FP y confirmar los positivos

  **Prueba de confirmación:** CG-EM o CL-EM: útil para determinar cantidad de metabolitos, cociente de isómeros D/L para apoyar el IA y la medicación (*The Medical Review Officer's Manual, 4th ed, 2010:217-67*), sospecha de FP o de una posible alteración. Muchas medicaciones contribuyen a los FP en el IA para AMP (*véase tabla de FP*)

  **Anfetamina (AMP):** isómeros D/L. Isómero D con más efecto en el SNC; se utiliza más en los TCS. Metabolito de las MAMP. La AMP NO se metaboliza en MAMP (CG-EM/CL-EM para distinguir entre resultado medicamentoso o no después del IA). Los tratamientos con AMP para el TDAH suelen ser una mezcla de isómeros D:L de la AMP

  **Metanfetamina (MAMP):** isómeros $D > L$ cuando hay uso ilegal. Se metabolizan a AMP. MAMP y AMP por lo regular $(+)$ en la confirmación. Las MAMP no están contenidas en los Tx para el TDAH, excepto el Desoxyn® (100% isómero D, no muy recetado) y la benzfetamina (Didrex®). Levoanfetamina (isómero L). El inhalador Vicks® solo dará positivo para el isómero L

- **Cocaína (COC)**
  Su estructura química única hace que los FP y los FN sean muy raros. Puede producirse un FP en el IA. Los resultados inesperados deben ser confirmados por CG-EM/CL-EM

La benzoilecgonina es el metabolito detectado. El tiempo de detección es de 2 a 5 días (más después de un uso intensivo). Pruebas con pelo en el lugar de trabajo reguladas por el Gobierno federal de los EE.UU. La saliva también es confiable

- **Cannabis**

  El metabolito detectado es el THC-COOH. Tiempo de detección de 2 días para uso único, 30 días o más para uso crónico, debido a la absorción lipofílica en el tejido graso. El dronabinol recetado provocará una prueba positiva. El canabidiol (CBD) solo en raras ocasiones requerirá una prueba adicional

  **Canabinoides sintéticos modernos** (K2, *spice*) no detectados con las pruebas de THC. La confirmación por CG-EM o CL-EM en el consumo agudo tóxico es útil

  **Exposición pasiva:** las pruebas positivas con bajas concentraciones requieren una exposición pasiva muy grande. Es muy poco probable que esto ocurra (*J Anal Toxicol* 1987;11:89-96; *J Anal Toxicol* 1988;12:113-16)

- **Benzodiazepinas (BZD)**

  Sedante/somnífero con farmacocinética variable. La sustancia madre no suele detectarse en la orina. El metabolismo es diverso entre las BZD y puede no ser detectado dependiendo de los reactivos de detección en IA (*Arch Pathol Lab Med* 2010;134(5):735-39). FN frecuentes con toda la clase en el IA. La orina es la matriz más utilizada para la detección y la confirmación

  **Detección con inmunoanálisis (IA):** la mayoría de los IA de orina se dirigen al nordazepam o al oxazepam. La comunicación con el laboratorio para evaluar la BZD específica en el IA es imperativa. Los ensayos para el oxazepam tienen menos probabilidades de detectar el clonazepam, el lorazepam o el triazolam en dosis bajas/moderadas. Fármacos Z: el zolpidem/eszopiclona para GABA_A no se detectan en los IA estándar para BZD

  **Prueba de confirmación:** puede diferenciar benzodiazepinas específicas y detectar adulteraciones

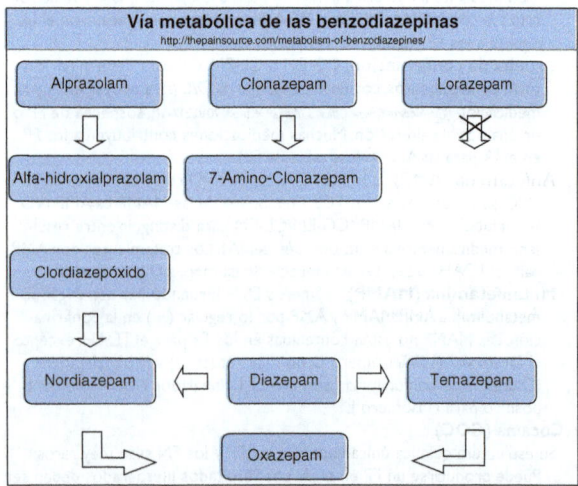

**Vía metabólica de las benzodiazepinas**
http://thepainsource.com/metabolism-of-benzodiazepines/

Alprazolam → Alfa-hidroxialprazolam

Clonazepam → 7-Amino-Clonazepam

Lorazepam ✗

Clordiazepóxido → Nordiazepam

Diazepam → Nordiazepam / Temazepam

Diazepam → Oxazepam

| | | Detección y confirmación toxicológica de las benzodiazepinas en la orina: resultados esperados | |
|---|---|---|---|
| **BZD** | **Resultado del IA para BZD en prueba de orina** | **Resultados positivos esperados y posibles en las pruebas de confirmación** | |
| **Acción prolongada** | | | **Ventana de detección** |
| Diazepam | + | Diazepam Nordazepam Oxazepam Temazepam | |
| Oxazepam | + | Oxazepam | 10 días |
| Temazepam | + | Temazepam Oxazepam | |
| Metabolito del clordiazepóxido | + | Nordazepam Oxazepam | |
| **Acción intermedia** | | | |
| Metabolitos del alprazolam | −/+ | Alprazolam Alfa-hidroxialprazolam | |
| Lorazepam | − | Lorazepam | 5 días |
| Metabolito del clonazepam | − | Clonazepam 7-aminoclonazepam | |
| Metabolito del flunitrazepam | − | 7-aminoflunitrazepam | |
| **Acción corta** | | | |
| Triazolam | − | Alfa-hidroxitriazolam | 2 días |
| Metabolito del flurazepam | − | Hidroxietilflurazepam | |

(Miller et al. *The ASAM Principles of Addiction Medicine*. 6th ed. 2019 and https://www.mayocliniclabs.com/ test-info/drug-book/drug-groups.html).

- **Barbitúricos**
  Los depresores del SNC y los anticonvulsivos también se utilizan para la anestesia. De acción corta (tiopental, pentobarbital, secobarbital, amobarbital y butalbital): detectados desde 1 hasta 4 días. De acción prolongada (fenobarbital): detección hasta varias semanas después de uso intensivo. Confirmar (+) con CG-EM/CL-EM *(Ann Clin Biochem 1997;34(5):460-510)*
- **LSD**
  Alucinógeno metabolizado a nor-LSD con < 1% de metabolito padre remanente
  El tiempo de detección es de 2-5 días en la orina. No se usa de forma rutinaria
- **PCP**
  Resultados del IA en orina (+) después de un solo uso hasta por 7 días. Uso crónico: 21 días. La saliva es prometedora, ya que las concentraciones son más altas que en la sangre, teniendo más estabilidad en la saliva
  *(J Chromatogr B Biomed Sci Appl 1998;713:189-200)*
  **Los falsos positivos incluyen el dextrometorfano y la ketamina**

## Abordaje de pruebas toxicológicas discordantes *(The ASAM Principles of Addiction Medicine, 6.ª ed. 2019)*

**Hallazgos inesperados:** ameritan conversación, no la interrupción del Tx. Considere responsabilizar a la orina, no al paciente. «La temperatura de la orina no se registró».

**Considere la probabilidad de una prueba previa:** la estabilidad previa predice estabilidad. Unos resultados que varían mucho del patrón anterior del paciente pueden indicar error.

**Posibles explicaciones de las muestras discordantes:** (1) Muestra mal etiquetada (paciente equivocado). (2) Reacción cruzada inesperada (revisar medicamento). (3) FP o FN en IA. (4) Confirmar la **prueba** definitiva para detectar errores de rendimiento y solucionar problemas con los resultados. Las pruebas que se repiten con suficiente frecuencia tendrán FP y FN ocasionales solo por el azar.

**Respuesta a la reaparición confirmada del consumo de sustancias** Control más frecuente. Cambio en la dosis o en la cantidad utilizada. Remisión a un nivel de atención superior.

## Pruebas toxicológicas para sustancias nuevas, derivados sintéticos y sustancias poco frecuentes *(The ASAM Principles of Addiction Medicine, 6.ª ed. 2019)*

**Introducción:** no se analizan de forma rutinaria, pero pueden ser usuales entre personas que consumen sustancias. Las pruebas de detección o confirmación disponibles variarán según el laboratorio, la modalidad y la molécula. Laboratorio de referencia vs. laboratorio hospitalario/clínico en función de la disponibilidad y la utilidad clínica para el uso o la s/d en zonas de uso endémico. Utilidad limitada en la evaluación de la intoxicación aguda, s/d e interacciones medicamentosas/drogas que complican/configuran el contexto clínico y el Tx. Los nuevos fármacos específicos disponibles en la región cambian con el tiempo, pueden ser cambios abruptos.

**Catinona sintética «sales de baño»:** derivado anfetamínico de la planta khat (*Catha edulis*). El análisis de orina puede detectar MDPV en las 20 h siguientes al consumo, pero con limitaciones en cuanto a la precisión.

**Canabinoides sintéticos («*Spice*», K2 y otros): no son farmacológicamente similares al THC a pesar del nombre.** El conocimiento del tipo específico del tipo de canabinoide es necesario para dirigir las pruebas. Se dispone de IA y CG-EM/CL-EM para detectar metabolitos, pero no de forma rutinaria debido a la variabilidad de las moléculas *(Am J Med 2016;129:240; Drug Test Anal 2017;9(6):924-34; Drug Test Anal 2015;7:483-93).*

**Opiáceos sintéticos:** el suministro ilegal de opiáceos está cada vez más contaminado con fentanilo, análogos del fentanilo y, con menor frecuencia, opiáceos sintéticos sin fentanilo, como el U-47700. Existen IA comercialmente disponibles para detectar análogos del fentanilo y son capaces de detectar los análogos previstos y otros estrechamente relacionados, pero no se detectan bien los análogos estructuralmente más diversos. Sin embargo, pueden utilizarse CL-EM/EM para pruebas específicas y de confirmación, dependiendo de la disponibilidad de estándares de referencia para nuevos opiáceos sintéticos *(J Anal Toxicol 2021;45(2):111-16; Brain Sci 2020;10(11):895).*

**Salvinorina A (*Salvia divinorum*): «menta mágica».** Agonista selectivo del receptor opioide κ en la clase de los alucinógenos. Hay disponible un análisis de orina en CL-EM.

**Kratom:** analito detectable de los alcaloides mitraginina y 7-hidroximitragi-nina. Se une a muchos receptores: opioides μ/δ, adrenérgicos α, dopamina y serotonina. Se utiliza para la intoxicación, la abstinencia o el dolor o el mantenimiento «natural» en el TCO. Detección en CG-EM o CL-EM. La utilidad para identificar el consumo está en aumento para aquellos

que son diagnosticados con TCO. Interacción medicamentosa con bu-
prenorfina/MTD/naltrexona y con el kratom. Aumento de 10 veces en las
llamadas por kratom al control de intoxicaciones de los EE.UU. del 2010
al 2016 (*MMWR Morb Mortal Wkly Rep* 2016;65(29):748-49).

**NBOMe («N-Bomb»):** alucinógeno sintético vendido ilegalmente como
«LSD». Detección en orina con CL-EM/EM en algunos laboratorios.

**Ketamina («Special K»):** pertenece a la clase de los disociativos. Ketamina y norketamina detectables en CG-EM o CL-EM. Puede tener reacción cruzada con el análisis para PCP.

**GHB («éxtasis líquido»):** ácido γ-hidroxibutírico. Metabolito natural del
GABA fabricado sintéticamente para la intoxicación, la euforia y el efecto
amnésico. Detectable con CG-EM en la orina.

**Mescalina:** se encuentra naturalmente en el peyote, alucinógeno de la clase
de las anfetaminas. Detección en orina como sustancia madre inalterada y
sus metabolitos (*Psychopharmacologia* 1966;9(1):48-63).

**Psilocibina y psilocina («hongos»):** alucinógenos de la clase de las
triptaminas. Cuatro metabolitos de la glucuronidasa detectables en orina
mediante CG-EM o CL-EM.

**DMT:** *N,N*-dimetiltriptamina. Fuentes vegetal y animal. Se utiliza como un
componente de la ayahuasca. La DMT y sus metabolitos DMT-NO y AIA
pueden detectarse mediante CG-EM/CL-EM.

| Falso positivo (FP): compuestos que pueden producir FP en pruebas de inmunoanálisis por reacción cruzada | | | |
|---|---|---|---|
| **Sustancia** | | | |
| Anfetaminas | Amantadina<br>Atenolol<br>Benzfetamina<br>Bromfeniramina<br>Bupropión<br>Carbidopa<br>Cloroquina<br>Clorpromazina<br>Desipramina<br>Doxepina<br>Dextroanfetamina<br>Dimetilamilamina<br>Efedrina<br>Fenfluramina<br>Ácido fenofíbrico<br>Fluoroquinolonas | Fluoxetina<br>Hidroxicloroquina<br>Isometepteno<br>Isoxsuprina<br>Labetalol<br>L-metanfetamina<br>(Inhalador Vicks®)<br>MDMA<br>Mefentermina<br>Metformina<br>Metilfenidato<br>Metoprolol<br>Mexiletina<br>N-acetil procainamida<br>Ofloxacino<br>Oximetazolina<br>Fenmetrazina<br>Fentermina<br>Fenilefrina | Fenilpropanola-<br>mina<br>Prometazina<br>Propranolol<br>Seudoefedrina<br>Quinacrina<br>Ranitidina<br>Selegilina<br>Tioridazina<br>Tranilcipromina<br>Trazodona<br>Trimetabenza-<br>mida<br>Trimipramina<br>Tiramina |
| Barbitúricos | Ibuprofeno | Naproxeno | Fenitoína |
| Benzodiazepinas | Efavirenz | Oxaprozina | Sertralina |
| Buprenorfina | Codeína<br>Metadona | Morfina<br>Tramadol | |
| Metabolitos de la cocaína | Té de hoja de coca | Anestésicos tópicos | |

(continúa)

| Falso positivo (FP): compuestos que pueden producir FP en pruebas de inmunoanálisis por reacción cruzada (*continuación*) | | | |
|---|---|---|---|
| LSD | Amitriptilina Clorpromazina Doxepina Fluoxetina | Haloperidol Metoclopramida Risperidona | Sertralina Tioridazina Verapamilo |
| Marihuana (*cannabis* y metabolitos) | Dronabinol Efavirenz Alimentos de cáñamo | AINE Ácido niflúmico IBP (pantoprazol) | Quinacrina Sativex Aceite de té |
| Metadona | Clorpromazina Clomipramina Difenhidramina | Doxilamina Ibuprofeno Propoxifeno Quetiapina | Tioridazina Tramadol Verapamilo |
| Opiáceos | Dextrometorfano Difenhidramina Fluoroquinolonas Naloxona Ofloxacino | Papaverina Pefloxacino Semillas de amapola Aceite de amapola | Quinina Quinolonas Rifampicina Verapamilo |
| PCP | Dextrometorfano Difenhidramina Doxilamina | Ibuprofeno Imipramina Lamotrigina | Tioridazina Tramadol Venlafaxina |

(Miller et al. *The ASAM Principles of Addiction Medicine*. 6.ª ed. 2019).

## Antecedentes

- Los individuos con TCS tienen mayor riesgo de padecer enfermedades médicas y psiquiátricas importantes en comparación con el resto de la población
- Identificar y tratar las enfermedades médicas y los trastornos mentales comórbidos es un componente esencial del tratamiento integral

---

## ENFERMEDADES MÉDICAS COMÓRBIDAS

| Afecciones médicas comórbidas más frecuentes | | |
|---|---|---|
| **Sustancia o vía de uso** | **Afección** | **Detalles** |
| Alcohol | Esofagitis/ gastritis | El alcohol relaja el esfínter esofágico inferior y ↓ el peristaltismo en el extremo distal del esófago; el alcohol ↑ la secreción de ácido gástrico, ↓ la barrera celular de la mucosa (*Dig Dis* 2005;23(3-4):204-213) |
| Alcohol | Pancreatitis | El riesgo de desarrollar pancreatitis ↑ con ↑ dosis de alcohol, lo que sugiere efectos tóxicos relacionados con la dosis (*J Gastroenterol Hepatol* 2010 Dec;25(12):1816-1826) |
| Alcohol | Enfermedad hepática relacionada con el alcohol (EHRA) | Espectro clínico-histológico: incluye hígado graso, hepatitis relacionada con el alcohol (HRA), cirrosis; 10-20% de los que tienen un consumo excesivo de alcohol crónico → enfermedad hepática avanzada (*Am J Gastroenterol* 2018 Feb;113(2):175-194) |
| Alcohol | Hipertensión | Mecanismos propuestos: aumento de la actividad simpática, estimulación del SRA, ↓ cortisol, ↑ reactividad vascular (*World J Cardiol* 2014 May 26;6(5):245-252) |
| Alcohol | Miocardiopatía | Miocardiopatía dilatada observada con Hx de consumo excesivo de alcohol a largo plazo. Dx de exclusión basado en Hx de consumo de alcohol sin CPT u otra razón para MCP (es decir, miocarditis) (*Cardiovasc Toxicol* 2014 Dec:14(4):291-308) |
| Alcohol | Fibrilación auricular | Tanto el consumo agudo como el crónico de alcohol → ↓ riesgo de FA. ↓ alcohol puede ↓ riesgo de episodios recurrentes de FA y su morbilidad (*Curr Cardiol Rep* 2020 Aug 8;22(10):111) |

*(continúa)*

| Afecciones médicas comórbidas frecuentes (*continuación*) | | |
|---|---|---|
| Sustancia o vía de uso | Afección | Detalles |
| Alcohol | Anemia | La gama de mecanismos incluye SGI sup./inf. (gastritis, hipertensión portal, UP), hemólisis, ↓ eritropoyesis (AEC, nutricional, toxicidad directa), esplenomegalia, hemodilución (*World J Gastroenterol* 2009 Oct 7;15(37):4653-4658) |
| Alcohol | Cáncer | El consumo excesivo de alcohol está relacionado con algunos tipos de cáncer: bucal, laríngeo, faríngeo, esofágico, de las vías respiratorias y de mama (*Alcohol Alcoholism* 2005;40(3):234-238) |
| Alcohol | Deterioro cognitivo | Incluye la demencia relacionada con el alcohol (DRA), la encefalopatía de Wernicke (EW) y el síndrome de Korsakoff (SK). La DRA puede deberse al efecto neurotóxico directo del alcohol, el estrés oxidativo, la excitotoxicidad, la apoptosis, la alteración de la neurogénesis y el daño mitocondrial. La EW es un trastorno neurológico agudo causado por ↓ tiamina; por lo tanto, siempre es necesario administrar tiamina antes de dar glucosa. Tríada clínica de oftalmoplejía, ataxia, confusión. El Tx consiste en una dosis alta de tiamina. SK: es el resultado a largo plazo de la EW con deterioro cognitivo profundo (*Int J High Risk Behav Addict* 2016;5(3):e27976) |
| Estimulantes (cocaína y metanfetamina) | Arritmia | Arritmia inducida por cocaína mediada por la inhibición de los canales del $Na^+$ → ↑ FC e inhibición de los canales del $K^+$ → prolongación del QTc, posdespolarización temprana, taquicardia ventricular (*Int J Mol Sci* 2019 Jan 29;20(3):584) |
| Estimulantes (cocaína y metanfetamina) | Hipertensión aguda y vasoespasmo | Cocaína → inhibición de la recaptación de norepinefrina y vasoconstricción mediada por ↑ endotelina 1, ↓ NO sintetasa, ↓ vasorrelajación, ↓ gestión del $Ca^{2+}$ intracelular y canales de $Na^+/K^+$ inhibidos |
| Estimulantes (cocaína y metanfetamina) | CPT | Aceleración de la ateroesclerosis debido a la ↓ liberación de NO, ↑ moléculas de adhesión celular, LDL, migración de leucocitos, células musculares lisas de la íntima y agregación plaquetaria → fomento de la trombosis intracoronaria |
| Estimulantes (cocaína y metanfetamina) | Miocardiopatía, insuficiencia cardíaca e hipertensión arterial pulmonar (HTAP) | Miocardiopatía asociada con metanfetaminas, probablemente causada por ↑ de catecolaminas, vasoespasmo coronario, isquemia miocárdica. La miocardiopatía puede observarse con la exposición a la metanfetamina a corto y largo plazo con evidencia de cardiotoxicidad directa independiente de la catecolamina (*Arterioscler Thromb Vasc Biol* 2019;39(9):1739-1746) |

| Sustancia o vía de uso | Afección | Detalles |
|---|---|---|
| | | El consumo crónico de cocaína también se asocia con la miocardiopatía, en especial con la IC diastólica. Es probable que los BB sean seguros para el tratamiento (*Sci Rep* 2020 Nov 13;10(1):19795). El consumo de metanfetaminas también se asocia con HTAP caracterizada por vasculopatía oclusiva e ICD progresiva (*Curr Opin Pulm Med* 2018 Sep;24(5):416-424) |
| Estimulantes (cocaína y metanfetamina) | ACV | El riesgo de ACV ↑ con el consumo de metanfetamina y cocaína, en particular entre ptes jóvenes (<45 años). El consumo de MAMP se asocia con 5× ↑ riesgo de sufrir un ACV hemorrágico. El consumo de cocaína se asocia con 2× ↑ riesgo de ACV hemorrágico e isquémico. Mecanismos probables (2.ᵒˢ) de efectos simpaticomiméticos agudos: HTA, taquicardia, vasoconstricción, vasoespasmo cerebral, rotura de aneurismas y efectos crónicos del uso de estimulantes: apoptosis en el músculo liso vascular, vasculitis inflamatoria y aterosclerosis (*Addiction* 2019 Nov;114(11):2065-2077) |
| Estimulantes (cocaína y metanfetamina) | Espectro de complicaciones pulmonares: neumonitis intersticial, fibrosis, hipertensión pulmonar, hemorragia alveolar, exacerbación del asma, barotrauma, lesión térmica en las vías respiratorias, linfadenopatías hiliares y enfisema bulloso | Lesión pulmonar aguda observada al fumar cocaína caracterizada por daño alveolar difuso y alveolitis hemorrágica en un lapso de 48 h del consumo (*Heart Lung* 2018;47(5):525). Se ha notificado neumonía eosinofílica aguda en las horas o días siguientes al consumo de cocaína; el mecanismo es desconocido. El barotrauma con neumotórax, neumomediastino, neumopericardio puede verse asociado con la maniobra de Valsalva tras la inhalación (*J Med Case Rep* 2015;9:195). Uso crónico asociado con granulomatosis por cuerpo extraño, bronquiectasias, hemorragia alveolar recurrente con hemosiderosis y fibrosis. La cocaína y la metanfetamina se asocian con la vasculopatía pulmonar a través de la granulomatosis por cuerpo extraño, los efectos vasoconstrictores y la enfermedad tromboembólica (*Chest* 2006;130(6):1657) |
| Inyección de drogas | VIH, hepatitis vírica, infecciones bacterianas graves (IBG) | Las PID representan el 10% de los casos nuevos de VIH en los EE.UU. Desde 2012 la incidencia de VIH ↑ entre las PID en un 4% anual (*J Infect Dis* 2020 Sep 2;222(Suppl 5):S213-S217). Se sabe que las intervenciones de salud pública reducen el riesgo de VIH; el programa de suministro de jeringas estériles (PSJE) → ↓ 50% el riesgo de VIH. Los MTCO, la PPrE y los sitios de prevención de s/d también ↓ el riesgo de VIH |

(continúa)

| Afecciones médicas comórbidas frecuentes (*continuación*) | | |
|---|---|---|
| Sustancia o vía de uso | Afección | Detalles |
| | | La mayor parte de la transmisión actual del VHC se produce entre las PID. A escala mundial, ~65% de las PID son anti-VHC positivas (~10 millones de PID). La incidencia del VHC entre las PID oscila entre el 5 y el 45% anual (*Curr Opin HIV AIDS 2015 Sep;10(5):374-380*). PSJE y MTCO ↓ riesgo de VHC. El Tx como prevención con AAD ofrece una estrategia prometedora |
| | | El UDI también es el factor de riesgo más frecuente para el nuevo VHB entre los adultos estadounidenses < 40 años de edad (https://www.cdc.gov/hepatitis/statistics/2018surveillance/pdfs/2018Hep SurveillanceRpt.pdf) |
| | | Las IBG incluyen infecciones de piel y tejidos blandos, endocarditis, absceso epidural, artritis séptica, osteomielitis. La incidencia de las IBG está aumentando; de 2011 a 2017, una región vio un 440% de ↑ en las hospitalizaciones por EB asociada con el uso de medicamentos. La prevención incluye los PSJE, la educación para una inyección más segura, los MTCO, los sitios de prevención de s/d |
| Inhalación/ fumar | VIH, hepatitis vírica | El consumo de drogas no inyectables (CDNI) también se asocia con el riesgo de VIH y hepatitis vírica al compartir pipas, cigarrillos, etc. La prevalencia del VHC en el CDNI oscila entre el 2.3 y el 35.3% (*Drug Alcohol Depend 2007;89(1):1-12*). Las estrategias de reducción del daño para fumar de manera más segura pueden reducir el riesgo |
| Insuflación/ esnifado | Perforación septal | Se observa con mayor frecuencia con la inhalación de cocaína, pero también puede observarse con otras drogas como las metanfetaminas y los opiáceos. Inhalación de cocaína → necrosis isquémica local → destrucción de los huesos y tejidos blandos nasales y mediofaciales → lesión destructiva de la línea media inducida por la cocaína (*Int J Oral Maxillofac Surg 2007 Aug;36(8):721-727*). En general se considera rara, aunque en una serie de casos de personas que esnifaban cocaína se mostró que el 10.5% experimentó perforación del tabique nasal (*Acta Otorhinolaryngol Ital 2008 Oct;28(5):247-251*) |

## TRASTORNOS MENTALES COMÓRBIDOS

### Epidemiología

- **Prevalencia**: las tasas de prevalencia de los trastornos mentales comórbidos varían según el estudio
(1) En 2019, el 1.4% de la población adulta (o 3.6 millones de personas) tenía tanto TMG como TCS (NSDUH, 2019)

(2) Entre las personas con TCO, el TMG, definido como un trastorno mental en el último año que provoca un deterioro funcional grave, tuvo prevalencia del 26.9% y la prevalencia de cualquier trastorno mental fue del 64.3% *(Drug Alcohol Depend 2019 Apr 1;197:78-82)*

(3) Entre ciertos grupos de pacientes, la prevalencia es mayor. Por ejemplo, entre los pacientes que buscan tratamiento con TDAH y TCS, el 75% tenía un trastorno mental comórbido *(Addiction 2014 Feb;109(2):262-272)*

- **Experiencias infantiles adversas (EIA)**: fuertemente asociadas con el riesgo de TCS. Comparado con las personas sin EIA, $\geq 5$ EIA $\rightarrow \uparrow 7$-$10\times$ el riesgo de TCS y UDI *(Pediatrics 2003 Mar;111(3):564-572)*

## Atención a pacientes con TCS y trastornos mentales comórbidos

- Diagnóstico: necesidad de diferenciar los trastornos mentales inducidos por sustancias y los primarios

(1) Inducido por sustancias: se desarrolla durante o en el 1.er mes de consumo o de abstinencia; causa angustia o deterioro y no se explica mejor por un trastorno mental primario

(2) Trastorno mental comórbido: comienza antes del inicio del TCS y los Sx persisten durante los períodos de remisión

- Tratamiento: se recomienda el tratamiento integrado del TCS y el trastorno mental cuando sea posible

| Trastorno mental | Detalles |
|---|---|
| Trastorno depresivo mayor | Trastorno mental comórbido más frecuente *(Improving the Quality of Healthcare for Mental and Substance-Use Conditions, 2006)* <br> Prevalencia durante la vida del 15-50% en los entornos de Tx <br> $\uparrow$ riesgo de suicidio *(Global Status Report on Alcohol and Health, 2018)* <br> Peor resultado psiquiátrico y del TCS *(J Gen Intern Med 2003;18(1):1-8)* <br> El Tx con medicamentos o terapia conductual mejora los resultados para el TCS <br> Respaldo científico basado en la evidencia a favor del uso de antidepresivos en TDM-TCS |
| Trastorno bipolar | La presencia de trastorno bipolar $\uparrow > 4\times$ la probabilidad de TCS *(Gen Hosp Psychiatry 2006;28(2):145-153; The ASAM Essentials of Addiction Medicine, 3.ª ed, 2020;31:179-185)* <br> Peores resultados para el consumo de sustancias <br> La farmacología es el pilar del tratamiento <br> El consumo de sustancias suele acompañar a los episodios de manía o de hipomanía <br> Se han realizado menos estudios farmacológicos que sobre la depresión unipolar y el TCS *(The ASAM Essentials of Addiction Medicine, 3.ª ed, 2020;31:179-185; J Gen Intern Med 2003;18(1):1-8)* <br> Los tratamientos conductuales se centran en mantener las alianzas, asegurar el cumplimiento del Tx farmacológico, hacer frente a los síntomas/factores estresantes |
| Trastorno de ansiedad | La prevalencia de por vida $\uparrow$ (cociente de posibilidades [OR, *odds ratio*] 1.3) para TAE, TAG y TA *(Dialogues Clin Neurosci 2003;5(3):281-298)* <br> $\downarrow$ probabilidad de TOC <br> Las tasas de trastornos de ansiedad entre las personas que consumen metanfetaminas alcanzan el 30% <br> El trastorno de ansiedad se asocia con mayores tasas de recurrencia y peores resultados |

*(continúa)*

| Trastorno mental | Detalles |
|---|---|
| | Abordaje del tratamiento: maximizar el tratamiento no farmacológico con TCC antes de la intervención farmacológica (*The ASAM Essentials of Addiction Medicine*, 3.ª ed, 2020;31:179-185) |
| | Los ISRS son de primera línea; los IRSN son una alternativa de primera línea |
| | La eficacia de la mirtazapina se ha demostrado en ensayos abiertos para TA y TAG |
| | Los tricíclicos y los IMAO se reservan para los casos resistentes al tratamiento |
| | La buspirona y la pregabalina resultan útiles en los EA para TAE y TAG |
| | La hidroxizina puede ser un Tx complementario útil |
| | Evitar los antipsicóticos atípicos debido a la carga de efectos secundarios y, en general, evitar las benzodiazepinas por riesgo de abuso y efectos secundarios |
| Trastornos psicóticos | La psicosis puede ser inducida por alcohol, cocaína, *cannabis*, anfetaminas, disociativos y alucinógenos (*Global Status Report on Alcohol and Health*, 2018) |
| | La psicosis inducida por anfetaminas puede persistir durante meses después del consumo |
| | La psicosis que persiste varios días después del consumo de cocaína sugiere un trastorno psicótico subyacente |
| | ~25% pasa de un trastorno psicótico inducido por sustancias a un trastorno psicótico primario a lo largo del tiempo (*The ASAM Essentials of Addiction Medicine*, 3rd ed, 2020;31:179-185) |
| | Casi la mitad de las personas con esquizofrenia declaran haber sufrido algún tipo de TCA y *cannabis* a lo largo de su vida; el 70-90% de las personas con TCT |
| | El TCS provoca una aparición más temprana de la esquizofrenia en poblaciones vulnerables |
| | El TCS se asocia con ↑ duración de la esquizofrenia no tratada y las hospitalizaciones, peores respuestas funcionales, ↑ recurrencias de consumo de sustancias y ↑ carga sintomática |
| | El abordaje multidisciplinario basado en trabajo de equipo es óptimo |
| | Los antipsicóticos se recomiendan y deben complementarse con terapia psicosocial |
| TDAH | Su prevalencia es ↑ entre personas con TCS; el 17-23% de las poblaciones en Tx por TCS tienen TDAH (*Global Status Report on Alcohol and Health*, 2018; *The ASAM Essentials of Addiction Medicine*, 3rd ed, 2020;31:179-185) |
| | El TDAH se inicia antes de los 12 años y suele persistir en la edad adulta (4.4% de prevalencia del TDAH en adultos) |
| | Posibles factores de riesgo subyacentes compartidos para el TCS y el TDAH |

| Trastorno mental | Detalles |
|---|---|
| | La coexistencia de TDAH y TCS puede reducir la eficacia del Tx para cualquiera de los dos trastornos |
| | Hay evidencia heterogénea sobre el Tx con estimulantes para TDAH con TCS |
| | En algunos estudios recientes se ha constatado que las dosis de estimulantes superiores a las aprobadas por la FDA son eficaces para reducir los síntomas del TDAH y promover el no consumo en adultos con TDAH y trastornos por consumo de AMP y COC |
| | Se recomienda el tratamiento con estimulantes en condiciones de estrecha vigilancia para poblaciones cuidadosamente seleccionadas |
| | Sopesar los beneficios con el riesgo de desviaciones y uso indebido |
| | Los medicamentos no estimulantes incluyen atomoxetina, clonidina, guanfacina, bupropión, venlafaxina, ATC e IMAO |
| | Las estrategias conductuales pueden ser útiles, como la TCC, el entrenamiento de la atención plena, la psicoeducación y el entrenamiento metacognitivo |
| TEPT | 2-4× más probabilidades que aquellos sin TEPT de cumplir los criterios de TCS (OR 1.5 de prevalencia de por vida) (*The ASAM Essentials of Addiction Medicine*, 3.ª ed, 2020;31:179-185; *Gen Hosp Psychiatry* 2006;28(2):145-153; *Improving the Quality of Healthcare for Mental and Substance-Use Conditions*, 2006) |
| | Ambos (TEPT y TCS) se asocian con cambios en las estructuras corticolímbicas, principalmente la amígdala; el eje hipotalámico-hipofisario-suprarrenal y el SNA también se ven afectados (implicados en la búsqueda de drogas inducida por el estrés) |
| | Tanto el TEPT como el TCS ↓ capacidad para regular los recuerdos traumáticos intrusivos y los pensamientos relacionados con la avidez (*craving*) |
| | El tratamiento incluye psicoterapia, farmacoterapia o ambas |
| | La terapia basada en la exposición es la psicoterapia más antigua y empíricamente validada para el TEPT (*The ASAM Essentials of Addiction Medicine*, 3.ª ed, 2020;31:179-185) |
| | Las terapias adicionales incluyen la TCC, la terapia centrada en la cognición y la terapia de procesamiento cognitivo |
| | Medicamentos de primera línea aprobados por la FDA para el TEPT: sertralina y paroxetina |
| | La segunda línea incluye los IRSN |
| | Los ASG, como la risperidona, pueden utilizarse para aumentar los ISRS en pacientes con respuesta parcial |
| | Las benzodiazepinas están contraindicadas |
| | La clonidina y la prazosina pueden ayudar a disminuir las pesadillas y la hiperactividad |

(continúa)

| Trastorno mental | Detalles |
|---|---|
| Trastornos de la alimentación (TA) | Concomitancia a lo largo de la vida de TCS y TA: 18-26% (*The ASAM Essentials of Addiction Medicine*, 3rd ed, 2020;31:179-185) |
| | Los atracones se asocian a menudo con TCS (el 57% de los hombres y el 28% de las mujeres con TCS cumplen los criterios de TAC) |
| | Pueden requerir estabilización y control médico en el hospital |
| | Para los pacientes con desnutrición, la realimentación tiene prioridad para la estabilización médica y para restaurar la función cognitiva |
| | El tratamiento suele implicar un proceso multidisciplinario a largo plazo |
| | Tanto las terapias familiares como las individuales han demostrado su eficacia |
| Trastornos de la personalidad | El 43-53% de las personas con TPer tienen un TCS de por vida (*The ASAM Essentials of Addiction Medicine*, 3.ª ed, 2020;31:179-185; *Improving the Quality of Healthcare for Mental and Substance-Use Conditions*, 2006) |
| | El grupo C es el más frecuente en la población general; el grupo B es el más usual en comorbilidad con TCS, aunque hay que tener en cuenta que el TEPT complejo suele diagnosticarse erróneamente como trastorno límitrofe de la personalidad debido a la superposición de la regulación de las emociones, la imagen de sí mismo y los problemas interpersonales |
| | Los rasgos habituales en los pacientes con TPer-TCS son la búsqueda de sensaciones y de novedades, la impulsividad y la emocionalidad negativa |
| | El mejor factor de predicción de resultados es la gravedad del TCS |
| | El TPer puede predecir ↓ tiempo hasta la recaída, peores resultados del TCS, ↓ retención en el tratamiento |
| | La mejoría de los resultados se asocia con un mayor grado de motivación para el cambio, mayor tiempo en tratamiento y una mayor alianza con el tratante |
| Comportamientos suicidas | El TCS y los trastornos mentales comórbidos son importantes factores de riesgo de suicidio |
| | El potencial de suicidio requiere una evaluación cuidadosa (*J Gen Intern Med* 2003;18(1):1-8; *The ASAM Essentials of Addiction Medicine*, 3.ª ed, 2020;31:179-185; *Global Status Report on Alcohol and Health*, 2018) |

## DEFINICIÓN DE LA REDUCCIÓN DE DAÑOS

### Perspectiva 1: estrategia de salud pública

- La **reducción de daños** surgió como respuesta a las ↑ tasas de VIH entre las PID en la década de 1980, cuando activistas, miembros de la comunidad, responsables políticos y profesionales de la salud exigieron PSJE para ↓ la transmisión de infecciones por vía sanguínea
- Ahora abarca una serie de políticas para ↓ las consecuencias negativas del consumo de sustancias, lo que contrasta con la prohibición y la tolerancia cero
- **Intervenciones** que a menudo se comparan con los abordajes de salud pública para ↓ el riesgo de accidentes automovilísticos (p. ej., cinturones de seguridad, límites de velocidad, cascos)
- La **participación de los UDIV** en el desarrollo, diseño y evaluación de programas y políticas es fundamental

| Ejemplos de políticas de reducción de daños | | |
|---|---|---|
| **Ejemplo** | **Propósito** | **Resultados** |
| **Programa de suministro de jeringas estériles (PSJE)** (programas de intercambio de agujas) | Proporcionar materiales de inyección y recoger los usados; se pueden ofrecer o vincular otros servicios | ↓ incidencia de VIH/VHC, ↑ compromiso con el tratamiento *(Int J Epidemiol 2014;43(1):235-248)* |
| **Espacios para consumo supervisado** (sitios de prevención de s/d; disponibles en Canadá y Europa, ley de Rhode Island aprobada en 2021 para permitir un programa piloto de 2 años) | Lugares en los que se pueden consumir sustancias bajo la supervisión de personal calificado | ↓ s/d; ↑ inyección más segura, vínculo con la atención *(Lancet 2011;377:1429-1437)* |
| **TAO inyectables** (disponibles en Canadá y Europa) | Opiáceos i.v. (p. ej., diacetilmorfina) suministrados a los pacientes con TCO grave en un entorno controlado | ↓ uso de medicamentos no prescritos; ↑ la CdV *(NEJM 2009;361(8):777-786)* |
| **Educación para evitar la s/d y suministro de naloxona** | Programas comunitarios de educación y suministro de naloxona | ↓ s/d involuntarias *(BMJ (Online) 2013;346:f174)* |

### Perspectiva 2: movimiento por la justicia y la equidad

- **Algunos de los daños relacionados con las drogas** no están motivados por las propias sustancias, sino por:
  (1) criminalización y estigmatización de los UDIV
  (2) determinantes estructurales de la salud (racismo, pobreza, discriminación por sexo/género, situaciones traumáticas)
- Por lo tanto, la **reducción de daño** promueve el cambio estructural y es interseccional con los movimientos por la equidad racial, el desencarcelamiento, la justicia reproductiva y accesos a vivienda y atención médica

*Adaptado de la Harm Reduction Coalition (National Harm Reduction Coalition 2020; Harm Reduction Principles)*

## Perspectiva 3: enfoque clínico

- La reducción de daños en el ámbito sanitario tiene como objetivo ↓ las consecuencias negativas asociadas con el consumo de sustancias mediante el cribado, el Tx farmacológico, la educación y otras intervenciones clínicas
- Se basa en los siguientes principios/conceptos:

  **Derechos humanos:** acercarse a los UDIV con dignidad, compasión y aceptación, sin prejuicios. Apoyar la autonomía de los pacientes: los UDIV son competentes y deben ser alentados a tomar decisiones

  **Potenciación:** centrarse en las necesidades más inmediatas. Reforzar los cambios positivos, por pequeños que sean. El cese del consumo puede no ser el objetivo inmediato ni a largo plazo

  **Pragmatismo:** reconocer el consumo de drogas como un fenómeno complejo en el que influyen numerosos factores, incluidos los determinantes estructurales. Nadie logra comportamientos de salud perfectos

*Basado en Hawk et al (2017) y adaptado de Harm Reduction International (What Is Harm Reduction? 2020) y la Non Prescription Needle Use Initiative (Edmonton, 2007)*

---

## REDUCCIÓN DE DAÑOS EN EL ENTORNO CLÍNICO

### Recabar antecedentes

- Un espacio seguro es fundamental: los UDIV a menudo han experimentado traumas y prejuicios → pueden no sentirse cómodos revelando información o siendo sinceros
- El objetivo de recabar los antecedentes es facilitar las intervenciones diseñadas para mejorar la CdV y ↓ el riesgo de consumo de sustancias (en lugar de diagnosticar o descartar un TCS)

| Recabar antecedentes | | |
|---|---|---|
| **Tema** | **Ejemplos** | **Notas** |
| ¿Razones de uso? | Para relajarse, tratar el dolor/la abs., mantenerse despierto, buscar nuevas experiencias | La información contextualizará los objetivos del paciente y dirigirá las intervenciones clínicas |
| ¿Desventajas del uso? | Costo, salud, daños sociales, tolerancia | Las consecuencias pueden ser secundarias a estigmatización/sistema de justicia penal y no solo la sustancia en sí misma |
| ¿Prácticas/ patrones? | Contexto (dónde, cuándo, con quién), cantidad/ frecuencia, vía | Incluir la exploración de los factores de riesgo de lesión/infección por vía de administración no oral |
| ¿Objetivos (si los hay)? | Reducir, no consumir, consumir de forma más segura, evitar un arresto | El pte puede no tener objetivos relacionados con el uso. Incluso los pacientes con uso caótico pueden tener diferentes prioridades |

### Intervenciones clínicas

- **Cribado** de laboratorio para vigilar enfermedades infecciosas (*véase* cap. 18) y otras complicaciones asociadas con el consumo de sustancias (cáncer, afecciones CV); trastornos mentales comórbidos (*véase* cap. 16)

- **Medicamentos:**
  - **MTA:** el Tx farmacológico con evidencia de disminuir/estabilizar el consumo de sustancias incluye naltrexona/gabapentina (alcohol); metadona, buprenorfina (opiáceos); menos evidencia/consenso sobre el uso de farmacoterapia para el trastorno por consumo de estimulantes; TRN (nicotina) (*véanse* caps. 8, 9, 11, 12)
  - **Tx/prevención de complicaciones:** tiamina (EtOH), $B_{12}$ (NOi), régimen intestinal (opiáceos), naloxona (opiáceos o cualquier sustancia que pueda contaminarse), reducción del riesgo CV (estimulantes); vacunas (uso de sustancias parenterales), PPoE/PPrE (*véase* cap. 18)
- **Vinculación con servicios sociales:** *véase* el capítulo 22
- **Entrevista motivacional:** un estilo de comunicación para fortalecer la motivación a través de la participación de la persona con preguntas abiertas y la escucha reflexiva *(Motivational Interviewing: Helping People Change.* 3.ª ed., 2013)
- **Facilitar el acceso a condiciones más seguras:** a través de PSJE, fármacos OTC, prescripción/suministro directo por parte de la clínica. Fomentar un uso más seguro incluye involucrar a los UDIV en el cuidado
- **Mensajes de reducción de daños:** para capacitar a los UDIV a consumir de forma más segura. Deben ser prácticos y adaptados, reconociendo las realidades de la vida de los pacientes y sus patrones de uso. Deben elaborarse con humildad → el paciente aporta su experiencia

| Ejemplos de mensajes para la reducción de daños | |
|---|---|
| **Por sustancia** | |
| Alcohol | ↓ el consumo total (alternar con agua, utilizar una bebida de menor porcentaje); no consumir<br>Gestión/prevención de crisis; seguridad mientras se está intoxicado (estar con otros, no conducir, etc.) |
| Estimulantes | Nutrición/hidratación/dormir, tomar descansos, sexo más seguro (preservativos, PPrE) |
| Alucinógenos | Precaución con las interacciones medicamentosas; buscar un cuidador; gestionar el «mal viaje»; la ibogaína tiene ↑ riesgo (arritmias cardíacas) *(J Arrhythmia 2018;34(4):455-457)* |
| Consumo de varias sustancias | Alternar las sustancias, esperar 1-2 h entre ellas, consumir cantidades menores de cada sustancia utilizada |
| **Por vía de consumo** | |
| Fumar | Cuidado dental/pasta de dientes con flúor (en particular para los estimulantes que disminuyen la salivación → xerostomía → caries). Evitar compartir pipas → si se hace, limpiarlas con alcohol<br>**Material:** chicles sin azúcar, labiales para labios agrietados, boquillas, hisopos con alcohol, pipas de cristal (crack → tubos rectos, metanfetamina → pipas abombadas), palillos de madera y filtros (*crack*), papel aluminio (estimulantes/opiáceos) |
| Inyección | 1 aguja por inyección, higiene de manos/piel, elección de la vena (*véase* cap. 19)<br>**Material:** jeringa, agua estéril, pipa abombada, torniquete, hisopo con alcohol, venda adhesiva, filtro +/– vitamina C (*crack*) |

(continúa)

| Ejemplos de mensajes para la reducción de daños (*continuación*) | |
|---|---|
| Intranasal | Salud nasal (cambiar de fosa nasal, enjuagues con solución salina); evitar compartir pajillas para prevenir la propagación de enfermedades infecciosas<br>**Material:** pajillas (p. ej., notas *Post-it*® enrolladas), enjuagues con solución salina |
| Vía rectal (enema) | Diluir primero en la solución para reducir al mínimo el daño al tejido local; no compartir los suministros; lavarse las manos; precaución con la irritación/sangrado anal (puede aumentar el riesgo de ITS con el sexo anal receptivo)<br>**Materiales:** jeringa sin aguja, agua estéril |
| **Por tema** | |
| Sobredosis | • **«Precauciones universales» para fentanilo:** asumir que el fentanilo puede estar en cualquier cosa (p. ej., estimulantes, comprimidos); utilizar tiras reactivas para fentanilo si están disponibles (imperfectas); empezar con una dosis ↓ para medir la potencia («dosis de prueba»)<br>• **Llevar naloxona** aunque no consuma opiáceos. Tener siempre a la mano un nuevo kit; verificar que las personas que le rodean saben cómo usarlo; tomar turnos para consumir para que alguien pueda administrar la naloxona si es necesario<br>• **Intentar nunca consumir solo.** Si consume solo, pedir a un amigo que llame para ver cómo va cada 3-5 min/utilizar una línea directa/línea telefónica «Never Use Alone». Consumir en un espacio en el que pueda ser ayudado en caso de ser necesario (no cerrar las puertas con llave)<br>• **Tener cuidado con los cambios en la tolerancia:** consumir después de un período de abstinencia (p. ej., una hospitalización o encarcelamiento, aunque solo sean unos días) puede ↑ el riesgo de s/d por opiáceos<br>• **Tener cuidado al mezclar drogas:** mezclar drogas (incluidos el alcohol y los medicamentos recetados) ↑ el riesgo de s/d; si va a mezclar drogas, consumir menos de lo normal<br>• **Considerar la metadona/buprenorfina:** si consume opiáceos, tomar metadona o buprenorfina puede ayudar a controlar la avidez (*craving*) y el síndrome de abstinencia, así como a proteger frente a una s/d |

## EPIDEMIOLOGÍA DEL CONSUMO DE DROGAS INYECTABLES

### Introducción

- **Prevalencia:** > 13 millones de personas utilizan drogas inyectables (UDI) en todo el mundo *(WHO 2020)*
- La **clasificación** del UDI incluye i.v., s.c. e i.m.
- Los **métodos de inyección** varían; la mayoría de las drogas existen en forma sólida (polvo, «roca», comprimidos) y deben ser disueltas en una solución antes de la inyección mediante una variedad de materiales; *véase* la tabla **Material y sustancias para inyectar**
  - **Ventajas** del UDI: alta biodisponibilidad + inicio rápido = «subidón» *(rush)*; a menudo se considera más económico que otros métodos de consumo (ingesta, inhalación, insuflación)
  - Los **riesgos** del UDI dependen de diversos factores: (1) factores relacionados con la droga, como pureza, potencia y adulterantes; (2) factores individuales, como la técnica de inyección, el aislamiento, la experiencia de un intenso deseo de consumir/abstinencia → prácticas de riesgo; (3) factores estructurales, como la disponibilidad de suministros para la reducción del daño, un entorno seguro y estéril para la inyección, la criminalización; *véase* la tabla **Riesgos de la inyección y factores de riesgo de daños relacionados con la inyección**

| Materiales y sustancias para inyectar | | |
|---|---|---|
| | **Propósito** | **Materiales y sustancias** |
| **Escudilla** | Pequeño recipiente utilizado para mezclar/disolver el fármaco sólido en líquido para crear una solución | **Lo mejor:** tapas de lata de botellas de un solo uso o desechables; **lo más frecuente:** fondos de lata de refresco, cucharas de metal |
| **Líquido** | Necesario para disolver los sólidos del fármaco en una solución antes de la preparación para la inyección | **Lo mejor:** agua estéril o ampolletas de solución salina; **lo más frecuente:** agua embotellada/del grifo, tanque del inodoro, fuentes ambientales (charcos, etc.) |
| **Filtro** | Filtra las partículas del fármaco disuelto (de contaminantes o «corte», aglutinante insoluble de las píldoras trituradas [p. ej., talco], etc.) | **Lo mejor:** estéril, algodones dentales enrollados de un PSJE; **lo más frecuente:** algodón de hisopo o tampón, filtros de cigarrillos (menos seguro, los fragmentos de fibra de vidrio pueden embolizar) |
| **Aguja/ jeringa** | Se utiliza para extraer la solución del fármaco a través del filtro e inyectarla; la longitud/calibre de la aguja depende del lugar de la inyección, del fármaco inyectado y de las preferencias personales | **Lo mejor:** jeringas de insulina estériles/de un solo uso; **lo más frecuente:** hasta el 40% de las PID comparten suministros *(J Viral Hepat 2014;21:25-32)*; si se comparten, la lejía puede ↓ la transmisión del VIH/VHC *(Epidemiology 2002;13:738-741)* |
| **Ácido** | Se necesita para neutralizar y disolver el *crack* de la cocaína en una solución para inyectar | **Lo mejor:** ácido ascórbico en polvo utilizado con moderación; **lo más frecuente:** ácido acético (alta causticidad → esclerosis), jugo (zumo) de limón a/c endoftalmitis por *Candida (Br J Ophthalmol 2007;91:702-703)* |

| Riesgos de la inyección y factores de riesgo de daño relacionados con la inyección | | |
|---|---|---|
| | **Riesgos relacionados con las inyecciones** | **Factores de riesgo relacionados con las inyecciones** |
| **Infecciones de transmisión sanguínea** (VIH, VHC, VHB, sífilis) | Los UDI son responsables del 9% de los casos de VIH en los EE.UU. (CDC 2017) y de la mayoría de los casos de VHC; el 50% de los UDI contraen el VHC en un lapso de 5 años (Am J Epidemiol 2008;168:1099-1109) | Compartir *cualquier* material de inyección (no solo agujas/jeringas); el VHC sobrevive en superficies (p. ej., cucharas) hasta 6 semanas (J Infect Dis 2014;209:1205-1211); las prácticas sexuales también pueden ↑ el riesgo |
| **Infecciones bacterianas y micóticas** | Por ejemplo, absceso, celulitis, tromboflebitis séptica, meningitis, fascitis necrosante, osteomielitis, absceso epidural, endocarditis; **patógenos:** estreptococos, estafilococos (**SARM**), cándida, BGN, anaerobios bucales, tétanos, botulismo | Falta de sistematicidad en la higiene de manos y el uso de hisopos con alcohol, reutilización del equipo de inyección, uso de agua/ácido no estéril, lamer las agujas; s.c./i.m. con mayor riesgo de infección bacteriana que la i.v. secundario a vascularización variable de los sitios |
| **Sobredosis** | Los UDIV tienen el método de mayor riesgo para s/d secundario a la alta biodisponibilidad y rapidez de inicio de los efectos; la s/d es la causa # 1 de muerte no relacionada con el VIH entre las PID (WHO 2013) | Opiáceos + benzodiazepina/EtOH, consumo estando solo, uso después de períodos de abstinencia, es decir, **encarcelamiento → ↑ RR 74× hasta 2 semanas después de la liberación** (Am J Public Health 2018;108:1207-1213) |
| **Lesión vascular/esclerosis venosa** | Esclerosis venosa → uso en lugares de alto riesgo (cuello, ingle) ↑ necesidad de VCIP/CVC Insuficiencia venosa crónica → edema, ulceración Flebitis/tromboflebitis, TVP | Las puntas astilladas/desafiladas (por reutilización de agujas), ↑ intentos de inyección, tiempo insuficiente para la cicatrización/no rotación de los puntos de inyección e infecciones recurrentes → traumatismo vascular |

## INTERVENCIONES CLÍNICAS PARA LAS PID

### Cribado y vacunación (Am Fam Physician 2019;99:109-116)

- Ag/Ac de **VIH** ≥ cada año; si han pasado 10-14 días desde la exposición, enviar Ag/Ac y CVi (*véase* PPoE/PPrE más adelante)
- Ac contra **VHC** ≥ cada año; CVi para detectar la reinfección en los pacientes previamente Ac(+). *Nota:* es apropiado considerar el cribado y tratamiento para VHC en *todas* las PID, independientemente del uso actual, ya que el tratamiento → RVPE en hasta el 95% de los pacientes con UDI activo/reciente (Lancet Gastroenterol Hepatol 2018;3:153-161)
- **VHB** (Ac/Ag de superficie + Ac central) y **VHA** (IgM/IgG); vacunación como se indica a continuación
- Se recomienda evaluar **TB latente** (con IGRA o DPP) si se pretende tratarla
- **Sífilis** ≥ cada año, o con mayor frecuencia según los factores de riesgo
  - **Vacunas: VHA/VHB** para todas las PID si no están inmunizadas (considerar la vacunación empírica si se desconoce el estado); asegurarse de que estén al día en las vacunas para la población general según las directrices del USPSTF, incluyendo tétanos, **PPSV-23** (si se consume mucho

tabaco/alcohol, hay enfermedad hepática/pulmonar), **meningococo** (si hay condiciones inadecuadas de vivienda), **VPH**, etc.

### Asesoramiento y coordinación de la atención
• **Alternativas más seguras a la inyección:** fumar (*beneficio:* rápida absorción/inicio), esnifar, ingerir (*beneficio:* efecto más duradero), enema (*bootybump:* administración v.r. de una solución de droga mediante jeringa sin aguja [*beneficio:* alta biodisponibilidad, inicio moderado del efecto])
  • **Prácticas de inyección más seguras:** lavarse las manos, limpiar con alcohol varios lugares antes de inyectar, hidratar y utilizar un torniquete para identificar/acceder a las venas de menor riesgo (evitar el cuello/ingle), utilizar una aguja nueva/estéril para cada inyección o enjuagar con lejía si es inevitable reutilizarla o compartirla
  • **Facilitar el acceso a los PSJE:** dependiendo de la ley de cada estado, las jeringas están disponibles a través de los programas locales de servicio de jeringas o sin receta en las farmacias; disponibles con receta en todos los estados → prescribir jeringas/agujas de insulina de 1 cm³ (no desmontables); preguntar al paciente sobre su preferencia de agujas. En general: i.v.: 1″/28-31 g; i.m.: 1.5-2″/25-27 g; s.c.: 5/16-1″/28-31 g
**Prevención de s/d:** educación respecto a s/d y suministro de naloxona; los espacios de consumo supervisado (sitios de prevención de s/d) ↓ las s/d; ↑ inyección más segura, vinculan con la atención (*Lancet* 2011;377(9775):1429-1437). *Véanse* los caps. 9 (TCO) y 17 (Reducción del daño)

### Tratamiento farmacológico
• **Naloxona:** recomendada para *todas las PID* (no solo usuarios de opiáceos); la mayoría de los estados permiten el acceso farmacéutico sin receta con un «pedido permanente» o una receta «de terceros» no médicos pero entrenados en s/d
• **Profilaxis previa a la exposición (PPrE):** indicada para PID que han compartido material de inyección en los últimos 6 meses; puede ser prescrita con seguridad por proveedores no identificados, incluyendo atención primaria y psiquiatría. La profilaxis postexposición (PPoE) puede estar indicada si la exposición es < 72 h (*véase* tabla **PPoE vs. PPrE**)

| PPoE vs. PPrE | | |
|---|---|---|
| | < 72 h desde la exposición | > 10-14 días desde la exposición |
| Tratamiento | PPoE (esquema con tres fármacos) | PPrE (esquema con dos fármacos) |
| Esquema recomendado | Fumarato de disoproxilo de tenofovir 300 mg/emtricitabina 200 mg (TDF/FTC) + dolutegravir 50 mg (DTG) c/24 h × 28 días | TDF/FTC c/24 h, continuo mientras persista el riesgo<br>Alafenamida de tenofovir (TAF)/FTC: alternativa si TFGe 30-60; no se ha estudiado en PID |
| Análisis de referencia | Ag/Ac VIH, ARN de VIH, AcS/AgS/AcC de VHB, TFGe | |
| Vigilancia | Ag/Ac de VIH a las 4-6 semanas, 3 meses, 6 meses | Ag/Ac de VIH c/3 meses, TFGe c/6 meses<br>Prueba de embarazo e ITS, según corresponda |

*Nota:* no hay datos suficientes para orientar la toma de decisiones en el caso de exposiciones que se produzcan durante > 72 h (fuera de la ventana de PPoE, pero dentro de los 10-14 días (ventana del VIH). Si NO se piensa que el pte tenga más exposiciones, es razonable esperar hasta que esté fuera de la ventana del VIH y repetir la prueba del virus, ya que no hay pruebas de que la PPoE disminuya el riesgo a > 72 h de la exposición. Si el pte tiene exposiciones frecuentes o continuas, las opciones incluyen: 1. Empezar la PPrE con seguimiento estrecho de las pruebas (riesgo de desarrollo de resistencia a los INRT si se es VIH[+]). 2. Empezar la PPoE y pasar a la PPrE si el paciente es seronegativo después de 28 días («PEP to PrEP») (Taylor JL, Walley AY, Bazzi AR. Stuck in the window with you: HIV exposure prophylaxis in the highest risk people who inject drugs. *Subst Abus.* 2019;40(4):441-443).

- **Medicamentos para el trastorno por consumo de opiáceos (MTCO):** considerar para los pacientes que se inyectan opiáceos, incluso si el objetivo no es el cese del consumo, ya que la metadona y la buprenorfina ↓ la frecuencia de inyección, la transmisión del VIH y del VHC, la s/d mortal/no mortal y la mortalidad general (*J Acquir Immune Defic Syndr 2014;66:288-293; Addiction 2014;109:2053-2059; Drug Alcohol Depend 2009;105:9-15*)
- **Cuidado de las lesiones:** Tx de celulitis con cobertura antibiótica para estreptococos y SARM; Tx de absceso con manejo local (I&D) *más* cobertura para SARM (*Clin Infect Dis 2014;59:e10-e52*); DxD para las lesiones infecciosas de la piel en las PID: tromboflebitis séptica, aguja retenida, fascitis necrosante, vasculitis (cocaína adulterada con levamisol), embolia periférica, insuficiencia venosa

## Introducción *(ASAM Principles of Addiction Medicine, 6.ª ed, capítulos 71 y 90)*

- Embarazo: puede ser un momento motivante para mejorar la salud, comprometerse con el cuidado de la salud y buscar tratamiento para el TCS. También puede ser un momento de desestabilización. Importante oportunidad de compromiso y necesidad de apoyo adicional
- Puerperio: mayor riesgo de recurrencia de TCS activo, incluyendo el TCO y las s/d
- Las barreras para la atención incluyen: estigmatización, vergüenza, traumas, acceso limitado a la atención especializada, transporte, cuidado de los niños y preocupaciones por la custodia y el traslado de los niños, enfermedad mental concomitante, inseguridad de vivienda, pobreza

## Epidemiología *(J Subst Abuse Treat 2011; Pediatrics 2018;141(4):e20170900; Substance Abuse and Mental Health Services Administration. Results from the 2019 Nat'l Survey on Drug Use and Health)*

- El 55% de las mujeres en edad reproductiva (15-44 años) consumen alcohol, el 17% fuman cigarrillos y el 17% consumen drogas
- ~5% de las personas embarazadas consumen ≥ 1 sustancia adictiva
- Tasa de embarazos no deseados en los EE.UU: 30-50% en la población general, 86% entre las personas que buscan tratamiento para un TCO
- La prevalencia del síndrome de abstinencia neonatal de opiáceos (SANO) y del síndrome de abstinencia neonatal (SAN) (término más general de exposición a opiáceos y sustancias adicionales) está aumentando: se incrementó > 5 veces la proporción de bebés nacidos con SAN de 2004 a 2014

## Contexto histórico *(Health Justice 2015;3:2; JAMA Netw Open 2020;3(5):e205734)*

- Varias leyes estatales penalizan el consumo de sustancias durante el embarazo (How States Handle Drug Use During Pregnancy: https://projects.propublica.org/graphics/maternity-drug-policies-by-state)
- Las respuestas políticas y publicitarias racistas al consumo de cocaína en las comunidades afroamericanas en la década de 1980-1990 demonizaron los partos de estas personas y crearon la falsa idea de que la exposición prenatal a la cocaína provocaba daño neurológico irreversible. En investigaciones posteriores se ha constatado claramente que esto no es cierto
- Se ha demostrado que las leyes que permiten la persecución penal alejan a las personas embarazadas de la atención médica, por ejemplo, evitando la atención prenatal, dando a luz fuera de las instituciones estatales y en casa
- En numerosas investigaciones se ha documentado la sobrerrepresentación de niños no blancos en el sistema de bienestar infantil, en comparación con su proporción en la población, con evidencia que muestra que los recién nacidos afroamericanos son remitidos con mayor frecuencia a los Servicios de Protección Infantil a pesar de unas tasas comparables de consumo entre las personas blancas
- También se han detectado desigualdades sociales en la recepción de tratamiento para las personas embarazadas con TCO; las mujeres embarazadas afroamericanas y las latinas/hispanas tienen menos probabilidades de recibir medicación para el TCO

## CONSIDERACIONES SOBRE EL CUIDADO PRENATAL

- El interrogatorio verbal sobre consumo de sustancias debe ser universal, realizarse en la primera visita prenatal y acompañarse de una IB para el consumo no saludable o la derivación a un Tx para el TCS (*véase* cap. 3)
- **Instrumentos validados:** T-ACE, TWEAK y AUDIT-C para el alcohol, 4P y SURP-P para cualquier sustancia

| 4P | |
|---|---|
| Progeni- tores | ¿Alguno de sus progenitores tenía problemas con el alcohol o el consumo de drogas? |
| Pareja | ¿Su pareja tiene problemas con el alcohol o las drogas? |
| Pasado | En el pasado, ¿ha tenido dificultades en su vida a causa del alcohol u otras drogas, incluidos los medicamentos recetados? |
| Presente | En el último mes, ¿ha bebido alcohol o consumido otras drogas? |

- Las pruebas toxicológicas no son para cribado y **NO** deben utilizarse en lugar de un instrumento de detección validado
- Las pruebas toxicológicas deben realizarse solo con un **consentimiento explícito**
- El objetivo del cribado es mejorar los resultados materno-infantiles mediante la vinculación al tratamiento, no castigar o perseguir a la paciente

### Modelo de atención prenatal
- La integración/ofrecimiento de tratamientos para el TCS y el tratamiento conductual en los entornos prenatales es rentable y mejora los resultados obstétricos y del TCS
- El modelo de programa de acceso único es una forma eficaz de abordar las necesidades de embarazadas y progenitores que consumen sustancias
  - Colaboración entre el OB y el profesional que trata el TCS
  - Los programas de tratamiento especializado en estancias para embarazadas/progenitores, concretamente los que proporcionan atención a sus bebés, están justificados económicamente porque los programas de tratamiento integral para esta población tienen éxito
- Se ha constatado que la atención prenatal rutinaria mejora los resultados de las pacientes que usan MTCO
- Reducir las barreras a la atención:
  - Detectar los determinantes sociales, ofrecer referencias/recursos para la inestabilidad de vivienda y la inseguridad alimentaria, abordar las necesidades de traslado con transporte financiado por el seguro, identificar estrategias para apoyar el cuidado de los niños durante las visitas
  - Apoyar el acceso a las organizaciones que atienden las necesidades prácticas inmediatas: vivienda segura, alimentos, ropa, problemas médicos, abandono de relaciones violentas y transporte. Desarrollar abordajes integrados de los servicios prenatales en todos los sistemas sanitarios y sociales, incluido el bienestar infantil
- Abordar las preocupaciones más frecuentes:
  - Vergüenza/culpa por el consumo de sustancias y el posible impacto en el feto, miedo a que el TAO provoque un síndrome de abstinencia neonatal, falta de aceptación por parte de la familia/amigos de la medicación para el consumo de sustancias y el tratamiento de la salud mental en el embarazo (especialmente el TAO), miedo a la participación de los

Servicios de Protección Infantil y a la posible pérdida de la custodia, deseo de dejar el TAO durante el embarazo
- Consultas prenatales con anestesiología (para revisar las opciones de gestión del dolor en el parto), pediatría/neonatología (para obtener más información sobre SANO/SAN y qué esperar en el hospital)

## Reducción del daño específica para el embarazo
- Se aplica el mismo abordaje a las mujeres embarazadas que a la población general (*véase* cap. 17)
- La vergüenza y el estigma impiden que las pacientes embarazadas busquen tratamiento y servicios de reducción del daño
- Quedar embarazada puede provocar emociones complejas (traumas, arrepentimiento, vergüenza, miedo, entusiasmo)
  - No todas las personas embarazadas están preparadas o pueden dejar de consumir sustancias
  - Todas quieren estar más seguras y no dañar a su hijo
- La administración de naloxona es adecuada para revertir la s/d en las pacientes embarazadas
- Considere también los preservativos, PPoE/PPrE, anticoncepción/período intergenésico más largo
- No acceder a los cuidados prenatales o de adicción conlleva peores resultados que el propio consumo de drogas
- Mejorar el compromiso: recurrir al apoyo de los compañeros, reducir las barreras eliminando el no consumo como requisito previo, crear servicios móviles, acordar con las ptes los objetivos. Las embarazadas no deben ser descartadas de la atención por TCS debido a su asistencia esporádica o por no permanecer libres de sustancias ilegales. En los casos en los que la suspensión sea inevitable, se debe hacer todo lo posible para facilitar su traslado a otro programa. A veces, exigir un nivel de atención más alto puede, en realidad, significar la ausencia de atención y conducir a peores resultados

---

# SUSTANCIAS ESPECÍFICAS

**Opiáceos** *(ACOG Committee Opinion No. 711, 2017; Substance Abuse and Mental Health Services Administration, 2019 National Survey on Drug Use and Health, 2020)*
- **Epidemiología:** el 0.4% de las personas embarazadas consumen opiáceos. Las tasas de SANO en los EE.UU. aumentaron de 1.5 a 6.0 casos por cada 1000 nacimientos en hospitales entre 1999 y 2013
- **Riesgos fetales/impacto en el embarazo**
  - El consumo de opiáceos ilegales sin Tx se asocia con los resultados del embarazo, a saber: ↑ riesgo de restricción del crecimiento fetal, desprendimiento de placenta, parto pretérmino (estimación de 29-41%), retraso de la expulsión de meconio y muerte fetal. Se cree que la fluctuación de la concentración de opiáceos de la madre provoca estrés en el feto debido a los ciclos rápidos de intoxicación/abstinencia (se cree que produce partos prematuros y abortos espontáneos)
  - La adicción no tratada en el embarazo se asocia con la participación en actividades de alto riesgo que exponen a las personas a infecciones locales y sistémicas (la complicación más frecuente del consumo) debido al uso de drogas i.v./in., ITS, violencia, sistemas de apoyo interrumpidos, consecuencias legales
  - Abstinencia neonatal de opiáceos (*véase* sección «Lactante» [SANO])
  - Un metaanálisis del impacto a largo plazo de la exposición a los opiáceos no es concluyente debido a factores de confusión (el tabaco en primer lugar)

- **Modalidades de tratamiento**
  - **TAO** = estándar de atención para reducir el riesgo de recurrencia del consumo activo de opiáceos y estabilizar el ambiente intrauterino de las fluctuaciones del uso ilegal y los Sx de abstinencia. Tanto la metadona como la buprenorfina son seguras durante el embarazo y la lactancia
  - **Metadona:** > 5 décadas de datos de seguridad. Los cambios fisiológicos en el embarazo ($\uparrow$ volumen plasmático, metabolismo hepático, depuración de fármacos) conducen a síntomas maternos de abstinencia, por lo que a menudo es necesario aumentar la dosis durante el embarazo (en especial en el 1.$^{er}$ y 3.$^{er}$ trimestre) para mantener la conc. terapéutica
    - Muchas mujeres se convierten en metabolizadoras rápidas en el embarazo y, por lo tanto, es preferible una dosis dividida para obtener los resultados maternos y fetales (metabolizadora rápida = relación máximo/mínimo de metadona > 2)
    - Las conc. séricas no predicen las necesidades de dosificación
    - Muchas pacientes mantienen artificialmente una dosis baja por miedo al SANO y por vergüenza. Asegurar a las pacientes que se requiere un aumento de la dosis, pero NO debido a un empeoramiento de la enfermedad. La dosis de metadona no se correlaciona con los síntomas del SANO
  - **Buprenorfina:** evidencia creciente de que causa SANO menos grave que la metadona. Algunas ptes necesitarán dividir la dosis a c/8 h o c/6 h o aumentar la dosis durante el embarazo debido a los cambios fisiológicos
    - Formulación de la buprenorfina: hay cada vez más datos de la seguridad de la buprenorfina/naloxona; las personas embarazadas pueden no necesitar la transición a la buprenorfina sola (SAMHSA 2018)
  - La elección del medicamento debe basarse en la preferencia de la pte, el acceso a las modalidades de Tx, la estabilidad materna (es decir, favorecer la metadona si requiere una dosis diaria supervisada)
  - No se recomienda la abstinencia controlada médicamente debido al alto riesgo de recurrencia; tratamiento de primera línea con TAO en el embarazo. Sin embargo, el TAO es voluntario. A pesar de la evidencia abrumadora de las ventajas del TAO en el embarazo, no se debe forzar a las pacientes para que sigan el tratamiento. Si una paciente desea retirarse del TAO, se debe obtener su consentimiento informado con asesoramiento sobre estrés fetal y riesgo de recurrencia
  - **Naltrexona:** no es de primera línea en el embarazo. Estudios en curso en los EE.UU. Los datos hasta ahora son tranquilizadores, aunque se necesitan más pruebas. Práctica actual para explorar el riesgo/beneficio individual y el potencial de desestabilización si se interrumpe la medicación. El tratamiento del dolor en el periparto es un reto potencial con los antagonistas; no existen guías universales. En este momento el consenso es cambiar de i.m. a v.o. a las 36 semanas

*Cannabis* (Am J Obstet Gynecol 2015;213(6):761; Substance Abuse and Mental Health Services Administration, 2019 National Survey on Drug Use and Health, 2020; National Institute on Drug Abuse. Marijuana Research Report, 2020)
- **Epidemiología:** el 5.4% de las mujeres embarazadas declaran haber consumido *cannabis*
- **Riesgos fetales/impacto en el embarazo**
  - El Δ9-tetrahidrocanabinol (THC), el principio activo de muchos productos de *cannabis*, atraviesa la placenta
  - No hay un patrón teratogénico único para el *cannabis*, pero en los estudios se han observado déficits de desarrollo neurológico en niños expuestos prenatalmente. La interpretación cautelosa es importante debido a los factores de confusión

- Posible pequeña reducción del crecimiento fetal y mayor riesgo de óbito fetal
- Efectos neonatales: deterioro del control regulatorio, incluyendo irritabilidad, temblores y alteraciones del sueño
- Los niños expuestos en el útero pueden tener un mayor riesgo de problemas de comportamiento y una menor capacidad de atención. En estudios observacionales se ha constatado que, de aquellos expuestos en el útero, durante la adolescencia tenían puntuaciones más bajas en las pruebas de resolución de problemas visuales, coordinación visuomotora y análisis visual vs. los no expuestos

- **Modalidades de tratamiento**
  - Se recomienda dejar de consumir durante el embarazo y la lactancia. Abordaje colaborativo para entender las razones del consumo continuo, atendiendo cualquier síntoma con los medicamentos con mejores datos de seguridad en el embarazo

**Tabaco** *(National Center for Health Statistics. 2018. NICHS Data Brief no 305. Tobacco and Nicotine Cessation During Pregnancy Committee Opinion CO Number 807, mayo 2020)*

- **Epidemiología:** en 2016, el 7.2% de las mujeres que dieron a luz fumaron cigarrillos durante el embarazo
  - La prevalencia del tabaquismo durante el embarazo fue mayor entre las que tenían entre 20 y 24 años (10.7%), las que se identificaban como indias americanas no hispanas o nativas de Alaska (16.7%) y las que tenían bachillerato completo (12.2%)
  - El 46% de las fumadoras pregestacionales dejan de fumar directamente antes o durante el embarazo, aunque muchas vuelven a hacerlo después del parto
- **Riesgos fetales/impacto en el embarazo**
  - Relación inversa entre el número de cigarrillos fumados al día y el peso al nacer
    - Los bebés pesan una media de 200 g menos que los recién nacidos de personas que no fumaban
    - Las diferencias de peso y longitud se resuelven al 1.<sup>er</sup> año de edad
  - La nicotina atraviesa la placenta y es activa en el SNC del feto
  - Se asocia con RCIU, placenta previa, desprendimiento de la placenta, disminución de la función tiroidea materna, RPM, bajo peso al nacer, mortalidad perinatal y embarazo ectópico
  - El 23-34% de los casos de SMSL pueden atribuirse al tabaquismo materno prenatal
- **Riesgo de abstinencia en el feto**
  - Nicotina = estimulante, los niños pueden estar irritables y ser difíciles de tranquilizar. Empeora el SAN
- **Modalidades de tratamiento**
  - Intervenciones conductuales de primera línea en el embarazo con EnM y TCC
  - La mayoría de los estados en los EE.UU. ofrecen servicios específicos para el embarazo a los que se puede acceder a través de la línea nacional para dejar de fumar: 1-800-QUIT NOW
  - **Terapia de reemplazo de nicotina:** el USPSTF encontró datos limitados sobre la seguridad y la eficacia en las mujeres embarazadas
    - Las revisiones recientes sugieren que la TRN se asocia con la disminución del consumo de tabaco en el embarazo, aunque los estudios están limitados por el incumplimiento y por la mala calidad de los datos
  - **Abordaje de reducción del daño:** cualquier cantidad de reducción de tabaco es un cambio positivo. Primer ensayo de reducción/abandono

con tratamiento conductual dada la evidencia limitada de la TRN en el embarazo. El uso de la TRN puede considerarse después de una conversación detallada con las ptes sobre los riesgos conocidos de seguir fumando y los posibles riesgos de la TRN

- **Vareniclina:** limitada evidencia de seguridad, pero no está contraindicada. En una revisión sistemática reciente no se constató un mayor riesgo de anomalías congénitas, bajo peso al nacer o nacimiento prematuro. En este momento no se recomienda la lactancia materna debido a la escasez de datos
- **Bupropión:** no está contraindicado, tiene más evidencia de seguridad que la vareniclina. Sin problema en la lactancia materna. En un pequeño estudio no se encontraron mejorías en las tasas de abstinencia al final del embarazo
- **Cigarrillos electrónicos:** no se recomienda el vapeo por la falta de evidencia en el embarazo, incluidos los saborizantes químicos

## Alcohol *(Harv Rev Psychiatry. 2015;23(2):112; Substance Abuse and Mental Health Services Administration. 2019 National Survey on Drug Use and Health. 2020)*

- **Epidemiología:** en 2019, ~9.5% de las mujeres de 15-44 años informaron haber consumido alcohol durante el embarazo, el 4.8% reconoció embriagarse y el 0.3% dijo beber en exceso (National Survey on Drug Use and Health)
- **Riesgos fetales/impacto en el embarazo**
  - El alcohol atraviesa la placenta y se encuentra en cantidades importantes en el líquido amniótico después de una sola dosis moderada. El hígado del feto no metaboliza tan eficientemente como el del adulto
  - SAF/TEAF/TN-EPA: dismorfología facial típica (hipoplasia mesofacial, surco nasolabial largo y liso, labio superior delgado, ojos pequeños y muy separados, pliegues epicánticos internos), restricción del crecimiento, incluyendo microcefalia relativa, SNC y alteraciones del neurodesarrollo
  - El consumo de alcohol durante el 1.$^{er}$ trimestre mientras se produce la organogénesis puede provocar alteraciones morfológicas
  - El cerebro y el sistema nervioso son los más sensibles a los efectos del alcohol → mala coordinación física, disminución de la función cognitiva y problemas sociales en niños de edad escolar, hiperactividad
- No se sabe cuál es una cantidad segura de alcohol durante el embarazo
- **Riesgo de abstinencia en el feto**
  - El síndrome de abstinencia de alcohol puede poner en peligro la vida de la madre y el feto
  - Las mujeres embarazadas con riesgo de abstinencia de alcohol deberían someterse a una abstinencia bajo control médico con benzodiazepinas, pues los beneficios superan los riesgos de la exposición a corto plazo
- **Tx farmacológico para el TCA (*véase también* cap. 8)**
  - **Disulfiram:** contraindicado durante el embarazo. Asociado con defectos de nacimiento específicos
  - **Acamprosato:** no hay estudios adecuados en mujeres embarazadas. Considerar si los posibles beneficios superan los riesgos potenciales para el feto (https://www.accessdata.fda.gov/drugsatfda_docs/label/2010/021431s013lbl.pdf)
  - **Naltrexona (v.o., i.m.):** no se han publicado estudios sobre la seguridad o la eficacia de su uso en el TCA en mujeres embarazadas. Los datos de los estudios en personas embarazadas con TCO tratadas con naltrexona no han mostrado efectos nocivos en los resultados del parto; se desconocen los efectos a largo plazo
- Los riesgos del consumo de alcohol deben valorarse cuidadosamente vs. los riesgos de los medicamentos

**Estimulantes** *(Clin Obstet Gynecol 2019;62(1):168-184; Substance Abuse and Mental Health Services Administration. 2019 National Survey on Drug Use and Health. 2020)*

TCS PERINATAL 19-127

- **Epidemiología:** < 1% de las personas embarazadas de 15 a 44 años consumen cocaína o metanfetaminas
- **Riesgos fetales/impacto en el embarazo**
  - COC: la droga activa y los metabolitos atraviesan la placenta. El hígado del feto no los metaboliza de forma eficaz
  - La exposición prenatal a la COC se asocia con nacimiento prematuro, bajo peso al nacer y bebés PEG
  - No hay pruebas convincentes de que la exposición prenatal a la COC esté asociada con efectos específicos del desarrollo. Muchos hallazgos que antes se consideraban efectos de la exposición prenatal a la COC se correlacionan con otros factores, especialmente la exposición al tabaco, el *cannabis* o el alcohol. Esto plantea una importante nota precautoria para la interpretación de todos los estudios observacionales de exposición prenatal a sustancias
  - El consumo de metanfetaminas se asocia con RCIU y con ser PEG
- **Riesgo de abstinencia para el feto**
  - El síndrome de abstinencia materno consiste en depresión y avidez
  - El síndrome de abstinencia por exposición intrauterina no está claramente definido, pero el recién nacido puede estar irritable, ser difícil de calmar y tener dificultades en la alimentación
  - La exposición a estimulantes puede empeorar la aparición del síndrome de abstinencia neonatal
- **Modalidades de tratamiento**
  - Similar al de las mujeres no embarazadas: intervenciones conductuales como primera línea
  - No hay fármacos aprobados por la FDA para el trastorno por consumo de estimulantes. Considerar el Tx del TDAH concomitante si está presente
  - Las personas embarazadas que interrumpen los estimulantes generalmente no requieren tratamiento farmacológico. Se pueden utilizar dosis bajas de una benzodiazepina si es necesario para la agitación/intoxicación
  - La falta de vivienda es un factor importante para el consumo continuo de estimulantes; debe abordarse con los recursos adecuados

## Otros/consumo de varias sustancias *(Drug Alcohol Depend 2018;192:45-50)*

- **Riesgos fetales/impacto en el embarazo**
  - Benzodiazepinas: riesgo teratogénico bajo. Pueden causar un tono muscular deficiente y depresión respiratoria en el neonato; es importante que los pediatras sean conscientes de la exposición al momento del parto. Trabajar con la pte para tratar la ansiedad con otras modalidades con el objetivo de obtener la menor dosis eficaz si se requieren BZD
  - Gabapentina: cada vez se usa más en pacientes con TCS; el objetivo es reducir la exposición del feto si es posible
- **Riesgo de abstinencia en el feto**
  - Individualmente, el síndrome de abstinencia neonatal remite espontáneamente y no requiere Tx. Sin embargo, cuando se combina con opiáceos, provoca un síndrome de abs. neonatal más grave y prolongado
- **Modalidades de tratamiento**
  - Las disminuciones rápidas de las BZD suelen ser ineficaces para las personas con dependencia a largo plazo. En el contexto adecuado, considerar la posibilidad de una reducción gradual de la dosis en régimen ambulatorio y Tx alternativo para la ansiedad (*véanse* caps. 5 y 10)
  - Si se requiere una reducción rápida, debe hacerse en un entorno supervisado similar al del Tx de la abs. de alcohol

# TRASTORNOS MENTALES COMÓRBIDOS

*(Co-occurring Mental Health Conditions in Pregnant Women with Opioid Use Disorders, 2018)*

- **Epidemiología**
  - Los trastornos mentales son mayores en embarazadas con TCS que sin él
  - Las personas con TCO tienen mayor riesgo de padecer TEPT, ansiedad, depresión y trastornos de la personalidad
  - Las embarazadas con TCS tienen tasas de depresión concomitante del 40-73%. El 50% fueron Dx con depresión 6 semanas después del parto. Los estudios en personas con TCO y depresión (Tx con metadona) tienen menos cumplimiento terapéutico y mayor consumo de drogas
- **Problemas específicos de salud mental:** se deben equilibrar los riesgos para la madre/feto de un trastorno no tratado con el riesgo de exposición fetal a la medicación cuando se comienza o se continúa con la medicación psicotrópica durante el embarazo
  - **TDAH:** los medicamentos mejor estudiados en el embarazo son el metilfenidato y la atomoxetina. Los tratamientos conductuales son el pilar durante el embarazo. Los Tx farmacológicos por lo regular no son de primera línea durante el embarazo; rara vez es una afección que amenace la vida. El objetivo es reducir la exposición a menos que altere la función; la decisión debe ser tomada con el psiquiatra tratante
  - **TDM:** la depresión no tratada durante el embarazo se asocia con bajo peso al nacer y parto prematuro. La depresión también se asocia con factores de riesgo que afectan los resultados del embarazo, como el consumo de sustancias, la HTA, la diabetes gestacional y la preeclampsia
  - **ISRS =** clase de medicamentos más estudiada, la mayoría de los cuales se consideran seguros en el embarazo en la mayoría de los estudios. La combinación de TCC y medicación durante el embarazo y el posparto es más eficaz que cualquiera de las dos por separado

## Trauma/trauma del parto/trauma por los CPS *(JAMA Psychiatry 2014;71(8):897-904; Reprod Health 2019;16(1):77; Trauma-Informed Maternity Care in Trauma-Informed Healthcare Approaches, 2019; J Environ Res Public Health 2020;17:44)*

- Las mujeres embarazadas con TEPT tienen un mayor riesgo de embarazo ectópico, aborto espontáneo, hiperemesis, contracciones prematuras y parto prematuro
- La VP ocurre en tasas de hasta el 34% en el caso de las embarazadas que consumen sustancias (en comparación con el 6% en la población general)
  - Las herramientas de detección de la VP incluyen WAST, EAA y HARK
  - Un cribado positivo o una sospecha deben desencadenar la derivación (p. ej., la línea telefónica nacional de violencia doméstica 1.800.799.SAFE para los EE.UU.). La decisión de dejar una relación violenta es compleja, y al principio puede poner a la persona en mayor peligro. Ofrezca recursos y deje que la paciente dirija
- Traumas en el sistema de salud: las embarazadas con TCS se enfrentan a altos grados de estigmatización y juicio por parte de la sociedad y los profesionales de salud. A pesar de la creciente aceptación del modelo de enfermedad crónica para el TCS, muchos proveedores siguen teniendo opiniones negativas sobre la atención a las embarazadas que consumen drogas y pueden carecer de formación y apoyo para atender eficazmente a la población
- **Atención con conocimiento de los traumas**
  - Reconocer la prevalencia y el impacto generalizado del trauma en las vidas de las personas con TCS, los signos y síntomas del trauma, así como desarrollar servicios sensibles al trauma o que respondan a él integrando el conocimiento sobre el tema en las políticas, procedimientos, prácticas y entornos

- Utilizar un abordaje basado en los puntos fuertes y validar la resiliencia
- Abordar los determinantes sociales de la salud
- Prenatal: el embarazo puede revivir traumas pasados, incluidos los sexuales, pérdidas fetales anteriores, separación de hijos anteriores, traumas asociados con la atención sanitaria. Pida siempre permiso, ofrezca opciones, vaya despacio en los encuentros potencialmente desencadenantes/invasivos (p. ej., anamnesis detallada, exploración)
- Periparto: considerar el impacto del abuso sexual y el historial de traumas en el parto. Afroamericanas, indígenas y latinas experimentan mayores tasas de falta de respeto y maltrato durante el parto. Apoyar el apego inmediato entre los progenitores y el bebé
- Posparto: mantener a la familia unida durante la estancia en el hospital, incluyendo el alojamiento. Considerar la relación entre el trauma y la lactancia materna, en particular con las personas *trans*, para quienes la lactancia materna puede provocar sentimientos de disforia de género
- Evaluar la depresión posparto y trastornos del estado de ánimo; más probable en casos con Hx de traumas

## COMORBILIDADES MÉDICAS

### VHC (https://www.hcvguidelines.org/unique-populations/pregnancy. Clin Infect Dis. 2014;59(6):765-73)

- Riesgo de transmisión vertical: cerca de 4-8% por embarazo. El riesgo es mucho mayor si la embarazada tiene una carga vírica elevada; la coinfección con el VIH duplica la tasa de transmisión hasta el 8-15%. Actualmente no existe ninguna profilaxis para proteger al recién nacido de la infección
- Tratamiento del VHC: no se recomienda en el embarazo/lactancia debido a la falta de evidencia de seguridad/eficacia para reducir la transmisión. Las personas que quedan embarazadas durante el tratamiento deben ser derivadas al especialista
- Realizar un cribado prenatal inicial con anticuerpos anti-VHC y un seguimiento con ARN del VHC si este es Ac(+). Considerar la posibilidad de repetir con nuevas exposiciones en el 3.er trimestre. El ARN del VHC alcanza su punto máximo en el 3.er trimestre
- Lactancia segura/recomendada con VHC(+): evitar cuando los pezones están agrietados/sangrantes
- La eliminación espontánea puede ocurrir después del parto
- Pruebas recomendadas para los bebés expuestos en el útero: Ac anti-VHC en aquellos > 18 meses de vida
- Los tratamientos contra el VHC está disponibles para niños mayores de 3 años

### VIH (https://clinicalinfo.hiv.gov/en/guidelines/perinatal/whats-new-guidelines. J Int AIDS Soc. 2020;23.e25426)

- La tasa de transmisión del VIH sin tratamiento es de ~25%; con carga vírica deprimida (< 200 copias/mL) es < 5% (CDC)
- Se recomienda el cribado al inicio de la atención y en el 3.er trimestre o si hay una nueva exposición
- Considerar PPoE/PrEP para quienes tienen factores de riesgo. Los estudios iniciales excluían a las mujeres embarazadas, pero en la actualidad hay cada vez más evidencia sobre la seguridad en el embarazo

### VHB (https://www.cdc.gov/hepatitis/hbv/perinatalxmth.htm. Ann Intern Med. 2014;160:828-35)

- En todas las embarazadas debe hacerse la prueba de detección de HBsAg
- Prevalencia estimada del 0.7-0.9% para la infección crónica por hepatitis B entre todas las personas embarazadas de los EE.UU.
- Las PID corren un mayor riesgo de contraer el VHB al compartir materiales; verificar que estén inmunizadas y, en casos contrario, vacunarlas

- El embarazo no es una contraindicación para la vacuna contra el VHB
- El VHB perinatal/neonatal tiene más probabilidades de provocar una infección crónica y sus riesgos de enfermedad a largo plazo. La infección crónica por hepatitis B se desarrollará hasta en el 90% de los neonatos expuestos que no reciban la inmunoprofilaxis adecuada

### Dolor crónico concomitante *(The Opioid Epidemic and Pregnant Women, 2018; Medical Comorbidities in Women with Opioid Use Disorders in Pregnancy, 2018)*

- El dolor crónico puede empeorar en el embarazo. El embarazo aumenta la tensión en el sistema locomotor → lumbalgia
- Pocos analgésicos no opiáceos son seguros en el embarazo. Aumentar los Tx adyuvantes contra el dolor: fisioterapia, masaje, estimulación nerviosa eléctrica transcutánea, fármacos no opiáceos, etc.
- Las personas que toman buprenorfina o metadona pueden aprovechar las ventajas de la dosificación dividida para mejorar el efecto analgésico

---

## ATENCIÓN DEL PARTO/PERIPARTO

### Trabajo de parto *(J Interpers Violence. 2003;18(7):760-780. The ASAM Principles of Addiction Medicine. Wolters Kluwer, 2019)*

- El proceso de parto puede desencadenar traumas pasados; hay que enfocarse en un parto con trauma conocido, promover la autonomía, ofrecer opciones, explicar las intervenciones
- El modo del parto debe basarse en consideraciones obstétricas
- **Atención con trauma conocido** *(Obstet and Gynecol Dec 2018;132(6):1461-1468)*
  - Comunicación clara sobre los antecedentes entre los profesionales de atención prenatal y el equipo de parto
  - Control sobre quién estará presente durante las exploraciones del cuello cervicouterino
  - Control sobre la exposición de su cuerpo durante el parto
  - Evitar el lenguaje que sirva de recordatorio estresante del trauma
  - Preguntar por las preferencias de la pte en cuanto al sexo del profesional sanitario
  - La lactancia materna puede ser curativa y fortalecedora

### Tratamiento del dolor periparto *(Clin J Pain 2002;18(4 Suppl):S61-9; Ann Intern Med 2006;144(2):127-34)*

- Evitar el butorfanol y los agonistas parciales de opioides en las personas que toman MTCO
- Continuar con el agonista opioide de la paciente durante el curso del parto y en el puerperio
  - Educar a las pacientes que toman metadona sobre la necesidad de una estrecha vigilancia en el puerperio, por el riesgo de sobresedación debido a los cambios fisiológicos. No hay evidencia para el cambio de % estándar, los ajustes de dosis deben basarse en la presentación clínica
  - La medicación de mantenimiento para el TCO no alivia el dolor agudo
  - Advertencia: dividir la dosis diaria de buprenorfina c/6 h o de metadona c/12 u 8 h puede aprovechar las propiedades analgésicas de la medicación. Sin embargo, este ajuste debe ser una decisión compartida con la paciente y no es obligatoria
- La medicación para el dolor no debe ser negada por la presencia de un TCS actual o pasado. El Tx del dolor agudo no empeora el TCO
- Se recomienda la consulta de anestesia prenatal para revisar las opciones de Tx del dolor; algunas pacientes desean evitar la exposición a los opiáceos, mientras otras desean todas las modalidades de Tx contra el dolor. Los pacientes con TCO tienen mayor sensibilidad al dolor y menor

tolerancia a este; a menudo requieren dosis más altas para lograr el mismo efecto analgésico (similar a las personas no embarazadas)
- Con dolor desproporcionado: considerar un diagnóstico alternativo al del parto (p. ej., infección bacteriana grave)

# LACTANTES

**SAN** (síndrome de abstinencia neonatal) **y SANO** (síndrome de abstinencia neonatal de opiáceos) (Pediatrics 2014;134;e547-61; N Engl J Med 2010;363(24):2320-31; Pediatrics 2020;146(5):2020029074)

- **Definición:** síndrome de abstinencia fisiológica experimentada por el neonato debido a la exposición *in utero* a opiáceos solos (SANO) y a la exposición a varias sustancias (SAN)
- **Epidemiología:** las tasas de SANO/SAN en los EE.UU. han aumentado debido a la mayor prevalencia de TCO
  - Hay que tranquilizar a las personas embarazadas que estén pensando en empezar (o en seguir) el TAO, ya que el síndrome de abstinencia neonatal es un efecto secundario a corto plazo, esperado y tratable, de la medicación. Se recomienda el TAO como 1.ª línea para el Tx del TCO en el embarazo. La presencia de los progenitores es el Tx de 1.ª línea para el síndrome de abstinencia neonatal. Entre el 60 y 80% de los lactantes con exposición intrauterina a los opiáceos tendrán SANO
- **Síntomas:** escasa ganancia de peso, inestabilidad de la FC (también FR y temperatura), hiperactividad, irritabilidad, hipertonía o hipotonía, dificultad para succionar o succión excesiva, alteración del sueño y llanto agudo
- **Cronología**
  - Si los síntomas aparecen en <24 h, considere una causa alternativa, p. ej., nicotina, exposición/abs. de otros medicamentos. Descartar causa médica alternativa
  - La abstinencia de opiáceos de acción corta (heroína/fentanilo) suele observarse en 48-72 h
  - La abstinencia de buprenorfina y metadona no suele comenzar hasta las 72 h
- **Gravedad**
  - En un extenso metaanálisis no se encontró relación entre la dosis de metadona y la gravedad del SANO
  - La buprenorfina puede provocar un síndrome de abstinencia neonatal menos grave que la metadona
  - Los estudios han demostrado que el SANO puede verse exacerbado por la separación de la díada madre-lactante, el entorno sobreestimulante de la UCIN y el cuidado por parte de personas extrañas
  - Los lactantes que se alojan en una habitación en lugar de ser trasladados a la UCIN para su observación tienen menos probabilidades de necesitar tratamiento con morfina
- **Tratamiento:** los hospitales deben abordar la evaluación y el tratamiento del SAN/SANO de forma estandarizada. En la actualidad, el tratamiento varía en los EE.UU. Muchos hospitales siguen utilizando alguna versión de la puntuación de Finnegan, mientras que otros han cambiado a la más novedosa «Comer, dormir, consolar» (ESC, *eat, sleep, consolo*) para la supervisión. Algunos han pasado de la dosificación de opioides fija a la PRN
  - **Todos los recién nacidos expuestos a sustancias tienen derecho a una intervención temprana**
- *Los posibles efectos a largo plazo de la exposición a sustancias en el útero son difíciles de estudiar debido a las diversas variables de confusión, como la exposición a muchas sustancias (incluida la nicotina y el alcohol) y los factores de estrés social/ambiental que se sabe afectan los resultados a largo plazo*

## ASUNTOS JURÍDICOS PERINATALES: PLAN PARA UNA ATENCIÓN SEGURA/CAPTA

*(Parental Drug Use as Child Abuse, 2016)*

- Los estados de los EE.UU. varían en su abordaje sobre el consumo de sustancias durante el embarazo (*véase «Contexto histórico»*)
- La Federal Child Abuse Prevention and Treatment Act (CAPTA) exige a los estados que dispongan de políticas y procedimientos para notificar recién nacidos expuestos a sustancias
  - Plan de atención segura (PAS) = documento creado conjuntamente entre la persona embarazada/familiar y su proveedor médico. Este documento ayuda a las personas embarazadas a identificar los servicios o apoyos que les pueden resultar útiles, a registrar sus preparativos para ser madres y a organizar la atención y los servicios que están recibiendo
  - Es requisito de la legislación federal tener un PAS en el parto. Sin embargo, no existe obligación de compartirlo con los CPS
- La obligación de informar a los CPS de recién nacidos expuestos a sustancias varía de un estado a otro, por lo que los médicos deben estar familiarizados con la legislación de su estado

## CRIANZA DE LOS HIJOS

*(Obstet Gynecol 2018 Aug;132(2):466-74)*

- Los primeros años de crianza implican un alto riesgo de recurrencia del TCS, incluyendo s/d de opiáceos
- El acceso a un nivel de atención adecuado puede ayudar a proporcionar la estructura de apoyo necesaria y al mismo tiempo permite a las familias permanecer juntas (p. ej., estancia familiar, vivienda de apoyo y tratamiento ambulatorio continuo)
- Estos progenitores son menos propensos a participar en el tratamiento por consumo de sustancias debido al temor de que les quiten a sus hijos y a las responsabilidades que les competen
- Comprender el papel de los proveedores en la notificación del consumo de sustancias por parte de los progenitores es complejo
  - No todo el consumo de sustancias por parte de los progenitores es abuso y negligencia, aunque dicho consumo de sustancias puede poner a los niños en riesgo de abuso/negligencia
  - Las consecuencias de implicar a los CPS deben sopesarse con el hecho de informar «para estar seguros»
  - Los informes y la implicación de los CPS afectan de manera desproporcionada a los progenitores no blancos, así como a los que se encuentran en situación de pobreza
  - Los proveedores de salud tienen la responsabilidad ética de desaconsejar la separación de los progenitores de sus hijos únicamente por el TCS
- La respuesta del proveedor a la recurrencia del consumo en las personas que crían requiere una evaluación de la seguridad que incluya los detalles de la recurrencia del consumo, el riesgo y los factores de protección del individuo y de la familia
  - Implicar al equipo multidisciplinario para apoyar a la familia puede aliviar la labor del proveedor médico y mejorar el acceso a apoyos cada vez mayores
  - Garantizar que los progenitores tengan acceso a un tratamiento comprobado científicamente (incluidos los MTCO)

- El mayor temor de los progenitores es la separación de la familia; el objetivo común debe ser mantener a la familia sana y salva, unida siempre que sea posible, así como aportar recursos que lo hagan posible

## LACTANCIA MATERNA

(PEDIATRICS 2012;129:e827; BREASTFEED MED 2015;10(1):135; PEDIATRICS 2016;142(3):e20183869)

- Es importante considerar la estabilidad materna (actualmente no hay guías universales sobre el tiempo transcurrido desde el consumo de drogas ilegales), las preferencias de la paciente y los datos sobre la seguridad de la exposición a la sustancia por el recién nacido
- Se debe aconsejar a las madres que dejen de amamantar ante cualquier recurrencia en el consumo de sustancias no recetadas
- Se recomienda encarecidamente la lactancia materna a las personas que reciben MTCO y cumplen los criterios anteriores
  - Los estudios muestran disminución de la gravedad del SANO con la lactancia materna (se piensa que es un indicador de la presencia materna)
  - Se han encontrado cantidades insignificantes de buprenorfina y metadona en la leche materna. Información actual sobre cada uno de los medicamentos y la lactancia materna: U.S. National Library of Health, National Institute of Health, U.S. Department of Health and Human Services, "LactMed" http://toxnet.nlm.nih.gov/newtoxnet/lactmed.htm
  - Recomendar una conversación compartida con el prescriptor y el pediatra para aquellas madres que toman benzodiazepinas, estimulantes y otros medicamentos y que desean amamantar
- *Cannabis*: actualmente no se recomienda la lactancia materna. Las madres que amamantan deben ser aconsejadas para que reduzcan o eliminen su consumo de *cannabis*
  - En un estudio del 2018 con mujeres en período de lactancia que declararon haber consumido *cannabis*, se encontró que el $\Delta 9$-THC era detectable en el 63% de las muestras de leche materna ~6 días después del último consumo informado
- Tabaco: la mayoría de las fuentes respaldan la promoción de la lactancia materna en caso de tabaquismo materno, mientras se apoye enérgicamente el abandono del tabaco. La incidencia de la alergia respiratoria en los lactantes y del SMSL son solo dos riesgos importantes bien conocidos de la exposición de los lactantes al humo ambiental del tabaco. La TRN es compatible con la lactancia materna
- Alcohol: es probable que el consumo de alcohol de bajo riesgo no esté contraindicado en la lactancia materna. El consumo excesivo de alcohol ($>$ 5 bebidas) interfiere con el reflejo de eyección de la leche y puede reducir su producción. La conc. de alcohol en la leche materna es paralela a la de la PAS materna (p. ej., después de 2 bebidas estándar la conc. de alcohol en la leche materna sería de ~0.05 para una persona de 68 kg, comparable a la de un jugo de naranja). Los estudios que evalúan los efectos del consumo de alcohol por parte de la madre son en su mayoría contradictorios y se desconocen los efectos a largo plazo del alcohol en la leche materna
  - Si una persona en período de lactancia consume alcohol, se recomienda limitar la ingesta a dos bebidas estándar o menos
  - En los EE.UU. no se recomienda la lactancia materna si se es VIH($+$) (CDC, AAP)
- Las mujeres con VHB o VHC pueden amamantar siempre que el pezón y la aréola circundante no estén agrietados o sangrando, para evitar el contacto directo con la sangre materna

# ATENCIÓN DE ADOLESCENTES Y ADULTOS JÓVENES CON TRASTORNO POR CONSUMO DE SUSTANCIAS

## CONSIDERACIONES ACERCA DEL DESARROLLO

**Epidemiología** (*JAMA Pediatr* 2018;172:11; National Survey on Drug Use and Health 2019; Monitoring the Future 2020; *Journal of Adolescent Health* 2021;68:632)

- En **2019**, el 17.2% de los jóvenes de 12-17 años declararon haber consumido sustancias ilegales en el último año
  El 3.6% cumplía los criterios de un TCS ilegales
- Solo el 15% de los adolescentes que necesitan tratamiento para el TCS reciben atención
  - El 76% de los jóvenes de 13-17 años diagnosticados con TCO reciben algún tipo de tratamiento. Sin embargo, solo el 5% recibe MTCO, los cuales se relacionan con una mayor permanencia en el tratamiento. En la actualidad, en los EE.UU., la buprenorfina solo está aprobada por la FDA para adolescentes ≥ 16 años y la metadona está aprobada para adolescentes < 18 años solo después de dos intentos de Tx que no hayan incluido MTCO, aunque varias guías clínicas recomiendan los MTCO, sin restricción de edad, para los adolescentes que cumplan los criterios de TCO

| Encuesta nacional de seguimiento a futuro: consumo de sustancias declarado entre alumnos de 8.° a 12.° grado en los EE.UU. (2019) | | |
|---|---|---|
| **Sustancia** | **Prevalencia de consumo de por vida** | **Prevalencia de consumo en los últimos 30 días** |
| Alcohol | 41.5% | 18.2% |
| *Cannabis* | 30.6% | 15.6% |
| Cigarrillos | 15.3% | 3.7% |
| Vapeador (THC, nicotina o saborizantes) | 36.7% | 22.5% |
| Opiáceos distintos a la heroína | 5.3% (entre alumnos del 12.° grado) | 1% (entre alumnos del 12.° grado) |
| Heroína | 0.6% | 0.2% |
| Cocaína | 2.4% | 0.6% |
| Anfetaminas (sin receta) | 7.6% | 2.2% |
| Alucinógenos | 4.6% | 1.2% |

**Neurobiología** (SAHMSA BHSIS Series S-75, 2015; *Med Clin N Am* 2018;102:603)

- **Neurofisiología:** el sistema dopaminérgico (la «vía de recompensa» del cerebro) madura más rápido que la corteza prefrontal (sitio de la función ejecutiva y la regulación del comportamiento), lo que da lugar a comportamientos más impulsivos y aumenta la vulnerabilidad a los efectos reforzadores de las sustancias

- **Riesgo**
  - El consumo de sustancias en la adolescencia probablemente altere las vías neurológicas en desarrollo, lo que predispone a futuros TCS, además de los daños a corto plazo
  - Nueve de cada 10 adultos con TCS actual empezaron a consumir con < 18 años
  - ↑ **riesgo futuro de TCS con:** frecuencia de uso, menor de edad al momento del primer consumo, Hx familiares y genéticos de TCS, gravedad de la intoxicación o síntomas de abs., alteraciones médicas o mentales comórbidas, s/d no intencional

---

## CRIBADO, INTERVENCIÓN BREVE Y DERIVACIÓN A TRATAMIENTO

### Factores de protección y factores de riesgo (Child Adolesc Psychiatr Clin N Am 2016;25:387)

- **Factores de protección del consumo de sustancias:** alta autorregulación emocional, habilidades para resolver problemas y enfrentarlos, participación en comunidades y actividades prosociales (escuela, actividades extracurriculares, atletismo), estructura familiar estable, supervisión de los cuidadores primarios, relaciones de apoyo, expectativas claras, mentores disponibles, seguridad física/psicológica, religiosidad/espiritualidad
- **Factores de riesgo del consumo de sustancias:** Hx de EIA, trastornos mentales/conductuales, consumo temprano de sustancias, consumo de sustancias por la familia/compañeros, fácil acceso a sustancias, participación limitada de los cuidadores primarios, actitudes favorables hacia las drogas (individuales y de compañeros), consumo normalizado de sustancias

### Paso 1: cribado (JAMA Pediatr 2014;168:822)

- **Cribado:** recomendado parte de la atención sanitaria anual de los adolescentes por la AAP y los SAMHSA
- **Herramientas de cribado breves y validadas:** S2BI (https://www.drugabuse.gov/ast/s2bi/#/) y BSTAD (https://www.drugabuse.gov/ast/bstad/#/)
- Las herramientas en línea pueden ser contestadas por el paciente o el proveedor y proporcionan orientación para los siguientes pasos
- **S2BI:** «En el ÚLTIMO AÑO, ¿cuántas veces ha consumido tabaco, alcohol, marihuana?» (preguntar a cada adolescente por separado)
  *Respuestas: nunca, una o dos veces, mensualmente, semanalmente o más*
  Si se consume, pregunte: «En el ÚLTIMO AÑO, ¿cuántas veces ha consumido?»:
  - Medicamentos controlados que no le han sido recetados (como analgésicos o metilfenidato)
  - Drogas ilegales (como la cocaína o el éxtasis)
  - Inhalantes (como el óxido de dinitrógeno)
  - Hierbas o drogas sintéticas (como «salvia», «K2» o sales de baño)
  *Respuestas: nunca, una o dos veces, mensualmente, semanalmente o más*

### Paso 2: evaluación del riesgo (Arch Pediatr Adolesc Med 1999;153:591; Subst Abuse 2014;35:376)

- **Si contesta que «sí» a alguna de las preguntas de S2BI:** utilice una herramienta validada como la evaluación CRAFFT:
  - C: ¿Ha viajado alguna vez en un automóvil (CAR) conducido por alguien (incluido usted mismo) que estaba «drogado» o había consumido alcohol o drogas?
  - R: ¿Alguna vez ha consumido alcohol o drogas para RELAJARSE, sentirse mejor consigo mismo o encajar en un grupo social?

> *A:* ¿Alguna vez ha consumido alcohol o drogas cuando está solo (ALONE)?
>
> *F:* ¿Alguna vez ha olvidado (FORGET) las cosas que hizo mientras consumías alcohol o drogas?
>
> *F:* ¿Su FAMILIA o amigos le han dicho alguna vez que debería reducir su consumo de alcohol o drogas?
>
> *T:* ¿Se ha metido alguna vez en problemas (TROUBLE) mientras consumías alcohol o drogas?
>
> Nota: *dos o más respuestas sí sugieren un TCS.*
>
> *CRAFFT disponible para iPAD en app.junohealth.org*

- **Riesgo de TCS**
  - *Riesgo bajo:* no se consumen sustancias y se respondió «no» a la pregunta sobre conducir «drogado»
  - *Riesgo moderado:* consumo de sustancias y puntuación CRAFFT 0-1
    - Puntuación CRAFFT 1: Sen. 94% y Esp. 74% para el consumo riesgoso o cualquier síntoma de TCS en el *DSM-5*
  - *Riesgo alto:* consumo de sustancias y puntuación CRAFFT $\geq 2 \rightarrow$ evaluar el riesgo agudo de daño y el grado de motivación para el cambio
    - Puntuación CRAFFT $\geq 2$: Sen. 91% y Esp. 93% para el diagnóstico de TCS según el *DSM-5*
- **Riesgo agudo de daño con:** mezcla de sedantes, uso de inyecciones, uso frecuente/excesivo, síntomas de abstinencia, conducción bajo efectos, historial de visitas a urgencias por problemas de drogas o abstinencia bajo supervisión médica

## Paso 3: intervención breve (Pediatrics 2016;138:e20161211)

- **Objetivos de la intervención breve (IB):** revisar los resultados del cribado y el riesgo de TCS, proporcionar asesoramiento sobre el riesgo, recomendar claramente el cese del consumo, promover declaraciones de automotivación, fomentar la autoeficacia
- **Evaluar los efectos del consumo:** cambios de comportamiento/estado de ánimo, cambios en el apetito/sueño, problemas escolares, pérdida de interés en las actividades
- **Adaptar la IB a los efectos y a la etapa de consumo**
  - *Sin consumo:* utilizar el refuerzo positivo y la educación de pacientes/cuidadores primarios para prevenir el inicio del consumo de sustancias
  - *Consumo sin trastorno:* aconsejar el cese de consumo, destacar los puntos fuertes del paciente, asesorar sobre los daños médicos del consumo de sustancias
  - *TCS leve-moderado:* explorar el grado de comprensión del pte de los problemas asociados con el uso, aconsejar claramente dejar de consumir, asesorar sobre los daños médicos del uso, negociar un plan para reducir o dejar de consumir, derivar a Tx, considerar la participación de la familia
  - *TCS grave:* derivar a Tx, implicar a la familia, hacer un seguimiento estrecho para ofrecer apoyo y asegurar que se recibe tratamiento
  - Nota: *la gravedad del trastorno por consumo de sustancias está determinada por los criterios del DSM-5;* véase el *capítulo 3*

## Paso 4: derivar a tratamiento

- Remitir a los jóvenes con TCS a Tx en el entorno menos restrictivo posible
- **Objetivos generales del Tx:** empezar pronto, mantener un desarrollo adecuado, centrarse en los jóvenes pero incorporar a cuidadores y sistemas de apoyo, abordar el contexto biopsicosocial del consumo y los trastornos mentales comórbidos, incluir la reducción del daño
- **Gestión del riesgo agudo de daño:**
  Referir urgentemente al nivel de atención adecuado
  Acuerdo con el paciente para no consumir sustancias

Notificar del riesgo a los cuidadores primarios (*véase* más adelante sobre la confidencialidad) y pedirles que vigilen al paciente de cerca

Proporcionar a los cuidadores primarios orientación y recursos para responder a la intoxicación aguda con alteración del estado mental, autolesiones, comportamientos anómalos o peligrosos

## OPCIONES DE TRATAMIENTO PARA LOS JÓVENES

### Acceso al tratamiento (J Adolesc Health 2020;67(4):542)

- ¼ de los centros de Tx de adicciones de los EE.UU. ofrecen programas para adolescentes. El 23.1% de ellos ofrecen medicamentos para el TCO

### Niveles de atención (Pediatrics 2016;138:e20161211)

- **Para determinar el nivel de atención:** evaluar la seguridad y el apoyo de la escuela/familia/comunidad, la gravedad del consumo, el riesgo de Sx de abs.; el objetivo es derivar al entorno menos restrictivo
- **Pte ambulatorio:** terapia grupal, individual o familiar con las modalidades basadas en la evidencia descritas a continuación y en el capítulo 21
- **Programa ambulatorio intensivo (PAI):** programas estructurados en torno a la escuela/trabajo que combinan grupos educativos, prevención de recaídas, habilidades para la vida, gestión de situaciones, FDP, planificación de cuidados posteriores con terapia de grupo, familiar e individual para atender a quienes no necesitan servicios de hospitalización pero son demasiado complejos para el tratamiento ambulatorio
  *Estructura:* 2-3 h/día, 2-5 días/semana, durante 1-3 meses
- **Programa de hospitalización parcial (PHP):** programas ambulatorios breves y completos que combinan supervisión médica y terapia individual/de grupo para quienes requieren una atención más concentrada e intensiva
  *Estructura:* 7-8 h/día, ≥ 5 días/semana, durante 1-3 meses
- **Abs. con supervisión médica:** programa corto de hospitalización para controlar los Sx de la abs. (p. ej., del alcohol o las benzodiazepinas). Alta a un programa de Tx ambulatorio o en alguna estancia
- **Terapia en estancia:** ambiente altamente estructurado con terapia individual y de grupo, atención médica y psicológica, educación para lograr y mantener el cese del consumo para aquellos con uso intenso de sustancias
  *Estructura:* programa de corta duración: < 30 días. Programa a largo plazo: ≥ 30 días
- **Internado terapéutico:** personal profesional que proporciona supervisión constante en un entorno altamente estructurado con terapia individual y de grupo, además de los servicios educativos habituales

### Tratamiento conductual (J Clin Child Adolesc Psychol 2008;37:238;J Clin Child Adolesc Psychol 2018;47:499; drugabuse.gov/publications 2020)

- **Terapia cognitivo-conductual (TCC):** proporciona una estructura para entender los patrones de consumo con el objetivo de desarrollar estrategias de afrontamiento para controlar la avidez
  *Estructura:* utiliza tareas de resolución de problemas, juegos de rol y entrenamiento de habilidades en sesiones secuenciales con un guión estricto para cambiar el comportamiento en torno al consumo de sustancias
  *Evidencia:* tratamiento de primera línea asociado con ↓ de 90 días a 6 meses en el uso de sustancias
- **Terapia de mejoría motivacional (TMM):** técnica de asesoramiento para entablar un debate en torno a la ambivalencia para cambiar el consumo
  *Estructura:* cuatro sesiones para evaluar la motivación para participar → desarrollar el deseo de tratamiento a través de una retroalimentación no confrontativa

*Evidencia:* tratamiento de primera línea asociado con ↓ consecuencias relacionadas con las sustancias, ↓ frecuencia de consumo de *cannabis* (y ↑ tiempo sin consumo), ↓ de 90 días de consumo de alcohol y drogas

- **Adolescent Community Reinforcement Approach (A-CRA):** modelo de TCC para sustituir las influencias que refuerzan el consumo de sustancias por un entorno familiar, educativo/profesional y social más saludable

  *Estructura:* sesiones de asesoramiento individual y familiar para evaluar las necesidades y el nivel de funcionamiento → elegir entre los procedimientos creados para desarrollar habilidades de afrontamiento, resolución de problemas y comunicación

  *Evidencia:* ↓ de 90 días de consumo de alcohol y drogas, ↓ problemas relacionados con el uso de sustancias

- **Gestión de contingencias:** proporciona incentivos inmediatos y externos para sustituir la dependencia a las sustancias

  *Estructura:* ganar premios por la participación en el tratamiento, lograr los objetivos terapéuticos y el cese del consumo

  *Evidencia:* ↓ consumo de sustancias (especialmente de *cannabis*), mejora el cumplimiento del tratamiento ambulatorio; a menudo se incluye en los tratamientos holísticos

- Las **terapias familiares** se tratan en el capítulo 21

## Tratamiento farmacológico *(Child Adolesc Psychiatr Clin N Am 2016;25:685)*

*Los datos sobre la eficacia del Tx farmacológico para el consumo de sustancias en adolescentes son limitados. Sin embargo, la mayoría de las evaluaciones de los tratamientos basados en la evidencia utilizados para los adultos han demostrado su eficacia. Todos los fármacos pueden ofrecerse simultáneamente con el tratamiento conductual*

- **Alcohol**

  *Tratamiento de la abstinencia:* benzodiazepinas en régimen de hospitalización utilizando los protocolos de dosificación y supervisión establecidos para los adultos (CIWA-Ar). Para más detalles, *véase* el capítulo 8

  *Tratamiento:*

  No hay medicamentos aprobados por la FDA para menores de 18 años. Pueden considerarse:
  - Naltrexona: 50 mg v.o. diarios ~ reducción del consumo excesivo de alcohol y de la avidez de consumo (*craving*); la formulación i.m. (LP) no se ha estudiado en adolescentes *(Addict Biol 2015;19:941)*
  - Acamprosato: poca evidencia en adolescentes

- **Cannabis**

  *Tratamiento de la abstinencia:* no hay medicamentos aprobados por la FDA, pero los síntomas (irritabilidad, estado de ánimo deprimido, nerviosismo/ansiedad, inquietud, dificultad para dormir, disminución del apetito, dolor de estómago, dolor de cabeza) pueden ser angustiantes. Puede ser necesario el uso a corto plazo de medicamentos para tratar síntomas específicos (p. ej., insomnio, ansiedad). *Véase* el capítulo 13 para las recomendaciones de Tx

  *Tratamiento:* no hay medicamentos aprobados por la FDA, pero se ha demostrado que la *N*-acetilcisteína, 1200 mg c/12 h, alivia los Sx cuando se combina con una gestión de contingencias y el asesoramiento breve *(Am J Psychiatry 2013;169:805)*

- **Nicotina**

  *Tratamiento de la abstinencia:* no hay medicamentos aprobados por la FDA, pero los síntomas (irritabilidad, ansiedad, dificultad para concentrarse, aumento del apetito, alteraciones del sueño) pueden controlarse con una TRN

*Tratamiento:*
- Terapia de reemplazo de nicotina (TRN): el parche promueve el cese del consumo a corto plazo y puede combinarse con chicles o pastillas. *Véase* el capítulo 12 para conocer la dosificación. Se requiere Tx farmacológico en < 18 años de edad
- Bupropión: ~ alivia los Sx de la abstinencia. Uso fuera de indicación para < 18 años
- Vareniclina: ~ abandono del consumo temprano autoinformado, sin abstinencia a largo plazo. Aprobada para ≥17 años

- **Vapeo (nicotina o THC)**
  *Tratamiento:*
  - Líneas telefónicas/mensajes para dejar de fumar y aplicaciones para teléfonos inteligentes (My Life My Quit, quitSTART)
  - TRN; considerar la vareniclina o el bupropión

- **Opiáceos**
  *Tratamiento de la abstinencia:* la buprenorfina es superior a la clonidina para mantenerse en el tratamiento, iniciar el tratamiento y abandonar el consumo entre adolescentes
  *Tratamiento:*
  - Metadona: disponible para < 18 años con más de dos fracasos (en intentos de dejar de consumir) supervisados médicamente y con intervenciones psicosociales (42-CFR-8; J Subst Use 2002;23:231)
  - Buprenorfina/naloxona: aprobadas por la FDA para ≥ 16 años; ~ ↑ cese del consumo durante la terapia, ↑ compromiso con el tratamiento, ↓ conductas de riesgo (uso de drogas inyectables)
  - Naltrexona: no aprobada para menores de 18 años; se utilizan formulaciones orales e i.m. (LP)
  - Puede utilizar esquemas de adultos para la inducción
  - Poca evidencia sobre la duración ideal del tratamiento
  *Nota: los resultados mejoran con el tratamiento simultáneo de los trastornos mentales concomitantes. Sin embargo, el tratamiento farmacológico no debe retrasarse o negarse si no se dispone de tratamiento psicosocial o si el paciente lo rechaza*

---

## CONSIDERACIONES ESPECIALES

### Apoyo social (Med Clin N Am 2018;102:603)
- Intentar comprender e implicar a la red de apoyo del adolescente, que debe incluir a la familia, a los compañeros que no consumen sustancias y a las comunidades (escolar, religiosa, extraescolar, etc.)
- Los cuidadores primarios deben participar para apoyar la participación en la terapia y puede ser necesario que observen directamente la administración de la medicación
- Otros apoyos: grupos de ayuda mutua (NA, AA), servicios de recuperación entre iguales

### Consentimiento y confidencialidad (Pediatr Clin N Am 2002;49:301; Med Clin N Am 2018;102:603)
- **Aclarar** que las conversaciones sobre el consumo de sustancias son confidenciales según las regulaciones federales, a menos que se trate de preocupaciones sobre la salud del paciente (o de otra persona), la seguridad o la posibilidad de un daño inminente
- **Involucrarse** con el adolescente para hablar del consumo con los cuidadores
- **Posibilidad de solicitar** a los pacientes que firmen autorizaciones para que el equipo de tratamiento pueda comunicarse con la familia

- **Conocer las leyes locales:** los adolescentes < 18 años pueden dar su consentimiento para el tratamiento del TCS en casi el 50% de los estados en los EE.UU.

  *Leyes estatales (2013):* https://ndaa.org/wp-content/uploads/Minor-Consent-to-Medical-Treatment-2.pdf

  Cuando los cuidadores primarios consientan el tratamiento, se debe obtener también el consentimiento del adolescente, si es posible

## Trastornos mentales comórbidos (J Clin Psychiatry 2006;67:e02; J Am Acad Child Adolesc Psychiatry 2016;55:280)

- El 67% de los adolescentes con TCS tienen un trastorno mental previo
- El consumo de sustancias puede precipitar síntomas psiquiátricos nuevos o empeorar los preexistentes
- Deben abordarse simultáneamente el consumo de sustancias y los síntomas de trastornos mentales porque puede ser difícil determinar el problema subyacente
- La continuidad de la atención mejora cuando los mismos proveedores/equipo abordan los trastornos mentales y de consumo de sustancias

## Reducción del daño para adolescentes

- **Naloxona:** Tx con asesoramiento y entrenamiento en el reconocimiento de la s/d para los pacientes y la familia
- **Si hay UDI:** explorar qué PSJE está disponible para ≤ 18 años, educar sobre las prácticas de inyección segura
- **Salud reproductiva:** proporcionar pruebas para ITS y asesoramiento, ofrecer anticonceptivos
- *Véase* el capítulo 18 para obtener información sobre las vacunas y el uso de PPrE (aprobada para adolescentes de ≥ 35 kg) para las PID

## Detección de drogas en la orina (DDO) (Pediatrics 2014;133:e1789; J Addict Med 2017;11:163)

- Las pruebas de drogas en la orina pueden ser una herramienta para apoyar la seguridad y la atención centrada en el paciente
- Hay pruebas limitadas de que el uso de la DDO mejore los resultados y no se puede utilizar para diagnosticar el TCS
- El tratamiento, incluida la farmacoterapia, no debe interrumpirse si los resultados de la DDO son (+) para sustancias ilegales
- La American Academy of Pediatrics (AAP) recomienda **no** realizar pruebas no voluntarias en adolescentes (es decir, por parte de proveedores, escuelas, cuidadores primarios)

*En este capítulo, «familia» es un concepto general utilizado para referirse a la familia biológica o elegida, a los cuidadores y a las parejas*

## EFECTO DEL CONSUMO DE SUSTANCIAS EN LA FAMILIA

**Epidemiología** (Pediatrics 2005;115:816; Commonwealth 2018:2093; United Hospital Fund 2019)
- Se estima que ≥ 20% de la población estadounidense tiene un familiar con TCS
- 1 de cada 5 niños vive en un hogar con alguien con TCS
- Para 2030, los efectos estimados del TCO de los cuidadores primarios costarán ~400 000 millones de dólares en concepto de aumentos en educación especial, bienestar infantil, asistencia sanitaria y gastos jurídicos

**Efectos en la salud física y mental** (Med Care 2007;45:116; Addiction 2009;104:203)
- Los miembros adultos de la familia tienen ↑ gastos sanitarios, ↑ utilización de la asistencia sanitaria, ↑ riesgo de enfermedades crónicas, ↑ trastornos mentales y de conducta

**El consumo de sustancias de los cuidadores como una EIA** (Med Care 2007;45:116; Addiction 2009;104:203)
- Los padres/cuidadores con TCS ↑ riesgo de bajo rendimiento académico, conductas de riesgo para la salud y futuro consumo de sustancias
- > 1/3 de los niños entran en un hogar de acogida o con otros familiares debido al consumo de sustancias de sus cuidadores. Las respuestas al consumo de sustancias por parte de los cuidadores suelen estar influidas por la estigmatización, el racismo y las desigualdades relacionadas (pobreza, inseguridad de vivienda, encarcelamiento, desempleo)

## TRATAMIENTOS BASADOS EN LA FAMILIA

**Panorama general** (J Addict Med 2017;11:339; J Clin Child Adolesc Psychol 2019;48:29)
- **El tratamiento del TCS** no incluye habitualmente a la familia o apoyo entre pares, a pesar de la evidencia de su importancia para la recuperación y el cumplimiento del tratamiento
- **Objetivos de las intervenciones basadas en la familia:** reducir el consumo de sustancias, apoyar el cambio positivo, comunicarse de forma clara y eficaz, mejorar la conexión emocional, mejorar la salud de los miembros de la familia, reducir el estrés familiar, aumentar las habilidades de afrontamiento
- **Elementos centrales de la terapia familiar:**
  - Evaluar la dinámica familiar para mejorar las interacciones y apoyar una comunicación comprometida
  - Ayudar al individuo con TCS; ver cómo el consumo es relacional y afecta la dinámica familiar
  - Obtener el punto de vista de la persona con TCS para que la terapia pueda abordar preocupaciones específicas
  - Centrarse en las intervenciones para mejorar la salud y el funcionamiento de toda la familia

# Terapias basadas en la familia *(J Clin Child Adolesc Psych 2008:37:238; Child Adolesc Psychiatr Clin N Am 2016;25:603)*

| Nombre | Enfoque general | Evidencia científica |
|--------|-----------------|----------------------|
| **Community Reinforcement and Family Training (CRAFT)** (*Drug Alcohol Depend* 1999;56:85; *Addiction* 2020;115:1024) | Programa basado en habilidades para enseñar a los miembros de la familia estrategias no conflictivas (gestión de contingencias, resolución de problemas, habilidades de comunicación, autocuidado) para implicar al individuo en el cuidado | ↑ inicio, compromiso y finalización del tratamiento<br>↓ consumo de sustancias<br>↓ puntuaciones de depresión familiar<br>↑ salud mental familiar<br>*Evaluado en adolescentes, adultos jóvenes y adultos que consumen sustancias* |
| **Terapia familiar multidimensional** | Tratamiento integral basado en la familia y la comunidad que combina terapia individual + enfoques multisistémicos para abordar los factores intrapersonales e interpersonales que contribuyen al consumo | ↓ consumo de sustancias<br>↑ días sin consumo<br>↑ permanencia en tratamiento<br>↓ conductas de riesgo y delincuencia de adolescentes<br>*Evaluada en adolescentes y adultos jóvenes que consumen sustancias* |
| **Terapia familiar funcional** | Abordaje basado en el comportamiento y orientado a los sistemas para mejorar las habilidades parentales, la comunicación, la resolución de problemas y la resolución de conflictos | ↓ consumo de sustancias<br>↑ compromiso con el tratamiento<br>*Evaluada en adolescentes que consumen sustancias* |
| **Terapia familiar estratégica breve** | Intervenciones de terapia familiar estructural y estratégica utilizadas para abordar las interacciones familiares inadaptadas y ayudar a las familias a desarrollar habilidades de comunicación, comportamiento y resolución de conflictos | ↓ consumo de sustancias<br>↓ detenciones y encarcelamientos<br>↓ conductas externalizadas<br>↑ compromiso con el tratamiento (familiar e individual)<br>*Evaluada en adolescentes y adultos que consumen sustancias* |
| **Terapia multisistémica** | Abordaje ecológico, social, integral e intensivo, basado en la familia y la comunidad; trata los factores de riesgo del consumo entre y dentro de los sistemas (es decir, la participación de los padres/cuidadores en la escuela y los conflictos familiares) | ↓ consumo de sustancias durante y después del tratamiento<br>↓ actividad criminal agresiva<br>*Evaluada en adolescentes que consumen sustancias* |

## Consejos para trabajar con las familias (J Addict Med 2017;11:339; Partnership to End Addiction, drugfree.org)

- Preguntar al paciente cuáles miembros de su familia pueden participar o influir en las decisiones de tratamiento
- Pedir permiso al pte para implicar a la familia en las discusiones sobre el Tx
- Para los jóvenes mayores de 18 años, familiarizarse con las normas de confidencialidad sobre el consumo de sustancias (CFR 42 Parte 2)
- A los adolescentes menores de 18 años se les debe explicar que las conversaciones sobre el consumo de sustancias son confidenciales, a menos que se trate de una cuestión de seguridad; familiarizarse con las directrices estatales sobre el consentimiento del tratamiento (*véase* cap. 20)
- Estar preparado para responder a las preguntas y al estigma que puedan tener las familias sobre el TCS y su tratamiento
- Evitar culpar a las familias por el TCS de los individuos
- Aconsejar a las familias que utilicen el refuerzo positivo para fomentar las conductas deseadas
- Reconocer que es normal que las personas que consumen sustancias sean ambivalentes respecto al tratamiento o a la reducción del consumo
- Alentar a las familias de los adolescentes a que faciliten el tratamiento, establezcan límites realistas con consecuencias claras y supervisen el comportamiento (dónde está el adolescente, amigos, asistencia y rendimiento escolar, participación en actividades prosociales); *véase* el capítulo 20 para más información
- Conocer los recursos de la comunidad para remitir a las familias y a los pacientes a un apoyo continuo
- Ayudar a las familias a fomentar el abordaje de reducción del daño

---

## REDUCCIÓN DEL DAÑO Y LAS FAMILIAS

### Aplicación de los principios de reducción del daño (J Clin Psychol 2010;66:164)

- Enfatizar la comprensión y el apoyo, no el «amor duro» o un abordaje distante
- Normalizar la ambivalencia de la familia sobre cómo apoyar al ser querido con consumo de sustancias
- Ayudar a las familias a encontrar un abordaje que responda a sus necesidades y sea coherente con sus valores
- Ayudar a la familia a reconocer que los individuos toman sus propias decisiones, pero aún así establecer límites en los comportamientos que afectan a la familia: «no puedes beber delante de los niños» en lugar de «no bebas»
- Discutir la eliminación de todas las sustancias en la casa, incluidas las consumidas por otros miembros de la familia
- Las familias pueden colaborar en la aplicación del abordaje de reducción del daño: proporcionar a las familias naloxona y enseñarles a utilizarla, informar a las familias sobre los recursos de reducción del daño (PSJE local, línea telefónica de 24 h «Never Use Alone»). *Véase* el capítulo 17 para obtener información adicional sobre la reducción del daño

---

## CONSIDERACIONES LEGALES

### Consumo de sustancias por los cuidadores (Child Welfare 2015;94:145; U.S. Dept of Health and Human Services, Children's Bureau, 2020)

- Todos los proveedores (de adultos y pediátricos) deben reconocer la interdependencia de la recuperación de los cuidadores y el bienestar del niño

- Los programas de tratamiento que abordan los trastornos mentales de los cuidadores proporcionan educación en habilidades parentales, mejoran los factores de protección e integran la gestión de casos entre padres e hijos; se asocian con ↓ problemas psicológicos/emocionales, ↓ conductas de riesgo, ↓ consumo de sustancias, ↑ retención en el programa
- El consumo de sustancias por parte de los cuidadores NO es motivo para remitir a los CPS, pero estos deben intervenir si existe preocupación por la seguridad del niño, abuso o negligencia
  - Todos los profesionales sanitarios están obligados a informar
  - Todos los estados en los EE.UU. cuentan con disposiciones relativas al consumo de sustancias por parte de los cuidadores en la normativa de protección de la infancia: https://www.childwelfare.gov/pubpdfs/parentalsubstanceuse.pdf

## RECURSOS

- Recursos para hablar del TCS con los niños: Sesame Street in Communities, National Association for Children of Addiction
- Recursos y educación para familias: Partnership to End Addiction, Families for Sensible Drug Policy, American Academy of Pediatrics (AAP) y healthchildren.org, Never Use Alone, Learn to Cope
- Grupos de ayuda mutua/apoyo entre iguales para familias: Al-Anon, Alateen, Adult Children of Alcoholics (ACOA), Nar-Anon, SMART Recovery Family & Friends
- Recursos para los miembros de la comunidad y las escuelas: Handle with Care (http://www.handlewithcarewv.org)

## Epidemiología (https://c4innovates.com/wp-content/uploads/2019/03/SPARC-Phase-1-Findings-March-2018.pdf)

- La falta de vivienda es común en los EE.UU. y ha empeorado en los últimos años. En 2017, 553742 personas no tenían hogar y 360862 participaban en el sistema de estancias
- El 66% son adultos solteros y el 33% son familias. El 7.2% son veteranos; el 7.4% son adultos jóvenes y niños
- Las políticas sociales y médicas racistas han contribuido a que afroamericanos y otras minorías estén representados de forma desproporcionada entre las personas sin hogar

| Datos demográficos sobre la desigualdad racial (Estados Unidos) | | | |
|---|---|---|---|
| | Población general | Pobreza extrema | Sin hogar |
| Blancos | 73.80% | 59.70% | 48.60% |
| Afroamericanos | 12.40% | 23.50% | 42.60% |
| Indígenas americanos/nativos de Alaska | 0.80% | 1.60% | 2.50% |
| Asiáticos | 5.20% | 4.60% | 0.80% |
| Nativos de Hawái | 0.20% | 0.20% | 1.10% |
| ≥ 2 ascendencias | 3% | 3.90% | 4.60% |
| Hispanos | 17.20% | 24.30% | 16.90% |

## Prevalencia del TCS entre las personas sin hogar (PSH) (PLoS Med 2008;5(12):e225; Lancet 2014 Oct 25;384(9953):1529-40; Alcohol Res Curr Rev 2016;38(1):PMC4872618; Lancet 2018 Jan 20;391(10117):241-50; J Am Coll Cardiol 2018 Jun 5;71(22):2585-97)

- Trastorno por consumo de alcohol (TCA):
  - La prevalencia media del TCA es del 38% entre la población sin hogar. En general, la prevalencia oscila entre el 8.5 y el 58.1%
  - Las PSH tienen mayor mortalidad relacionada con el consumo de alcohol
- Trastorno por consumo de drogas:
  - El 50.3% de las PID han sufrido recientemente la falta de hogar o inestabilidad con su vivienda
  - La prevalencia de los trastornos por consumo de sustancias en los hombres sin hogar oscila entre el 5 y el 54%, mientras que el de las mujeres es del 24.2%
  - La falta de vivienda es un factor de riesgo independiente relacionado con la sobredosis de opiáceos
- Trastorno por consumo de tabaco:
  - La prevalencia del consumo de cigarrillos entre las PSH es del 68-80%

- La tasa de tabaquismo es 4× la de la población general de los EE.UU. y 2.5× la de la población con bajos recursos
- El tabaquismo es el factor que más contribuye a la mortalidad por enfermedades cardiovasculares en poblaciones sin hogar
- Las PSH que fuman son más propensas a tener conductas de riesgo (compartir, consumir cigarrillos desechados)

## Enfoque del tratamiento del TCS entre PSH (JGIM 2007 Feb;22(2):171-6; AJPH 2017 Jul;107(7):1092-4; Addiction Sci Clin Pract 2019 May;14(1):18; PLoS One 2020 Jan 16;15(1); JAMA Open 2021;4(3):e210477; Nicotine Tob Res 2019 Dec;20(12):1442-50)

- Evidencia mínima a favor de modalidades de tratamiento específicas para las PSH, pero una investigación fiable que demuestra la eficacia de la buprenorfina para el TCO
- A la hora de considerar el tratamiento es importante abordar los obstáculos que impiden el acceso a la atención de salud y los problemas de permanencia en ella que se derivan de la falta de hogar
- Tx farmacológicos para el TCS: se ha constatado que estos Tx para el TCO disminuye la morbilidad, la mortalidad y el consumo de sustancias de forma similar que en la población general
  - Buprenorfina-naloxona: se ha comprobado que participar en un programa de Tx con buprenorfina en HAF que atienden a PSH disminuye la mortalidad
  - El tratamiento ambulatorio es factible y comparable al de los pacientes hospitalizados con respecto a la permanencia en el tratamiento, el uso ilegal continuo y el compromiso con el tratamiento
  - Los programas no basados en un Tx ambulatorio también pueden tener éxito. En concreto, los programas hospitalarios y ambulatorios, tanto para adultos como para familias, han mostrado resultados positivos
  - Metadona: eficaz para el TCO en las PSH. Es importante reconocer que las PSH pueden tener dificultades para asistir diariamente a un programa de tratamiento con opiáceos, especialmente si se encuentra lejos de los refugios o campamentos
- Dadas las dificultades de cumplimiento y seguimiento, debe hacerse todo lo posible para simplificar los regímenes de medicación utilizados para tratar el TCS. Los medicamentos como el topiramato para el trastorno por consumo de cocaína o el acamprosato para el TCA pueden ser un reto para que los pacientes los tomen adecuadamente
- Se debe tener precaución con la naltrexona i.m. para el TCO, dado el riesgo de que los pacientes se pierdan en el seguimiento y, por lo tanto, tengan un mayor riesgo de sobredosis tras el abandono del tratamiento debido a la reducción de la tolerancia a los opiáceos
- La reducción del daño puede y debe ser enfatizada en el cuidado de las PSH (*véase* cap. 17)
  - Naloxona: dada la elevada tasa de muertes por sobredosis de opiáceos entre las PSH, es imprescindible que los pacientes tengan acceso a la naloxona. Medidas como las recetas permanentes o las herramientas de apoyo para decidir, vinculadas con el ECE, pueden facilitar esto último
  - Programas como los de prevención de s/d y los PSJE reducen la morbilidad y la mortalidad asociadas con el consumo de sustancias
  - También se ha constatado que los programas para el control del alcohol (PCA) estabilizan el consumo y aumentan la vinculación con los servicios médicos y sociales. Las personas que participaron en

un PCA también disminuyeron el consumo de bebidas no destinadas al consumo habitual

- La GC también debería considerarse como una modalidad de tratamiento. Los estímulos monetarios aumentan las tasas de no consumo entre las PSH que fuman

## Modelos únicos de atención para apoyar a las PSH con TCS

(JHCPU 2013 May;24(2):499-524; Addic Behav 2014 Feb;39(2):455-60; Calgary AB Mental Health Commission of Canada, 2014; Annals Epi 2019 Apr;32:1-6)

- Atención médica de relevo: proporciona atención a las PSH demasiado enfermas para permanecer en la calle o un albergue, pero no lo suficientemente enfermas para hospitalizarlas. Hay ~100 programas de todos los tamaños y tipos en los EE.UU. Puede utilizarse para la estabilización clínica del TCS y para romper el ciclo de hospitalización frecuente y uso de los SU. También ayuda a vincular la asistencia posterior con la asignación de un alojamiento

- Vivienda primero: proporcionar una vivienda a la PSH, independientemente del TCS o un trastorno mental. Abordaje moralmente correcto; sin embargo, hay evidencia contradictoria sobre el impacto de la vivienda en la salud y en el consumo de sustancias, probablemente porque la cantidad de apoyo a la vivienda (gestión de casos, etc.) es variable en cada programa
  - Una investigación de VA/HUD muestra que el TCS no es una barrera para la asignación de una vivienda, **pero** la vivienda por sí sola no disminuye el TCS, aunque los resultados no cambian. El tipo y la duración de los servicios de apoyo son esenciales
  - Los datos de un gran estudio de «vivienda primero» en Canadá no mostraron diferencias en los resultados en cuanto al TCS entre los grupos

# ATENCIÓN DE LAS PERSONAS EN EL SISTEMA DE JUSTICIA PENAL

## Introducción

El sistema de justicia penal abarca tribunales de tratamiento, prisiones, libertad condicional comunitaria y libertad condicional. Todos estos entornos deberían ser oportunidades para proporcionar tratamiento médico a la adicción. Las personas en todos los entornos judiciales de los EE.UU. tienen mayor riesgo de padecer TCS.

- El TCS es 10× más frecuente en las personas implicadas en el sistema de justicia penal, en comparación con la población general, y más del 90% vuelve a consumir sustancias al ser liberado
- El fallecimiento por s/d de opiáceos es la primera causa de muerte de todas las personas que salen de prisión
  - La tasa de mortalidad de las personas que salen de los centros penitenciarios y las cárceles es 13 veces superior a la de la población general y, en las dos primeras semanas tras la puesta en libertad, se multiplica por 129 el número de muertes por s/d respecto a la población general (*N Engl J Med* 2007;356(2):157-65)
- La reducción de las muertes por s/d de opiáceos se produce cuando se identifica el TCO antes de la puesta en libertad y se inicia su medicación, con una disminución del 61% en las muertes posteriores a la privación de la libertad vs. los 12 meses previos (*JAMA Psychiatry* 2018 Apr 1;75(4):405-7)
- Cuando se combinan con el tratamiento del VIH, los MTCO puede mejorar la supresión vírica en las personas con VIH y TCO cuando se inician antes de la liberación y se continúan en la comunidad (*PLoS One* 2012;7(5):e38335; *J Acquir Immune Defic Syndr* 2018 May 1;78(1):43-53)

---

## PROGRAMAS DE CRIBADO

### Cribado (http://asamnationalguidelines.com/; https://www.ncjrs.gov/pdffiles1/nij/216152.pdf)

- El USPSTF recomienda el cribado del TCO al entrar en las cárceles y prisiones, con una evaluación adicional para aquellos que den positivo
  - Esta evaluación debe incluir un cálculo del riesgo de desarrollar Sx de abstinencia, en particular de alcohol, benzodiazepinas y opiáceos
- El cribado para TCO es esencial y no requiere ninguna formación especial
  - Los individuos con TCO corren el riesgo de sufrir daños importantes y, por lo tanto, todos deben ser evaluados y se les debe remitir para iniciar y mantener el tratamiento si son positivos, incluso antes de su presentación ante un tribunal de tratamiento, si es necesario
- La realización de una evaluación o la presentación ante un tribunal de tratamiento NO debe retrasar el inicio de los MTCO
- Los centros deben detectar el TCO y ser capaces de contactar inmediatamente con proveedores de atención sanitaria calificados que puedan iniciar rápidamente la medicación en caso de personas con riesgo de abstinencia de opiáceos y para prevenir la recurrencia y la sobredosis

### Herramienta de cribado del TCO: RODS (*J Correct Health Care* 2015;21(1):12-26)

- No es necesaria una DDO (+) para opiáceos para iniciar el tratamiento
- Una herramienta rápida y validada para la detección del TCO, utilizada en el ámbito de la justicia por personal clínico y no clínico, es el *Rapid Opioid Dependency Screen* (RODS)

| Prueba rápida de dependencia de opiáceos (RODS) | | |
|---|---|---|
| 1. ¿Ha tomado alguna vez alguno de los siguientes fármacos? | | |
| Heroína | Sí | No |
| Metadona | Sí | No |
| Buprenorfina | Sí | No |
| Morfina MS Contin® | Sí | No |
| OxyContin® | Sí | No |
| Oxicodona | Sí | No |
| Otros analgésicos opiáceos (p. ej.,Vicodin®, Darvocet®, fentanilo) | Sí | No |
| Si la respuesta es no a todo lo anterior, pase a «Instrucciones de puntuación» | | |
| 2. ¿Ha necesitado alguna vez utilizar más opiáceos para conseguir el mismo efecto que cuando empezó a consumirlos? | Sí | No |
| 3. ¿Alguna vez lo hizo sentirse ansioso la idea de perder alguna dosis? | Sí | No |
| 4. Por la mañana, ¿alguna vez ha utilizado opiáceos para no sentir «resaca» o la ha padecido alguna vez? | Sí | No |
| 5. ¿Alguna vez le preocupó su consumo de opiáceos? | Sí | No |
| 6. ¿Alguna vez le resultó difícil dejar de consumir opiáceos? | Sí | No |
| 7. ¿Alguna vez ha tenido que dedicar mucho tiempo o energía a buscar opiáceos o a recuperarse de la sensación de estar «drogado»? | Sí | No |
| 8. ¿Alguna vez ha faltado a cosas importantes como citas con el médico, actividades con la familia o los amigos, u otras cosas, a causa de los opiáceos? | Sí | No |

Instrucciones de puntuación: sume el número de respuestas afirmativas de las preguntas 2 a 8. Si el total es ≥ 3, la prueba RODS es positiva (Wickersham JA, Azar MM, Cannon CM, Altice FL, Springer SA. Validation of a brief measure of opioid dependence: the Rapid Opioid Dependence Screen (RODS). *J Correct Health Care.* 2015;21(1):12–26. doi:10.1177/1078345814557513)

## ELECCIÓN DEL TRATAMIENTO FARMACOLÓGICO

### Beneficios de los medicamentos para el TCO (MTCO)

- **Todos los medicamentos aprobados por la FDA para el TCO deben estar disponibles y ser accesibles para las personas dentro del sistema de justicia penal**
- Los tratamientos aprobados por la FDA como MTCO tienen **respaldo científico y eficacia probada** para reducir la avidez (*craving*) de opiáceos, las recaídas, la sobredosis y la muerte
- Las decisiones sobre los MTCO y cuándo iniciar, interrumpir o cambiar el tratamiento, deben ser una decisión clínica y compartida por el profesional de la salud y su paciente, no por un juez o resultado de sanciones legales
- Los MTCO apoyan los esfuerzos de los sistemas jurídicos penales para reducir la reincidencia
  - Los MTCO aumentan significativamente el ingreso y la permanencia en el tratamiento de las personas en libertad condicional y bajo palabra
  - Los MTCO reducen significativamente la reincidencia delictiva *(Substance Abuse and Mental Health Services Administration. Medications for Opioid Use Disorder. Treatment Improvement Protocol (TIP) Series 63 Publication No. PEP21-02-01-002, 2021)*
  - El éxito del tratamiento del TCO, incluido el farmacológico, puede aumentar el capital de recuperación de los participantes en diversos ámbitos
    - El capital de recuperación predice los resultados del Tx y se describe como la amplitud y la profundidad de todos los recursos internos y externos que se pueden utilizar para iniciar y mantener la recuperación

## Duración del tratamiento farmacológico (ASAM National Guidelines, 2020)

### Interrupción del tratamiento

- No existe una recomendación sobre la duración del tratamiento farmacológico del TCO. Depende de la gravedad de la enfermedad, el resultado, la respuesta al Tx y las necesidades del paciente. Los pacientes deben continuar con el tratamiento mientras sigan recibiendo beneficios. Algunos pacientes seguirán beneficiándose del Tx farmacológico durante muchos años
- El tratamiento con MTCO no debe interrumpirse cuando los participantes entren en un entorno judicial. Estos medicamentos deben continuar mientras la persona obtenga beneficios
- Las personas que toman medicamentos agonistas para el TCO (metadona o buprenorfina) no deben ser obligadas a pasar a un medicamento antagonista al entrar en un entorno judicial
- La detención, el encarcelamiento, la libertad condicional o la participación en un tribunal de tratamiento no deben interpretarse erróneamente como razones para suspender los MTCO
- La interrupción de estos medicamentos puede conducir rápidamente a la avidez de opiáceos, la vuelta al consumo, la s/d y la muerte. Hacerlo en contra de los deseos del paciente es también una posible violación de la Americans with Disabilities Act (ADA)
  - Los individuos que intentan entrar, progresar o completar el tratamiento en el tribunal no deben ser forzados a interrumpir o ser impedidos de iniciar los MTCO
  - Es una violación de los derechos constitucionales de los EE.UU. (8.ª Enmienda) no tener acceso a la atención médica mientras se está privado de la libertad
- La metadona solo puede dispensarse en entornos regulados, como los programas de tratamiento con opiáceos (PTO). Los PTO son clínicas reguladas por el Gobierno federal de los EE.UU. donde las personas con TCO pueden ir a recibir MTCO, así como asesoramiento y otros servicios psicosociales
  - Algunas cárceles y prisiones cuentan con unidades médicas que tienen la designación federal de PTO donde se dispensa metadona
  - Otras instituciones se asocian con los PTO de la comunidad para dispensar metadona a las personas con TCO
  - La duración del tratamiento farmacológico no debe estar predeterminada
- Los tribunales de tratamiento deberían apoyar el uso continuado de todos los tipos de MTCO a lo largo del proceso y deberían fomentarse en todos los entornos legales penales

### Sanciones relacionadas con la medicación

- **Los tribunales de tratamiento deben evitar el uso de las sanciones de prisión a quienes se les han prescrito MTCO, a menos que la medicación pueda continuar sin interrupción durante el encarcelamiento**
- **El encarcelamiento no es una estrategia eficaz para el tratamiento del TCO ni para la prevención de la s/d**
- Incluso un encarcelamiento breve sin MTCO aumenta el riesgo de s/d y muerte inmediatamente después de la liberación
- Todas las personas de los tribunales o de otros entornos judiciales pueden ayudar al acceso de los participantes a los MTCO: jueces, policías, agentes para la libertad condicional, consejeros, etc.
- El tribunal no debe determinar qué medicamentos están disponibles para un participante, ni los tribunales deben tratar de influir en las decisiones de los participantes con respecto a los MTCO. Esas son decisiones médicas

- El tratamiento debe ser individualizado:
  - Los asesores colaboran en la toma de decisiones compartida entre el clínico prescriptor y el participante para elegir entre las opciones de tratamiento adecuadas y disponibles. Deben conversarse los beneficios y riesgos potenciales de cada opción disponible
  - Los clínicos que prescriben deben tener en cuenta los síntomas actuales del participante y las enfermedades comórbidas, así como sus preferencias, su historial de tratamiento y su entorno, a la hora de decidir entre el uso de la metadona, la buprenorfina y la Ntx de LP para el TCO
  - El inicio del tratamiento no debe retrasarse por la normativa judicial
- Los organismos locales de tratamiento de la adicción suelen mantener listas de proveedores acreditados, incluidos los autorizados a proporcionar tratamiento con buprenorfina en el consultorio
- Es necesario ponerse en contacto con los consejos de salud del estado o del condado para identificar a los médicos que ofrecen tratamiento contra la adicción en el área local
- La vinculación debe incluir la comprensión y el consentimiento del Tx farmacológico por parte del participante, así como una garantía de la continuidad de la atención mediante el uso de coordinadores, gestores de casos y de atención, entrenadores de recuperación, mentores entre pares, etc.
- Los trabajadores de apoyo entre pares han resultado ser útiles en el proceso para coordinar y llevar a las personas implicadas en el ámbito judicial a sus citas. Recurrir a estos trabajadores reduce las barreras al tratamiento

---

## PRUEBAS TOXICOLÓGICAS

- Las pruebas toxicológicas durante la evaluación y el Tx deben llevarse a cabo de acuerdo con las *Adult Drug Court Best Practice Standards* (volumen II) de la National Association of Drug Court Professionals (NADCP) y con las normas clínicas nacionales, tal como se encuentran en las *ASAM's Guidelines for the Treatment of OUD* (http://asamnationalguidelines.com/)
- Las pruebas de detección pueden utilizarse junto con los autoinformes de los participantes y nunca deben ser el único medio para evaluar el consumo de sustancias
- Las pruebas definitivas deben emplearse siempre que los resultados ayuden a la toma de decisiones clínicas o del tribunal de tratamiento
- Los resultados positivos no deben dar lugar a la detención o a otras sanciones estrictas para los participantes con TCO moderado o grave que, por lo demás, cumplen sustancialmente con los requisitos del tribunal y del Tx (p. ej., asistir a las sesiones de Tx, a las audiencias del tribunal y presentarse a las pruebas toxicológicas)
- Los clínicos están perfectamente posicionados para defender a los participantes que puedan haber experimentado una recaída detectada por las pruebas o por un autoinforme
- La respuesta eficaz a la reincidencia no requiere del castigo o una reducción de privilegios, sino una reevaluación del plan de Tx. Esto puede incluir la incorporación de métodos de mejora de la motivación, el análisis funcional de la recurrencia u otros ajustes terapéuticos, incluidos los cambios en la dosis o el tipo de medicamentos para el tratamiento del TCO
- La ASAM tiene guías que describen las mejores prácticas para las pruebas toxicológicas en entornos de adicción: *ASAM Appropriate Use of Drug Testing in Clinical Addiction Medicine*

https://journals.lww.com/journaladdictionmedicine/Fulltext/2017/06000/Appropriate_Use_of_Drug_Testing_in_Clinical.1.aspx

# NIVELES DE ATENCIÓN DE LA ASAM

- Cuando los criterios de la ASAM se aplican en el ámbito judicial, los participantes deben tener a su disposición todos los tipos de niveles de atención
- La privación de la libertad no es un nivel de atención. Los participantes no deben ser privados de su libertad para obtener acceso al (o debido a la ausencia de) Tx de la abstinencia bajo supervisión médica, alojamiento para vivir sobrio, mientras esperan una cama de tratamiento en una estancia, para prevenir la s/d o para lograr otros objetivos clínicos o de servicios sociales
- Debe evitarse el uso de la prisión para prevenir las autolesiones relacionadas con el TCO y, en su lugar, debe recurrirse a la derivación a los servicios de tratamiento del consumo de drogas y de tratamiento psiquiátrico
- El nivel de atención al que acude un participante para recibir tratamiento debe corresponder a la gravedad de su enfermedad y a su estado funcional. No se debe adoptar un abordaje único a la hora de determinar el nivel de atención adecuado para los participantes
- El participante no debe ser remitido en una estancia si no hay ninguna razón clínica que requiera un entorno de 24 h (es decir, un alto potencial de uso continuado con peligro inminente, un entorno de vida tóxico o comorbilidades médicas o psiquiátricas que requieran control diario o la administración de medicamentos)
- La prestación de servicios específicos, incluidos los MTCO, debe estar disponible en todos los niveles de atención, incluidas las estancias

# TRATAMIENTO PSICOSOCIAL

- Muchos entornos judiciales deben proveer terapia psicosocial
- Los clínicos deben procurar que quienes no apoyan la medicación se comprometan con los programas y proveedores que utilizan medicamentos
- El tratamiento psicosocial no es necesario para iniciar con MTCO, pero esto no debe excluir la posibilidad de iniciar la medicación
- El tratamiento psicosocial debe ofrecerse a todos los participantes del tribunal de tratamiento
- El tratamiento psicosocial puede formar parte de la intensificación del tratamiento según sea necesario
  - El asesoramiento y otras intervenciones conductuales pueden ser más eficaces una vez iniciados los MTCO
  - Es fundamental aliviar primero los síntomas de abstinencia y la avidez y luego iniciar las intervenciones psicosociales, después de estabilizar al participante
  - La intervención psicosocial no debe reemplazar los MTCO y no se debe negar el tratamiento farmacológico a una persona que no sea capaz de realizar un tratamiento psicosocial

# OTRAS NECESIDADES PSIQUIÁTRICAS, MÉDICAS Y SOCIOECONÓMICAS

- Los clínicos deben trabajar para eliminar las barreras al tratamiento, incluidas las que plantean otros miembros del equipo. Deben ser conscientes y estar preparados para abordar de forma proactiva el estigma, la discriminación u otras barreras sistémicas que puedan impedir el acceso de un participante a la atención basada en evidencia

- Las personas con TCO en entornos judiciales tienen un mayor riesgo de padecer otros tipos de TCS, afecciones médicas crónicas y trastornos mentales comórbidos

## Barreras
- También es más probable que experimenten barreras de acceso a:
  - Vivienda
  - Sanidad
  - Transporte
  - Alimentos
  - Cuidado de niños
  - Salud mental y atención psiquiátrica
  - Empleo
- Los obstáculos mencionados anteriormente afectan la participación y la permanencia en el tratamiento del TCO y en los servicios relacionados
- El entorno judicial ofrece un momento propicio no solo para abordar el tratamiento del TCO, sino también para abordar los posibles obstáculos para recibir MTCO
- Deben identificarse y abordarse otros TCS, así como los trastornos mentales comórbidos. Esto puede incluir el acceso al tratamiento farmacológico para tratar trastornos mentales

## Soluciones
- Considerar la opción de la telemedicina, si está disponible
- Los profesionales sanitarios deben tener una lista de recursos actualizada, incluida una lista de proveedores de MTCO
- Las barreras identificadas deben ser abordadas de forma rutinaria con los participantes
  - Los acompañantes (*navigators*) asignados a algunos individuos liberados también deben ser considerados para ayudar a vincularlos con servicios necesarios como los MTCO
- Colaboraciones con divisiones y beneficiarios del Department of Health and Human Services (DHHS)
- Colaboraciones con servicios comunitarios para la búsqueda de empleo y contratación
- Colaboraciones con servicios comunitarios para servicios de alimentación (p. ej., despensas, comedores sociales, etc.)
- Colaboraciones con áreas de vivienda y propietarios que aceptan a esta población
- Lista de recursos para el cuidado de niños y apoyo para solicitar apoyos estatales con ese fin

## COMUNICACIÓN DENTRO DEL TRIBUNAL DE TRATAMIENTO
- Además de proporcionar servicios de tratamiento directo, los clínicos deben abogar en el equipo por un tratamiento de la adicción humano y eficaz
- Con previo consentimiento, los proveedores de tratamiento deben compartir si el participante está respondiendo (y cómo) a los MTCO y otros aspectos del tratamiento
- Los informes sobre el tratamiento deben incluir la calidad del compromiso del participante y su progreso en la gestión de la recuperación, además de informar sobre la asistencia y el cumplimiento

- El tratamiento del TCO no solo incluye la reducción del consumo de opiáceos, sino también el compromiso con la familia, el empleo, la educación y la no participación en actividades delictivas
- Los miembros del equipo deben aportar ideas, observaciones y recomendaciones pertinentes basadas en sus conocimientos, formación y experiencia profesionales. El juez debe considerar los puntos de vista de todos los miembros del equipo antes de tomar decisiones que afecten al bienestar o la libertad de los participantes, así como explicar los motivos de sus decisiones
- Las decisiones y órdenes del juez sobre el tratamiento deben basarse únicamente en la evaluación y recomendación de los profesionales médicos, los profesionales del tratamiento y las preferencias del participante

---

## CONTROL CORRECCIONAL COMUNITARIO (CCC)

- El control correccional comunitario (CCC) incluye a las personas en libertad condicional o bajo palabra
- Las personas en libertad condicional pueden haber sido condenadas a un período de supervisión en la comunidad o pueden estar cumpliendo su condena en la comunidad en lugar de la prisión. Este último grupo incluye los tribunales de tratamiento, los tribunales de salud mental y otros tribunales de solución de problemas
- Las personas en libertad condicional fueron liberadas de una institución correccional estatal para cumplir la parte restante de su condena en libertad o deben cumplir un período de supervisión al ser liberadas de una institución correccional estatal
- Las tasas de TCS y el riesgo de s/d de opiáceos son más altos para las personas en los programas de CCC que para la población general
- Los medicamentos pueden ser difíciles de obtener para las personas bajo CCC a pesar del ordenamiento federal para que todos los tribunales que reciben fondos federales permitan el tratamiento farmacológico. La NADCP aconseja a los tribunales permitir el acceso a los medicamentos contra la adicción cuando los recomiende un prescriptor
- El tratamiento eficaz del TCS, incluidos los MTCO, es fundamental para evitar el regreso al consumo, las infracciones técnicas, la recaída, la s/d y la muerte
- Uno de cada cuatro ingresos en las prisiones estatales es el resultado de infracciones técnicas, como dar positivo en una prueba toxicológica. Las pruebas solo deben utilizarse para ayudar a orientar la toma de decisiones clínicas o del tribunal de tratamiento; las personas no deben ser privadas de la libertad solo por un resultado positivo
- En muchas comunidades, los vínculos entre el CCC y los proveedores de tratamiento son mínimos
  - Los acompañantes de los pacientes o los individuos liberados son fundamentales para ayudar a las personas implicadas judicialmente a establecer vínculos con los servicios de tratamiento del TCO u otros TCS

## DESIGUALDADES POR ORIGEN ÉTNICO (National Academies Press, 2003)

### Definiciones

- Equidad en salud: atención sanitaria óptima para todas las personas. Se consigue mediante tres componentes:
  - Valorar a todas las personas y poblaciones por igual
  - Reconocer y modificar las injusticias históricas
  - Proporcionar recursos en función de las necesidades
- Desigualdad en salud: diferencia en los resultados (en términos de morbilidad y mortalidad) entre grupos relacionados con los determinantes sociales de la salud
- Determinantes sociales de la salud (DSS): condiciones de los entornos en los que las personas nacen, viven, aprenden, trabajan, juegan, practican su religión y envejecen, que afectan a una amplia gama de resultados y riesgos para la salud, el funcionamiento y la CdV (Healthy People 2030)
  - Conformados por la distribución de dinero, poder y recursos a escala mundial, nacional y local (Lancet 2005;365(9464):1099-104)
- Racismo estructural: políticas públicas, prácticas institucionales, representaciones culturales y otras normas sociales que contribuyen y perpetúan la desigualdad de grupos con diferente origen étnico
- Competencia estructural: paradigma para la educación médica en el que las desigualdades en salud se conceptualizan en relación con las instituciones y las condiciones sociales que determinan los recursos relacionados con la salud (Soc Sci Med 2014;133:126-33)
- Antirracismo: estrategias, teorías, acciones y prácticas que desafían y contrarrestan el racismo, las desigualdades, los prejuicios y la discriminación por motivos de «raza» (https://simmons.libguides.com/anti-oppression/anti-racism)
- PNB: personas no blancas

| Niveles de racismo (Am J Public Health 2000;90:1212-15) | | |
|---|---|---|
| **Niveles** | **Caracterizaciones** | **Ejemplos** |
| Institucional: acceso diferencial a los bienes, servicios y oportunidades de la sociedad por «raza»; condiciones normativas, a veces legalizadas, que se manifiestan como desventaja hereditaria | Prejuicio histórico, barreras estructurales, inacción ante la necesidad, normas sociales, determinismo biológico, privilegio no merecido | Los condados con comunidades minoritarias altamente segregadas tenían más centros que suministraban metadona per cápita, mientras que los condados con comunidades blancas altamente segregadas tenían más centros para proporcionar buprenorfina per cápita (JAMA Netw Open 2020;3(4):e203711) |

*(continúa)*

| Individual: suposiciones diferenciales sobre las capacidades, los motivos y las intenciones de los demás en función de su origen étnico, acciones diferenciadas hacia los demás en función de ello | Intencional o no intencional; el contenido tangible y verificable de los pensamientos, sentimientos y acciones de las personas hacia un grupo mantiene las barreras estructurales; tolerado por las normas sociales | El médico remite al paciente a un PTO para obtener metadona en lugar de prescribirle buprenorfina, debido a que piensa que el paciente no tomará la buprenorfina como se le ha prescrito |
| --- | --- | --- |
| Internalizado: aceptación de mensajes negativos sobre las propias capacidades y valor intrínseco entre los miembros de los grupos estigmatizados | Refleja sistemas de privilegio y los valores de la sociedad, erosiona el sentido del valor individual, socava la acción colectiva | Un hombre con TCS que pertenece a una minoría étnica no inicia el tratamiento debido a la convicción de que fracasará y de que es incapaz de permanecer sin consumir drogas *(Health Aff (Millwood)* 2013;32(1):135-45) |

Fuente: Jones CP. Levels of racism: a theoretic framework and a gardener's tale. *Am J Public Health* 2000;90(8):1212-15.

## POLÍTICA ANTIDROGAS EN LOS EE.UU. EN EL S. XX
*(Drug Enforcement in the United States: History, Policy, and Trends, report, 2014)*

La política antidrogas estadounidense ha tenido un impacto diferencial en diversas poblaciones, creando marcadas diferencias en los individuos y en los entornos en los que estos buscan tratamiento para un TCS. Teniendo en cuenta las desigualdades sanitarias en materia de adicción, es importante prestar atención a esta perspectiva longitudinal, creando un marco para comprender nuestro panorama actual de tratamiento.

### Harrison Narcotics Tax Act, 1914 *(Am J Public Health* 1915;5(6):518)

- La aplicación de la ley desvinculó la adicción de la medicina y la política de drogas se orienta hacia la criminalización
- Aprobada para gravar y registrar la importación, venta y distribución de opio y coca
- Interpretada como una ley punitiva por las fuerzas del orden
- Evoluciona para investigar a los médicos que prescriben opiáceos para el tratamiento de la adicción
- Argumentó que la adicción a los opiáceos no era una afección médica y que el consumo de estas sustancias en esos casos no estaba «en el proceso de la práctica profesional de un médico»

### Marijuana Tax Act, 1937 *(Arch Gen Psychiatry* 1972;26(2):101-8)

- Tras su aprobación, todos los estados declararon ilegal la posesión de marihuana
- Se creó la Federal Bureau of Narcotics (FBN) en el Department of the Treasury para aplicarla
- Hasta 1937, el cultivo y el uso de la marihuana eran legales según la legislación federal
- El primer comisario de la FBN declaró: «el mayor criminal en los EE.UU. es el drogadicto; en todos los delitos cometidos contra las leyes de este país, el drogadicto es el delincuente más frecuente»

### Controlled Substance Act, 1970 *(Drug Alcohol Depend* 2004 Oct 5;76(1):9-15)

- «Guerra contra las drogas» del presidente Nixon

- Estableció directrices federales para la clasificación de las drogas (Lista I-V), haciendo hincapié en el potencial de uso indebido de sustancias (https://www.dea.gov/)

## Comprehensive Crime Control Act, 1984

- Aprobada originalmente para reducir la sobrepoblación en las cárceles y fomentar el uso de otras alternativas a las sentencias
- Enmendada con la Anti-Drug Abuse Act de 1986 para incluir penas mínimas obligatorias

## Anti-Drug Abuse Acts, 1986 y 1988 (United States Sentencing Commission. Special Report to Congress: Cocaine and Federal Sentencing Policy. February 1995; Pew Research Center. Black imprisonment rate in the U.S. has fallen by a third since 2006. May 6, 2020; The Sentencing Project. The Color of Justice: Racial and Ethnic Disparity in State Prisons. June 14, 2016.)

- Disparidad en las sentencias 100:1. *Crack* vs. cocaína en polvo, según la cual la distribución de 5 g de *crack* conllevaba una sentencia federal mínima de 5 años, mientras que la distribución de 500 g de cocaína en polvo conllevaba la misma sentencia
- Estableció 22 nuevas penas mínimas obligatorias para delitos relacionados con las drogas
- Ha provocado el mayor aumento de la población penitenciaria de los EE.UU. en la historia del país
- A pesar de que los índices de consumo de sustancias son comparables, los grupos étnicos tienen entre tres y seis veces más probabilidades de ser encarcelados por delitos relacionados con las drogas
- El resultado es que el 60% de la población penitenciaria actual está compuesta por PNB

---

## POLÍTICAS PARA ENFERMEDADES MENTALES Y ADICCIONES EN LOS EE.UU. (NEJM 2006;354(13):1378-861)

La cobertura del seguro es sin duda un factor importante para reducir estas disparidades. Al considerar las desigualdades sanitarias en materia de salud mental y adicción, es importante prestar atención a las perspectivas políticas, creando un marco para comprender nuestro actual panorama de cobertura de los tratamientos.

## Mental Health Parity Act (MHPA), 1996 (J Health Care Finance 1998 Spring;24(3):82-92.)

- Prohibición de que los planes de salud impongan límites anuales o vitalicios más elevados a las prestaciones para la salud mental que para las de salud física (médicas/quirúrgicas)
- Numerosas lagunas: la MHPA no exige la cobertura de los tratamientos de salud mental o de las adicciones, solo se aplica a los planes que ofrecen esas prestaciones

## Mental Health Parity and Addiction Equity Act, 2008 (JSAT 2017 Sep;80:67-78)

- Prohibición de diferencias en los límites para el tratamiento, el reparto de costos y la cobertura de la red

## Patient Protection and Affordable Care Act, «ObamaCare», 2009 (NEJM 2020;382:963-9)

- Se define la cobertura del tratamiento de la salud mental y del consumo de sustancias como prestaciones sanitarias esenciales que deben cubrirse
- Después de las reformas de la ACA, las personas con problemas de salud mental eran menos propensas a no tener seguro y a informar de una necesidad insatisfecha debido al costo de la atención en salud mental (y de cualquier servicio sanitario, y era más factible que informaran de una fuente de atención habitual) (Psychiatr Serv 2018 Feb 1;69(2):231-4)

## BRECHAS TERAPÉUTICAS (NEJM 2006;354(13):1378-86)

- Lamentablemente, la brecha entre la necesidad de tratamiento por consumo de sustancias y la recepción de tratamiento en los EE.UU. se está ampliando (J Addict Med 2018 Jul/Aug;12(4):273-7)
- De 21.7 millones identificados con necesidad de Tx, solo 2.35 millones fueron tratados en un centro especializado (The National Survey on Drug Use and Health, 2016)
- Las minorías étnicas tienen menos probabilidades de acceder al Tx de la adicción a pesar de la aprobación de la ACA (Drug Alcohol Depend 2019;202:162-7)
- En comparación con los programas de tratamiento del TCS financiados con fondos privados, los programas financiados con fondos públicos tienen menos probabilidades de contar con un médico en el equipo de atención y tienen tasas más bajas de utilización de medicamentos aprobados por la FDA (Am J Prev Med 2020;59(3):e125-33)
- Las minorías étnicas tienen menos probabilidades de que se les ofrezcan y recomienden servicios de tratamiento especializado para adicciones, incluso después de la evidencia de una sobredosis de drogas intencional (Psychiatric Services 2019:758-64)
- Los afroamericanos tienen menos probabilidades de recibir Tx farmacológico para el TCA (Drug Alcohol Depend 2017;178:527-33)
- Las minorías étnicas tienen menos probabilidades de que se les ofrezca la atención estándar, incluidos los MTCO, en particular la buprenorfina (JAMA Psychiatry 2019;76:979-81; JAMA Netw Open 2020;3(4):e203711. doi:10.100)
- Las minorías étnicas tienen más probabilidades de ser detenidas y privadas de la libertad por posesión de drogas (Psychiatr Clin North Am 2020;43(3):487-500)
- Las minorías étnicas tienen menos probabilidades de completar el tratamiento de la adicción debido a las desigualdades por los DSS causados por el racismo estructural, específicamente, inestabilidades financiera y de vivienda (Health Serv Res 2013;48(4):1450-67)

## CONSIDERACIONES FINANCIERAS

- Medicaid es el mayor pagador de tratamientos de salud mental y por consumo de sustancias en los EE.UU.
- Solo 12 estados pagan la continuidad completa de los servicios clínicos para el TCS (Access to Substance Use Disorder Treatment in Medicaid, 2018)
- Las mayores lagunas en la cobertura de los servicios clínicos del estado son las de la hospitalización parcial y el tratamiento en estancias. Esto crea una barrera para el tratamiento intensivo de las personas con síntomas de abstinencia potencialmente mortales
- Los datos de las encuestas nacionales indican que el tratamiento adecuado del consumo de sustancias y de la salud mental entre las PNB implica una disminución de los gastos en cuidados intensivos. Para las PNB, el ahorro potencial de la eliminación de las desigualdades de los gastos médicos generales entre pacientes hospitalizados puede ser de más de mil millones de dólares en todo el país (Psychiatr Serv 2015;66(4):389-96)

## PROPUESTAS DE SOLUCIÓN

- Utilización de un lenguaje no estigmatizante cuando se trata a un paciente. Incluso entre profesionales de la salud mental altamente capacitados, la exposición a un lenguaje estigmatizante conduce sistemáticamente a prejuicios (Int J Drug Policy 2010; 21(3):202-7). Véase el capítulo 26 para más información sobre el uso adecuado del lenguaje en el tratamiento de las adicciones

- Mejorar el acceso: en lugar de abrir la puerta de una clínica y esperar a que la gente llegue, un sistema proactivo de atención sanitaria tiene que ir al encuentro de las personas «donde están», con un alcance activo, un compromiso y un tratamiento de las circunstancias clínicas y socioeconómicas de cada individuo. Requiere flexibilidad normativa y una visión revisada de la atención eficaz e integrada en todos los entornos *(Health Aff 2021;40(2):226-34)*

- Alcance y participación comunitaria: a diferencia de las clínicas especializadas, las organizaciones comunitarias pueden ofrecer prevención, acceso a la identificación temprana y Tx de la salud mental y del TCS por parte de cuidadores de confianza *(Adm Policy Ment Health Ment Health Serv Res 2015;42(1):1-5)*

- Telemedicina: la prestación de servicios de salud mental a través de videoconferencias (tecnología audiovisual instantánea) favorece la aplicación de Tx de salud conductual, con resultados para determinadas afecciones comparables con los de la atención presencial *(World J Psychiatry 2016;6(2):269)*. Aunque la respuesta a la COVID-19 ha disminuido algunas de estas barreras, la implementación de la telemedicina para la salud mental a gran escala se enfrentará a cuestiones de privacidad, calidad, integridad del programa, diseño de modelos de pago y la posibilidad de ampliar ciertas diferencias debido al acceso desigual a la tecnología *(J Telemed Telecare 2020 Oct 21;1357633X20963893)*

- Los servicios culturalmente sensibles, definidos como sensibles a características étnicas y culturales, experiencias, normas, valores, patrones de comportamiento y creencias de una población objetivo, dentro de un programa de Tx, son un aspecto integral de muchos sistemas de salud, incluidos los que proporcionan Tx para el TCS *(J Community Psychol 2000;28(3):271-90)*

- Modelos de atención basados en la evidencia: un componente clave para ofrecer un tratamiento equitativo de la adicción es la capacidad de trasladar los métodos de la investigación a la práctica clínica

| Modelos de atención basados en la evidencia | | |
|---|---|---|
| **Modelo** | **Problema abordado** | **Resultado** |
| Vermont hub-and-spoke *(J Addict Med 2017;11(4):286-92)* | La escasez de proveedores de tratamiento de opiáceos en el estado, incluidas las zonas rurales, donde no había clínicos para adicciones que proporcionaran MTCO<br><br>En el año 2000, Vermont era uno de los ocho estados que carecía de un PTO, lo que obliga a los residentes a desplazarse a los estados vecinos para acceder a una atención basada en la evidencia | En 2002, se creó el 1.er centro de tratamiento de adicciones en Vermont, lo que exigió la contratación y formación de un proveedor de servicios de adicción. Se creó el modelo «hub-and-spoke» y se aplicó con éxito en todo el estado<br><br>Vermont se organizó en 5 regiones, con el centro correspondiente a 1 de estos 5 lugares, que contenían cada uno un PTO<br><br>El enfoque en las necesidades del estado, sus factores estructurales y la optimización de los recursos limitados para la coordinación de la atención condujeron a un esfuerzo exitoso que se optimizó rápidamente para proporcionar atención a escala estatal en poco tiempo, con mejorías sustanciales en la disponibilidad de MTCO |

*(continúa)*

| American Indians and Alaska Natives OUD Treatment (*Addict Behav* 2018;86:111-17) | El National Institute on Drug Abuse convocó una reunión de las principales partes interesadas para recabar opiniones sobre la aceptación de los MTCO entre los nativos americanos y de Alaska (NAA). Surgieron cinco problemas: 1. Desajuste entre la medicina secular y reduccionista de Occidente y la tradición curativa holística de los NAA 2. Necesidad de integrar los MTCO en la curación tradicional de los NAA 3. Conflicto entre el suministro de MTCO y la tradición de los NAA de que la curación sea sin medicamentos 4. Barreras sistémicas 5. Necesidad de mejorar los métodos de investigación culturalmente relevantes | En conjunto, la investigación demostró que la integración de los puntos de vista culturales es clave para el éxito de la implementación clínica de los MTCO para tratar a los NAA con TCO |
| Imani Breakthrough (Citizenship Model) (*Psychiatr Clin North Am* 2020;43(3): 487-500) | El programa se dirige a afroamericanos y latinos con TCS que, presuntamente, inician, permanecen y finalizan menos los tratamientos contra la adicción | Establecimiento de 5 puntos: derechos, funciones, responsabilidades, recursos y relaciones Imani Breakthrough ha conseguido que cientos de personas con TCS participen en grupos de recuperación, promoviendo una vía más segura para la derivación a un tratamiento contra la adicción en los entornos sanitarios tradicionales |

## ANTIRRACISMO EN LA PREVENCIÓN, INTERVENCIÓN Y TRATAMIENTO DE LAS ADICCIONES (*Subst Abus* 2021;42(1):5-12; *JPHMP* 2020;26(3):201-5: https://www.basisonline.org/2020/06/integrating-antiracismaddiction-treatment.html)

Los principios del antirracismo en la medicina de las adicciones incluyen, entre otros, los siguientes:

- Examinar críticamente y erradicar las políticas y procedimientos que implícita o explícitamente estigmatizan, marginan o discriminan por motivos étnicos
- Garantizar que los programas existentes y de nueva creación se basen en el lugar, sean multisectoriales y aborden explícitamente la equidad
- Dar prioridad a la reforma de las políticas, centrándose en la derogación de las políticas punitivas y la evaluación de su impacto en las PNB

- Conocer, enseñar y difundir los principios antirracistas en la educación sobre el consumo de sustancias, la investigación, la práctica clínica y la política

---

### Declaración de política pública de la ASAM sobre el avance de la justicia social en la medicina de las adicciones

La American Society of Addiction Medicine recomienda:

1. Los profesionales en medicina de adicciones deben examinar sus propias motivaciones, prejuicios y prácticas relacionadas con las PNB para ofrecer una atención médica equitativa, compasiva y antirracista a todos los pacientes. Es necesario investigar para identificar las mejores prácticas para motivar y facilitar dicho examen.
2. Los profesionales en medicina de adicciones deben dirigir prácticas médicas y programas de tratamiento que reconozcan y respondan a las experiencias de racismo de los pacientes.
   a. Confiar y respetar las experiencias de los pacientes mediante una atención que reconozca traumas del paciente.
   b. Evaluar a los pacientes en cuanto a los determinantes sociales de la salud, incluidos los relacionados con el racismo, y ponerlos en contacto con los recursos de la comunidad.
   c. Evaluar sus prácticas médicas en función de la diversidad del personal, la satisfacción y la permanencia en el Tx de las PNB.
3. Los profesionales en medicina de adicciones deben desarrollar sus habilidades, practicar y demostrar su liderazgo en la atención ante traumas declarados, así como su capacidad estructural, de modo que puedan:
   a. Comprender las experiencias de los pacientes en el contexto de los factores estructurales que influyen en su salud.
   b. Intervenir para abordar los factores estructurales, como las desigualdades en la aplicación de la ley, la vivienda, la educación, el acceso a la atención sanitaria y otros recursos, que ponen a los pacientes en riesgo de consumo de sustancias y adicción poco saludables o limitan su acceso a la prevención, el tratamiento y los apoyos para la recuperación.
   c. Colaborar con los líderes comunitarios y los profesionales de la salud con humildad y paciencia.
4. Proveedores de entrenamiento en medicina de las adicciones en la facultad de medicina, residentes, becarios y programas de educación médica continua (CME) deben revisar sus planes de estudio para identificar las lagunas relacionadas con la atención a las personas con trauma, la aptitud estructural y la comprensión étnica. Los educadores clínicos deberían desarrollar y promover cursos de formación basados en la atención a personas con trauma y la aptitud estructural para mejorar los resultados de los pacientes socialmente marginados en virtud de su origen étnico, mismos que son identificados con mayor frecuencia por el sistema judicial debido a prejuicios policiales y que son remitidos u obligados a tratamientos contra la adicción.
5. Los profesionales en medicina de adicciones deben abogar por políticas que conduzcan a una fuerza de trabajo de tratamiento de la adicción más diversa y deben buscar oportunidades para guiar a los médicos no blancos en el campo. Se debe poner a disposición una financiación sólida y dirigida a becas y reembolso de préstamos para los profesionales no blancos dentro de la medicina para adicciones.

*(continúa)*

6. Los profesionales en medicina de adicciones deben abogar por políticas que garanticen que las PNB en riesgo de adicción o con adicción tengan un acceso equitativo a la prevención basada en evidencia, la intervención temprana, el tratamiento y los servicios de reducción del daño. Además, dichos profesionales deben abogar por políticas diseñadas para eliminar las desigualdades estructurales en los factores sociales y económicos que influyen en el consumo de sustancias y la adicción (p. ej., prácticas de aplicación de la ley, acceso a vivienda, educación y atención sanitaria), ya que estos determinantes sociales contribuyen a las desigualdades sanitarias entre las PNB y las blancas.

7. La investigación relacionada con las adicciones debe esforzarse por incluir una representación equitativa de los investigadores y participantes no blancos en el diseño del estudio, la implementación y la difusión de los resultados. La investigación relacionada con las adicciones debe evaluar el impacto del racismo sistémico en el consumo de drogas; los factores de riesgo y de protección contra la adicción; así como el acceso a las intervenciones de prevención, las opciones de tratamiento y de reducción del daño, además de servicios de apoyo a la recuperación. Los recursos y las recomendaciones clínicas deben diseñarse teniendo en cuenta las amplias estructuras sociales, políticas y económicas que afectan la salud y la enfermedad. Los métodos de investigación participativa basados en la comunidad pueden ayudar a crear confianza entre los investigadores y las PNB, dadas las prácticas históricas de investigación.

La declaración política completa y las recomendaciones pueden encontrarse en: https://www.asam.org/docs/default-source/public-policy-statements/asam-policy-statement-on-racial-justiced7a33a9472bc604ca5b-7ff000030b21a.pdf?sfvrsn=5a1f5ac2_2

# POLÍTICAS EMERGENTES Y PROPUESTAS DE REFORMAS

La ley y la política influyen en la práctica de la atención de las adicciones de varias maneras fundamentales. El derecho penal y sus vestigios institucionales estigmatizan y criminalizan el consumo de ciertas sustancias. En el ámbito clínico, esto puede dar lugar a numerosos obstáculos para brindar un tratamiento de calidad de la adicción y una integración significativa de dicho tratamiento con la atención primaria y de otro tipo. También puede obstaculizar el acceso a las intervenciones de reducción del daño que salvan vidas, llevando el consumo problemático de sustancias a la clandestinidad. Las decisiones legales y políticas forman el entorno de riesgo estructural que contribuye al desarrollo y la continuidad de la adicción.

Por lo tanto, los especialistas en adicciones comprometidos en cambiar los determinantes estructurales de los resultados clínicos deben considerar la posibilidad de abogar por reformar las siguientes áreas para mejorar el tratamiento y reducir los daños a las personas con TCS.

**Reforma del sistema de justicia penal:** reducir la presencia del derecho penal en el tratamiento de las adicciones.

- El estigma, el racismo y la xenofobia, más que la evidencia científica, son la base de muchas políticas de drogas en los EE.UU.
- El uso de castigos severos como instrumento para modificar la conducta de las personas con TCS no se ajusta a la propia definición del TCS (DSMV 2013)

**Guerra contra las drogas en los EE.UU.** (The New Jim Crow: Mass Incarceration in the Age of Colorblindness, 2010; United States Sentencing Commission, Special Report to Congress: Cocaine and Federal Sentencing Policy, February 1995:1-15; Pew Research Center. Black imprisonment rate in the U.S. has fallen by a third since 2006, May 6, 2020; The Sentencing Project, The Color of Justice: Racial and Ethnic Disparity in State Prisons, June 14, 2016)

- Década de **1970**: la guerra contra las drogas aumenta enormemente la inversión federal en la prohibición y la aplicación de la ley. Los informes subsecuentes sugieren que esta guerra fue una cruzada deliberada de algunos para criminalizar a los afroamericanos y al movimiento pacifista
- Década de **1980**: expansión de la guerra contra las drogas y pánico político/mediático sobre el consumo de drogas como problema social. La Anti-Drug Abuse Act (1986) estableció sentencias mínimas obligatorias con una disparidad racista en las sentencias para la cocaína en polvo vs. el *crack*
- **1990-2000**: los delitos relacionados con el consumo de drogas y el TCS no tratado contribuyeron a un encarcelamiento masivo: 50 000 personas privadas de la libertad por delitos de drogas no violentos en 1980 → 400 000 en 1997. Aumento de la militarización en la aplicación de la ley antidrogas en el ámbito nacional, dirigida de forma desproporcionada a las PNB
- A pesar del drástico aumento del gasto en la lucha contra las drogas, la tasa de TCS se mantuvo relativamente estable

**Diseño, práctica y efectos racistas de las leyes antidrogas**
(Alexander 2012, Report of The Sentencing Project to the United Nations Special Rapporteur on Contemporary Forms of Racism, Racial Discrimination, Xenophobia, and Related Intolerance Regarding Racial Disparities in the United States Criminal Justice System, marzo 2018)

- Las PNB tienen más probabilidades de ser interceptadas, registradas, detenidas, condenadas y sentenciadas más duramente por delitos relacionados con las drogas. Las sanciones penales se convierten en una serie de consecuencias negativas de por vida en la educación, la vivienda, el empleo, la familia y otros ámbitos

    Aunque las PNB representan cerca del 29% de la población de los EE.UU., más de la mitad de los adultos estadounidenses (57%) encarcelados por delitos relacionados con las drogas son PNB, lo que da lugar a tasas de encarcelamiento 3 y 6 veces más altas que las de los blancos para afroamericanos y latinos, respectivamente

**El castigo legal de la posesión de drogas para uso personal puede aumentar los daños relacionados con el consumo de drogas.** Una aplicación racista también crea una barrera diferencial para el acceso a los servicios.

- Desincentiva el uso de los PSJE → mayor riesgo de compartir jeringas y material para inyectar → mayor riesgo de VIH y hepatitis C (*Int J Drug Policy* 2014;25:1; *Int J Drug Policy* 2018;51:121-127)
- Tratamiento deficiente del TCS durante la privación de la libertad, incluida la falta de acceso a los MTCO (*J Addict Dis* 2015;34:2-3)
- Los MTCO durante la privación de la libertad se asocian con menores sobredosis mortales después del encarcelamiento (*JAMA Psych* 2018;75:4). La sobredosis es la principal causa de muerte en las personas recién salidas de la cárcel (*Ann Intern Med* 2013;159:9)

**El foco punitivo del consumo de sustancias está codificado en la ley.** *Ejemplos:*

- **Uso de la sanción penal como instrumento de modificación del comportamiento:** muchos elementos del sistema legal, incluidos los tribunales de drogas y la supervisión comunitaria, utilizan la privación de la libertad y la amenaza de un castigo penal para coaccionar cambios en los comportamientos de consumo de sustancias
- La **Americans with Disabilities Act (ADA)** protege a las personas que han completado o están participando en un programa de rehabilitación y ya no consumen drogas. Las protecciones legales **no se aplican** a las personas «que actualmente hacen uso ilegal de drogas» (*New Directions Treatment Servs.* 2007)
- **Las leyes sobre el homicidio inducido por drogas** van en contra de las estrategias de salud pública para reducir las muertes por sobredosis. La confianza en el derecho penal desplaza la inversión en abordajes médicos y de salud pública para abordar el consumo de sustancias (*Utah Law Rev* 2019;2019:4)
- Los **centros de prevención de sobredosis** en Europa y Canadá se asocian con un número menor de muertes por esa causa, con menor transmisión de VIH y VHC, así como con mayor compromiso con el Tx (*ICER* 2021). Sin embargo, la ley federal que prohíbe los «locales con drogas» (21 U.S.C § 856) ha desalentado el uso de esta intervención de reducción del daño que salva vidas
- **Abordaje punitivo del consumo de sustancias en personas embarazadas y progenitores:**
  - Las mujeres han sido acusadas y rara vez condenadas por delitos relacionados con el consumo prenatal de sustancias. A partir de febrero del 2021, 23 estados y la capital federal consideran que el consumo de sustancias durante el embarazo es abuso infantil bajo los estatutos de bienestar infantil (*Guttmacher* 2020), esto a pesar de la oposición universal a tales leyes por parte de las organizaciones profesionales médicas (AMA, ASAM, ACOG, AAP)
  - La Child Abuse Prevention and Treatment Act (CAPTA) condiciona ciertas subvenciones a los estados a la obligación de que los proveedores notifiquen a los servicios de protección infantil los casos de lactantes «afectados por el abuso de sustancias, por síntomas de abstinencia resultantes de la exposición prenatal a drogas o por un trastorno del espectro del alcoholismo fetal» (42 U.S.C. § 5106a) → puede desincentivar que las personas embarazadas busquen Tx para

el TCS; puede equiparar los MTCO con el abuso y negligencia hacia el lactante, pues algunos han interpretado que las leyes de notificación obligatoria se aplican a las madres que toman metadona o buprenorfina *(Child Maltreat* 2020:25:4) y puede aumentar la vigilancia y el riesgo de pérdida de la custodia en embarazadas y progenitores con TCS, con un impacto desproporcionado en las familias afroamericanas *(J Behav Health Serv Res* 2012;39:1)

## Reforma al tratamiento de las adicciones: mejora el acceso y la calidad de la atención a las adicciones en todo el espectro del consumo de sustancias.

- La atención a las adicciones abarca un mosaico de programas de tratamiento con filosofías y prácticas clínicas dispares, un acceso inadecuado a los medicamentos para el TCS y complejas barreras para acceder a tratamientos probados científicamente
- Conduce a **grandes brechas de tratamiento**: por ejemplo, ≥ 70% de las personas con TCO no reciben Tx y, entre quienes lo reciben, ≤ 30% reciben metadona o buprenorfina *(SAMHSA* 2018; *Drug Alcohol Depend* 2017;178:512-518)

### Obstáculos a la educación de los proveedores

- La formación médica de pregrado y posgrado en materia de adicciones ha mejorado, pero sigue siendo insuficiente. El Accreditation Council of Graduate Medical Education (ACGME) **no** exige que los programas de residencia formen a los residentes en el diagnóstico y tratamiento de las adicciones *(ACGME* 2020). Una formación insuficiente contribuye a la falta de integración de la atención a las adicciones en los entornos de atención primaria y de otro tipo *(Am J Law Med* 2018;44:359-385; Columbia Univ 2000)
- Escasez de especialistas en medicina de las adicciones → personal sin conocimiento para satisfacer las necesidades de tratamiento, peor en las zonas rurales con escasez de atención especializada en adicciones *(NAM* 2020)

### Segregación financiera y normativa de los MTCO

- Exención de responsabilidad para la buprenorfina («exención X»): los médicos deben recibir una formación especial para obtener una exención que les permita recetar buprenorfina para el tratamiento del TCO (pero no del dolor) → contribuye a las bajas tasas de prescripción de buprenorfina para el TCO en el consultorio. Solo el 7% de los médicos tenían una exención para prescribir buprenorfina en 2019 *(JAMA* 2019;321:15)
- La metadona para el TCO solo puede otorgarse a través de PTO que deben cumplir la normativa federal y estatal. Obstaculizar el acceso al Tx con metadona crea severas barreras logísticas y geográficas para obtener esta medicación que salva vidas (p. ej., el número limitado de centros de tratamiento en zonas rurales, la necesidad de una identificación fotográfica, el requisito de una dosis diaria observada en la mayoría de los casos)
- Cobertura inadecuada de los seguros privados y públicos
- La «exclusión de los reclusos» prohíbe a Medicaid pagar la asistencia sanitaria en cárceles y prisiones → aísla la asistencia sanitaria en los centros penitenciarios del sistema sanitario más amplio y provoca la interrupción frecuente de la cobertura del seguro, además de la interrupción brusca de los MTCO *(AJPH* 2017;107:3)

### Tratamiento ineficaz y deficiente

- Los Gobiernos federal y estatal siguen invirtiendo en servicios y sistemas contraproducentes en detrimento de la atención basada en la evidencia. *Ejemplos:*
- Los programas de TCS que no ofrecen medicamentos eficaces, promueven perspectivas moralizantes y estigmatizantes sobre la adicción y explotan económicamente a los ptes que buscan desesperadamente un Tx. El

suministro de medicamentos de referencia para el TCS *no* es una condición para la acreditación de los centros de tratamiento y solo el 51%, algo más de la mitad, de los centros especializados en TCS ofrecieron MTCO en el 2020 (Substance Abuse and Mental Health Services Administration, National Survey of Substance Abuse Treatment Services (N-SSATS): 2020. Data on Substance Abuse Treatment Facilities. Rockville, MD: Substance Abuse and Mental Health Services Administration, 2021)

- Aumento del uso del tratamiento por mandato judicial en respuesta a la crisis de sobredosis. Evidencia limitada que apoye el tratamiento involuntario del TCS con potencial importante de daños (*Int J Drug Policy* 2016;28:1-9)
  - Por ejemplo, en el estado de MA, el aumento de los confinamientos civiles de la Sección 35 para «tratamiento» en prisiones → ambiente traumático, enfoque punitivo que incluye el uso del aislamiento, servicios no basados en evidencias con falta de acceso a MTCO (*Harvard Health Blog* 2018). Las personas internadas involuntariamente tenían más del doble de probabilidades de sufrir s/d mortal vs. las que completaron un Tx voluntario. Demuestra una mayor inversión en los sistemas carcelarios existentes en lugar de infraestructuras de salud pública y Tx médico
  - La legislación reciente, incluida la que aborda la paridad y la 21st Century Cures Act, perdió la oportunidad de desmantelar la filosofía de «separado pero desigual» en la atención de las adicciones (*Am J Law Med* 2018;44:359-385)

## Fondos a partir de litigios sobre los opiáceos
- Los funcionarios estatales y locales obtendrán acuerdos multimillonarios gracias a los litigios contra los fabricantes y distribuidores de opiáceos por su contribución a la epidemia de opiáceos
- Las lecciones del Master Settlement Agreement para el tabaco en la década de 1990 deberían guiar a los estados (*Health Aff blog* 2019):
  - Evitar gastar dinero para llenar vacíos presupuestarios no relacionados
  - Establecer una fundación de salud pública para establecer la capacidad para prevenir, controlar y responder a las crisis de medicamentos y hacer que las farmacéuticas rindan cuentas (similar a la Truth Initiative)
- Los fondos de los litigios sobre opiáceos deben invertirse en intervenciones basadas en la evidencia mediante un proceso equitativo y transparente (Johns Hopkins SPH 2021):
  - **Invertir en intervenciones que salven y mejoren vidas**, incluyendo la metadona y buprenorfina para el TCO, programas de reducción del daño, prevención entre los jóvenes, campañas contra el estigma y asistencia social para abordar los factores estructurales del consumo problemático de sustancias
  - **Establecer un fondo específico** que complemente el gasto básico en los programas para el TCS
  - **Determinar la asignación de fondos a través de un proceso justo** con representación, en la toma de decisiones, de las personas que consumen drogas y de las PNB
  - **Dar prioridad a la equidad racial en las decisiones de financiamiento** para reducir las diferencias de tratamiento y reparar el desproporcionado daño judicial que sufren las PNB que consumen drogas

## Determinantes estructurales de la adicción: la adicción y los daños relacionados están estrechamente vinculados con las desventajas sociales y económicas.
- Los **entornos sociales, culturales, económicos y físicos** contribuyen al desarrollo de la adicción y determinan la capacidad para recibir un Tx asequible, integral y científicamente comprobado (*NIDA* 2020)
- La teoría de las **«muertes por desesperación»** atribuye el marcado **aumento de las muertes por s/d, el suicidio y el alcohol a una**

desesperación cultural acumulada causada por la disminución de las oportunidades económicas, la erosión de la cohesión social, la clase social y las desventajas étnicas *(AJPH* 2018:108:2). En las últimas tres décadas se ha producido un aumento de la desigualdad de ingresos, un estancamiento salarial y la destrucción de la red de seguridad social *(Brookings* 2017). Algunas personas pueden tratar de hacer frente a la privación y la desesperanza mediante el consumo de sustancias

- La **asistencia sanitaria** en los EE.UU. es a menudo inaccesible e inasequible. Durante el primer semestre de 2020, el 12.5% de los adultos estadounidenses de entre 19 y 64 años no estaban asegurados y el 43% lo estaban de forma inadecuada *(Commonwealth Fund* 2020). Las tasas de no asegurados son peores en las comunidades de PNB y en los hogares con bajos ingresos. La falta de atención sanitaria → tratamiento inadecuado de la adicción y a otras enfermedades crónicas. La ampliación de Medicaid está asociada con mejores resultados para el TCS

- La **vivienda** es una necesidad esencial pero a menudo insatisfecha para las personas con TCS. La falta de vivienda y el consumo problemático de sustancias hacen sinergia. Las muertes relacionadas con el TCS, incluyendo la s/d, contribuyen a una mortalidad muy alta en las poblaciones que experimentan la falta de hogar *(JAMA Intern Med* 2013:173:3)

- El **racismo** contribuye a una mala salud mental y física. Políticas económicas, de vivienda, de empleo y de aplicación de la ley racistas → privación de derechos y desinversión en las comunidades de PNB → aumento de la pobreza y el riesgo de daños por consumo de sustancias. La discriminación y el racismo perjudican el bienestar psicológico *(PLoS One* 2015:10:9). Prejuicios raciales en los profesionales de salud y en los responsables políticos → sistemas de Tx de la adicción y resultados inequitativos *(Crit Perspect Addict* 2012:14:79-102)

- Los **traumas** son un hilo conductor en la vida de las personas con TCS y existe una relación bidireccional entre las experiencias traumáticas y el trastorno. Un historial de EIA está fuertemente asociado con el consumo problemático de alcohol y sustancias *(Lancet Public Health* 2017:2:8). La adicción a las sustancias se relaciona con un mayor riesgo de exposición a traumas, desde la privación de la libertad hasta la VP, la explotación y la agresión sexual, las muertes por s/d presenciadas y la separación familiar. Las intervenciones en pacientes con TEPT conocido y TCS no están bien estudiadas y no están ampliamente disponibles *(Clinic Psych Rev* 2015:38:23-33)

## POSICIONES POLÍTICAS DE LA **ASAM**

1. **Deconstruir los enfoques penales y punitivos del consumo de sustancias**
   - Abogar por reformas legales y políticas que aborden el consumo de sustancias como un problema de salud y la adicción como una enfermedad, incluida la eliminación de las sanciones penales por posesión de drogas para consumo personal *(ASAM 2022-2025 Strategic Plan,* 2021)
   - *Cannabis*: despenalizar el consumo y la posesión de *cannabis*; eliminar las multas y recargos siempre que sea posible. Sin embargo, puede ser necesaria una serie de sanciones civiles no obligatorias para hacer cumplir restricciones como la edad, el lugar de uso, los límites de cantidad y otras. Como alternativa a las sanciones civiles, se prefiere la remisión a una evaluación clínica o a actividades educativas. No debería haber penas mínimas obligatorias que castiguen de forma desproporcionada a las personas de escasos recursos

*(continúa)*

- Luz verde a los centros piloto de prevención de sobredosis
- Eliminar las leyes que definen el consumo de alcohol u otras drogas durante el embarazo como «abuso o maltrato infantil»; evitar el enjuiciamiento, la cárcel u otras medidas punitivas como sustituto de la prestación de servicios sanitarios eficaces durante el embarazo
- Las sanciones contra los progenitores, en el marco de las intervenciones de los servicios de protección a la infancia, solo deben aplicarse cuando existan pruebas objetivas de peligro para un niño y no solo pruebas de consumo de sustancias

## 2. Mejorar el acceso y la calidad del tratamiento de las adicciones

- Apoyar la adopción de normas para el tratamiento de calidad de las adicciones en el sistema de justicia penal (ASAM 2022-2025 *Strategic Plan*, 2021)
- Aumentar el acceso a la metadona para el TCO en más centros sanitarios
- Aumentar las ERB e incluir la formación sobre MTCO en la formación tradicional de médicos, enfermeros, asistentes médicos y otros profesionales de salud, así como en la formación médica continua
- Mejorar la regulación para los programas de tratamiento del TCS que ofrecen un «tratamiento» no basado en la evidencia
- Invertir en programas sólidos de tratamiento del TCS voluntarios y basados en la evidencia
- Aumentar el tamaño y la diversidad del personal clínico de las adicciones mediante el reembolso de préstamos, becas y la contratación entre grupos subrepresentados

## 3. Abordar los factores estructurales del consumo problemático de sustancias

- Apoyar políticas y prácticas que garanticen un acceso equitativo y la cobertura de una atención integral y de alta calidad a las adicciones (para todos)
- Priorizar el financiamiento y las oportunidades para las PNB y cambiar las prácticas sanitarias que perpetúan las desigualdades sociales
- Aumentar drásticamente el financiamiento de la investigación y la capacidad de los proveedores para las intervenciones en los casos de TEPT y TCS concomitantes

## Epidemiología

- Un estudio de la Organización Mundial de la Salud sobre las 18 enfermedades con mayor estigma en 14 países reveló que el TCS ocupaba el primer lugar y el consumo de alcohol el cuarto (*Disability and Culture: Universalism and Diversity*, 2001)
- Los datos de la *National Survey on Drug Use and Health* de 2019 mostraron que solo el 10% de las personas con TCS recibieron algún tratamiento en el año anterior. Los encuestados con TCS señalaron el miedo a la opinión negativa de un vecino/comunidad y el efecto negativo en el trabajo como principales barreras para buscar atención (*Key Substance Use and Mental Health Indicators in the United States: Results from the 2019 National Survey on Drug Use and Health*, 2020)
- La encuesta nacional que estudia el estigma relacionado con el TCO y los MTCO, entre el público en general, encontró que solo el 52% del público está de acuerdo con que la adicción es una enfermedad, 4 de cada 10 encuestados no habían oído hablar de los MTCO antes de responder la encuesta y 1 de cada 3 estuvo de acuerdo con que los MTCO sustituyen una adicción por otra (*Ann Behav Med* 2019;53:S401)
- La revisión sistemática de las actitudes de los profesionales de la salud hacia los pacientes con TCS concluyó que las actitudes de los profesionales eran a menudo negativas y contribuían a una atención de la salud poco óptima (*Drug Alcohol Depend* 2013;131:23-35)
- En un estudio aleatorizado que utilizó viñetas se demostró que una persona descrita como «drogadicta» tenía más probabilidades de ser juzgada como merecedora de culpa y castigo que la misma persona descrita como «con trastorno por consumo de sustancias» (*Int J Drug Policy* 2010;21:202-7)

## Definiciones (*Annu Rev Sociol* 2001;27:363-85; *AIDS Behav* 2009;13:1160-77)

- **Estigmatización:** percepción negativa de un grupo, segregación basada en la desigualdad de poder que lleva a la pérdida de estatus y a la discriminación
- **Estigmatizaciones en las personas con TCS:**

| Formas de estigmatización | Estigmatización internalizada | Estigmatización preconcebida | Estigmatización manifiesta |
|---|---|---|---|
| Explicación | Apoyar creencias y sentimientos de desacreditación asociados con el TCS y consigo mismo (p. ej., autoculparse, sentir desesperanza) | Expectativa de que los demás nos desvalorizarán o se distanciarán si saben que tenemos TCS (p. ej., esperar una mala atención por parte del personal de salud) | Percepción de prejuicios y discriminación (p. ej., experiencia de ser tratado de forma diferente) |

- **Discriminación**: acciones u omisiones dirigidas a personas estigmatizadas

## Impacto (incluye, pero no se limita a):

- Retrasa u obstaculiza el tratamiento
- Mala salud mental y física

- Desconfianza en el sistema de salud
- Menor calidad y utilización de los servicios sanitarios
- Menor disposición a políticas públicas y a la asignación de fondos
- Conocimiento equivocado de los TCS y de sus tratamientos

## Relación del TCS con otras alteraciones o características estigmatizadas

- Diferentes características socialmente devaluadas (p. ej., falta de vivienda, situaciones judiciales, condiciones de salud mental, infecciones) pueden llevar a intensificar las experiencias de estigmatización
- Son interdependientes (más que aditivas) y pueden interactuar entre sí en sus consecuencias sobre los resultados sanitarios

## Intervenciones

- Educación pública (p. ej., basada en evidencia acerca de la adicción y la eficacia del tratamiento)
- Promoción y cambio de políticas (p. ej., leyes que abarquen la reducción del daño, la igualdad en el tratamiento y la equidad sanitaria)
- Apoyo entre iguales y capacitación personal (p. ej., grupos de autoayuda [intervención grupal Coming Out Proud], apoyo a familiares cercanos, apoyo a las People's agencies [terapia de aceptación y compromiso])
- Formación de los proveedores y de la comunidad en cuanto al uso de un lenguaje no estigmatizante y centrado en el paciente → el lenguaje puede propagar el estigma de forma intencionada o no. Incluso entre profesionales de la salud mental altamente capacitados, la exposición a un lenguaje estigmatizante conduce sistemáticamente a juicios diferenciales *(Int J Drug Policy 2010;21(3):202-7)*

| Términos preferidos al hablar del espectro del consumo de alcohol y otras sustancias | |
|---|---|
| **Preferir** | **Evitar** |
| Persona con TCS, persona con síndrome de abstinencia | Adicto, usuario, alcohólico, drogadicto, bebé adicto |
| Consumo de bajo riesgo, uso no saludable, uso de riesgo | Uso indebido, problema, hábito de drogas, abuso |
| Intoxicado | Borracho, drogado, perdido |
| Recurrencia, regreso al consumo | Recaída |
| Positivo/negativo o detectado/no detectado | Orina limpia/sucia |
| Tx de la abstinencia, abstinencia | Desintoxicación |
| Tratamiento con agonistas opiáceos, MTCO, tratamiento con medicamentos, tratamiento del trastorno por consumo de tabaco | Terapia de sustitución o reemplazo, terapia asistida con medicación, dejar de fumar |

(Saitz R, Miller SC, Fiellin DA, Rosenthal RN. Recommended use of terminology in addiction medicine. J Addict Med. 2021;15(1):3–7 doi:10.1097/ADM.0000000000000673).

## Epidemiología (NSDUH 2018)

- **TCO/trastorno por consumo de opiáceos de prescripción médica:** en los EE.UU. hay 2 millones de casos de TCO y, de ellos, 1.7 millones tienen trastorno por consumo de opiáceos de prescripción médca (HHS, SAMSHA)
- **Consumo de opiáceos de riesgo/uso no médico:** hay 10.3 millones de personas en los EE.UU. con riesgo de consumo de opiáceos; de ellas, 808 000 consumen heroína y el resto opiáceos recetados
    Los más utilizados: oxicodona y hidrocodona (HC) sin receta; metadona, buprenorfina e hidromorfona (HM) con receta
    Razones: dolor (63.6%) > «sentirse bien o colocarse» (10.6%), «relajarse o aliviar la tensión» (9.2%)
    Origen del medicamento: amigo o familiar (51.3%) > receta médica (37.4%)
    Factores de riesgo: el factor de predicción #1 son los Hx de TCS o el uso riesgoso, trastorno mental
- **Dolor crónico y TCO:** el 29-60% de los pacientes con TCO informan DCNC (Int Rev Psychiatry 2018 Sep 3;30(5):136-46)
    El 32% de los ptes con DCNC pueden tener consumo riesgoso de opiáceos (BMC Health Services Res 2006;6(1):46)

## Definiciones (Pain 2020 Sep 1;161(9):1976-82)

- **Dolor:** experiencia *sensorial y emocional* desagradable, asociada con daño tisular *real o potencial*, o que se asemeja a él; el dolor es subjetivo, no siempre corroborado por hallazgos objetivos/imágenes, experimentado en un contexto social, cultural y emocional. Descubrir la causa ayuda a guiar el Tx
- **Dolor nociceptivo (DNo):** 2.° a daño real o potencial al tejido no nervioso o activación de las neuronas nociceptivo (NC); la respuesta adaptativa es inmediata, refleja, protectora; persiste mientras ocurre la lesión pero puede volverse crónica con señalización persistente al sistema NC a pesar del Tx de la causa subyacente (p. ej., enf degenerativas, inflamatorias, neoplásicas)
    **Visceral:** relacionado con los órganos (generalizado, dolor, cólico, molestia opresiva)
    **Somático:** agudo, punzante, localizado, palpitante
    **Inflamatorio:** dolor, ardor
- **Dolor neuropático (DNe):** respuesta desadaptada a la afección del sistema nervioso somatosensorial puede ser espontáneo o provocado, 2.° a lesión o enf del sistema nervioso somatosensorial (p. ej., compresión, nervio seccionado); Sx urentes, hormigueo, sensación de descarga, entumecimiento, disparo, sensibilidad a la temp; a menudo de larga duración
    **Periférico:** insuficiencia de vitaminas ($B_{12}$, D), isquemia/hemorragia, inflamación, neurotoxicidad, enfermedad neurodegenerativa, cáncer/paraneoplásico, traumatismo, metabólico
    **Central:** ACV, lesión medular, esclerosis múltiple, neuralgia del trigémino, miembro fantasma
    **Sensibilización central:** deterioro de la capacidad del SNC para ↓ la respuesta a los estímulos periféricos; la alteración del procesamiento del dolor contribuye a los síndromes de dolor crónico (p. ej., fibromialgia [FM], SII, pancreatitis crónica, transformación del dolor agudo en crónico)
- **Mixto DNo/DNe:** p. ej., artrosis con dolor radicular
- **Dolor desadaptativo:** no protege al organismo; dolor como una enfermedad (p. ej., dolor crónico)
    **Alodinia:** una estimulación normalmente inocua se vuelve dolorosa (p. ej., el roce de las sábanas)

**Hiperalgesia:** respuesta de mayor intensidad a un estímulo normalmente nocivo

## Evaluación

- **Antecedentes:** Hxm, Hx quirúrgicos, abordajes previos (vitaminas $B_{12}$ y D, hierro, imágenes, Dx y Tx)

  **Psiquiátricos:** depresión (prevalencia del 33-54% con dolor crónico), ansiedad, traumas, trauma sexual, TEPT, TCS; Hx: actividad de la enfermedad, gravedad, desencadenantes por uso, tratamientos anteriores

- **Dolor: OPQRSTU:** inicio (*onset*) (cómo empezó, repentino/gradual), factores desencadenantes/*paliativos* (incluyendo los medicamentos), tipo (*quality*) (agudo, punzante, urente, cólico), *región*/*irradiación*, intensidad (*severity*) (media, empeora, mejores puntuaciones en CdV), cronología (*timing*) (constante, intermitente, momentos del día, frecuencia), cómo afecta el dolor en su vida

  **Diario del dolor:** puntuaciones diarias del dolor, medicamentos utilizados PRN, efecto secundario, alivio del dolor

  **Escala de dolor:** escala FACES, puntuación de 0-10 del dolor diario: mejor/peor/promedio con y sin medicación

  **CdV:** escala **PEG** para la intensidad del dolor (*pain*), interferencia con el disfrute (*enjoy*) de la vida y el estado general. ¿Qué número (de 0 a 10) lo describe mejor?: (1) intensidad del dolor en la última semana; (2) cómo en la última semana el dolor ha interferido con su disfrute de la vida; (3) cómo en la última semana el dolor ha interferido con su estado general. Puntuación = promedio de 3 respuestas, utilizada para evaluar la respuesta al Tx (*J Gen Intern Med* 2009;24:733-8)

  **Estado general:** AVD, sueño, estado de ánimo, trabajo/responsabilidades, socialización, ocio, mecanismos de afrontamiento

  **Otros aspectos por evaluar:** programa para el control de los medicamentos recetados (PDMP), familia, otros proveedores

## Tratamiento (Treatment Improvement Protocol (TIP) Series 54. HHS Publication No. (SMA) 12-4671)

- **Principios generales:** abordaje de tratamiento individualizado y sin juicios de valor: formular un DxD de la causa del dolor. Seguir un enfoque gradual del tratamiento: utilizar medicamentos sin receta cuando sean eficaces, seguros y aceptables para el pte → medicamentos menos adictivos cuando sean seguros y eficaces → medicamentos potencialmente adictivos cuando sean necesarios con límites adecuados de uso (3-5 días para opiáceos); atención integral y multidisciplinaria

  Maximizar el paracetamol y los AINE, a menos que estén contraindicados

  **Objetivos del Tx:** identificar los objetivos compartidos y medibles del Tx, las expectativas de recuperación de la función/CdV, de reducción del dolor (30% considerado clínicamente significativo), el calendario o el esquema previsto, el plan de reducción de la dosis cuando sea apropiado

  **Tx no farmacológico:** promover la fisioterapia, ejercicio, tratamiento conductual, cambios de estilo de vida, medicina complementaria y alternativa, acupuntura, ortopedia e intervenciones (bloqueos nerviosos, inyecciones de esteroides/puntos dolorosos, estimuladores)

  **Tratamiento farmacológico:** consentimiento debidamente informado antes de iniciar con opiáceos (beneficios vs. riesgos: pueden desencadenar adicción o avidez (*craving*), sedación, caídas, hipogonadismo, s/d, muerte), evaluación previa y posterior del dolor, decidir los criterios para interrumpir/continuar los opiáceos

  **Evaluar el efecto:** 5 «A» (**a**nalgesia, efectos **a**dversos, **A**VD, conductas **a**berrantes por consumo de drogas, **a**fectación)

- **Precauciones generales:** formular un DxD para el dolor, comprobar PVMP, frecuencia de las visitas entre 1 y 2 semanas, especificar las responsabilidades del clínico y del pte (acuerdos entre el pte y el proveedor/«contratos»), eliminación/almacenamiento seguros

  Considerar si los resultados de la vigilancia del cumplimiento cambiarán el Tx (análisis de orina, recuento de pastillas); explicar la justificación del control de la medicación, el análisis constante de riesgo/beneficio del Tx con opiáceos

  **Naloxona:** revierte la sedación, la depresión respiratoria y la analgesia, debería suministrarse a todos los ptes a los que se les prescriben opiáceos, educar a todos los ptes y a los miembros de la familia/personas importantes que participan en el cuidado sobre los signos de s/d y la administración de naloxona, administrar una dosis parcial, con precaución para los pacientes con TOLP

| Tratamientos adyuvantes para el dolor que ahorran opiáceos | | |
|---|---|---|
| *(Oncologist* 2004;9(5):571-91) | | |
| **Analgésico** | **Dosis habituales, ejemplos** | **Notas** |
| Paracetamol | Formulaciones v.o., i.v., v.r. Máximo 3 g/día, 2 g/día con cirrosis | Hepatotóxico a dosis altas |
| AINE | Ibuprofeno < 1500 mg c/24 h ↓ riesgo GI/ES (máximo 2 400 mg c/24 h) | Tópico, v.o. Precaución con riesgo de hemorragia/trombocitopenia, gastropatía, toxicidad CV (↓ con naproxeno), IR; no usar en embarazo |
| | Ketorolaco: máximo 120 mg i.v. c/24 h o 40 mg v.o. c/24 h; gen. < 5 días de uso | ↓ dosis/precaución en adultos mayores, IR |
| | Selectivo de la COX-2 (celecoxib): máximo 200 mg c/24 h | ↓ úlceras GI, ↓ disfunción plaquetaria, pero ↑ riesgo CV. Precaución en IR |
| Relajantes musculares: estructuras heterogéneas, no son una verdadera «familia farmacológica» | Baclofeno, tizanidina, dantroleno, benzodiazepinas: espasmolíticos | Potencial de abuso; todos son sedantes 2.ª línea para dolor agudo, uso < 1-2 semanas |
| | Ciclobenzaprina, carisoprodol, metocarbamol, clorzoxazona: relajan los músculos por ↓ de actividad del SNC | No está bien estudiado para dolor crónico (la ciclobenzaprina y la tizanidina son las mejor estudiadas) |
| Ketamina | Consultar la dosificación para dolor, anestesia y cuidados paliativos | I.v., v.o.; antagonista de NMDA; ES: depresión respiratoria, confusión, CV |
| Esteroides | Compresión nerviosa, distensión visceral relacionada con cáncer, dolor óseo por cáncer: dexametasona o metilprednisolona | Terapia con dosis altas < 72 h Disminución rápida si no hay beneficios Útil 2-3 meses antes de los efectos secundarios inducidos por los esteroides > beneficio |

(continúa)

## Tratamientos adyuvantes para el dolor que ahorran opiáceos
### (continuación) (Oncologist 2004;9(5):571-91)

| Analgésico | Dosis habituales, ejemplos | Notas |
|---|---|---|
| Dolor neuropático: 1.ª línea (Lancet Neurol 2015 Feb;14(2):162-73) | | |
| Gabapentinoides | Gabapentina (NNT 3-8): iniciar 100-300 mg c/24 h pm → ↑ dosis c/3-7 días → 1200-3 600 mg totales, c/12 u 8 h<br>Pregabalina (NNT 3-5): inicio 50 mg c/12 u 8 h → objetivo 300-600 mg totales, c/12 h | ↑ potencial de uso no médico; ↑ de s/d en combinación con opiáceos<br>ES: mareos, sedación, ataxia, aumento de peso, trombocitopenia (pregabalina)<br>Dosis terapéutica: dosis máxima de 2 a 4 semanas<br>No suspender bruscamente por Sx de abs. Absorción de pregabalina > gabapentina → ↑ potencia, previsibilidad |
| Inhibidores de la recaptación de serotonina-noradrenalina (IRSN) | Duloxetina, inicio 30 mg c/24 h × 1 semana → objetivo 60-120 mg (c/24 o12 h) (FM, NPPD, dolor ME crónico)<br>Venlafaxina de LP, inicio 37.5 mg c/24 o 12 h → objetivo 150-225 mg (c/12 u 8 h)<br>Milnaciprán (fibromialgia) | Dulox: precaución en IR/IH, asociado con el síndrome serotoninérgico<br>Venlafax: precaución en la HTA<br>Dosis terapéutica: 4-6 sem, disminución del síndrome de abstinencia secundario IRSN/ATC ↓ dolor > ISRS NNT 4-6 |
| Antidepresivos tricíclicos | ↓ ES con la amina secundaria nortriptilina o desipramina vs. la amina terciaria amitriptilina<br>Inicio 10-25 mg c/24 h pm v.o. → ↑ 25 mg cada 3-7 días<br>Máximo 100 mg c/24 h (150 mg c/24 h si se pueden medir las conc. en sangre)<br>Máximo 75 mg c/24 h con > 65 años | ES: efectos anticolinérgicos, caídas en mayores, toxicidad CV con > 100 mg<br>1.ª línea en cefalea, migrañas<br>↑ riesgo de convulsiones con IRSN, ISRS, IMAO, tramadol<br>Probar 6-8 semanas, ≥ 2 semanas a la dosis máxima NNT 2-3 |
| DNe: pocos datos | | |
| Analgésicos tópicos: 2.ª línea | Lidocaína al 5% t.d. 1-3 parches en la zona × 12 h, c/24 h para DNe | Crema o parche. NNT 4 |
| | Capsaicina al 8% t.d. 1-4 parches × 30-60 min c/3 meses para dolor ME, DNe | ES: ardor/dolor, supervisión del clínico en 1.er uso. Evitar en NPPD |
| 3.ª/4.ª líneas | Opiáceos: 3.ª línea | NNT 2.5-4.8 |
| | Anticonvulsivos: levetiracetam, ácido valproico, fenitoína, lamotrigina<br>Carbamazepina: neuralgia del trigémino | Analgesia directa (NNT 2.1-5.4) y estabilización del estado de ánimo; las conc. sanguíneas no se correlacionan con la eficacia contra el dolor |
| | Toxina botulínica A | |

ES: efectos secundarios; FM: fibromialgia; IH: insuficiencia hepática; IR: insuficiencia renal; LP: liberación prolongada; ME: musculoesquelético; NNT: número necesario de pacientes a tratar; NPPD: neuropatía periférica diabética. Generalmente las dosis iniciales son más bajas en los pacientes de edad avanzada.

- **Dosificación:** objetivo = máx. beneficio/mín. riesgo; ↓ dolor hasta un nivel tolerable (no eliminar) y ↑ función; dosis limitada por los ES, no hay máx. teórico de dosis → empezar con poco y lentamente

  ↑ flexibilidad de dosificación con un solo fármaco, LI/AC vs. combinación (p. ej., oxicodona/paracetamol)

  ↑ riesgo de s/d con dosis ↑ (Ann Int Med 2010;152:85-92)

  El sistema de recompensa de los opiáceos se relaciona con el momento de inicio del efecto: i.v. > i.m./s.c > v.o., LI > LP/AP

  **Insuficiencia renal:** seguridad del fentanilo > HM > oxicodona >> morfina

  **Insuficiencia hepática:** seguridad del fentanilo, HM > oxicodona >> morfina (gen. ↓ dosis 25-50%)

  **Infusión i.v.:** calcular la dosis basal por hora (generalmente el 50% del total de las necesidades PRN para el control de los Sx/24 h); se necesitan entre 8 y 12 h para alcanzar el equilibrio → utilizar bolos para controlar los Sx agudos hasta la estabilización del medicamento

  **Tx con dosis altas:** ↑ riesgo de s/d, hiperalgesia, ↓ función, considerar > 90 EMM c/24 h (N Engl J Med 2003;349:1943-53; J Pain 2012 Nov;13(11):1131-8)

- **Liberación inmediata/acción corta (LI/AC):** se usa para el dolor intenso, posquirúrgico y por traumatismo; la mayoría ofrece analgesia de 3-6 h; la dosificación comienza con el 10-20% de la dosis de opiáceos LP/AP para pacientes tolerantes; LI ↑ riesgo de dolor por abs. de opiáceos

  **Dolor episódico (DE):** brote de dolor transitorio sobrepuesto a otro dolor por lo demás manejable

    **Espontáneo:** con desencadenante o advertencia; por lo regular con componente de DNe → LI

    **Dolor identificado:** tiene desencadenantes identificables, puede no requerir ↑ cobertura LP/AP

    (1) **Voluntario** (p. ej., ducharse, PT) → prueba de Tx con premedicación 30 min antes de los desencadenantes

    (2) **Involuntario** (p. ej., tos, defecación) → LI PRN

    **Finalización de la dosificación:** dolor recurrente antes de la siguiente dosis a las 24 h → ↑ dosis/frecuencia del medicamento

- **Liberación prolongada/acción prolongada (LP/AP):** no para el Tx de dolores agudos, leves, perioperatorios de rutina, de tiempo limitado o de uso PRN. Considerar si hay dolor intenso o si se requiere control las 24 h con LI. No triturar/romper

  No empezar en un pte que no ha tomado opiáceos

  No es 1.ª línea para dolor crónico (Ann Intern Med 2015;162:276-86)

  No hay evidencia clara de que sea más eficaz o más seguro que la LI; puede ↓ potencial de abuso vs. LI

  **Tolerancia a los opiáceos:** ≥ 1 semana de ≥ 60 mg de morfina v.o. c/24 h, 25 µg/h de fentanilo t.d. c/72 h, 30 mg de oxicodona c/24 h u 8 mg de HM v.o. c/24 h (FDA.gov)

- **Efectos adversos:** (Pain Physician 2008;11(2 Suppl):S105-20)

  **Sedación:** signo de advertencia/inicio antes de la depresión respiratoria → ↓ dosis

  **Confusión:** ↑ riesgo en adultos mayores, IR/IH, ↑ riesgo con morfina (metabolitos activos) → cambiar opiáceo

  **Náuseas/vómitos:** ↓ con tolerancia después de unos días; si no se toleran, cambiar de opiáceos; prescripción de antieméticos

  **Estreñimiento:** senna/bisacodilo; cambiar de opiáceos; no hay tolerancia con el tiempo

  **Prurito:** cambiar de opiáceos, antihistamínicos

**Retención urinaria:** cambiar de opiáceos, ↓ dosis

**Hiperalgesia:** secundaria a toxicidad por opiáceos; Sx: sacudidas mio-
clónicas que preceden la convulsión; Tx: ↓ dosis de opiáceos, rotación
de los opiáceos, hidratación para depurar los metabolitos tóxicos. Tx
médico: clonazepam 0.25-0.5 mg c/8 h v.o., lorazepam 0.5-1 mg v.o. c/6
h o baclofeno 5-10 mg c/8 h v.o.

- **Rotación de opiáceos:** cambiar de un opiáceo a otro por efectos
  adversos/toxicidad del opiáceo inicial, falta de efecto a pesar de ajuste
  óptimo, para reducir la dosis, diferentes vías, costo

    **Tolerancia cruzada incompleta (TCI):** la tolerancia a diferentes
    opiáceos es normal y no es completa → el nuevo opiáceo puede au-
    mentar tanto los efectos terapéuticos como los adversos → calcular la
    dosis equianalgésica del nuevo fármaco y ↓ **25-50%** para prevenir la s/d

    **Dosificación equianalgésica** (Br J Pain 2012 Feb;6(1):43-6): cantidad de dos opiá-
    ceos necesaria para brindar un alivio equivalente del dolor. Precaución:
    las tablas no tienen en cuenta las TCI; individualizar el esquema final

    **Afinidad al receptor opioide:** fentanilo > buprenorfina > hidro-
    morfina > morfina > metadona > oxicodona (Regul Toxicol Pharmacol
    2011;59(3):385-90)

- **Disminución:** si la prueba con opiáceos no progresa hacia los objetivos o
  tiene efectos adversos intolerables, ↓ 10-20% cada 7 días como punto de
  partida; lento o pausa si no se tolera; más lento si el Tx con opiáceos es
  prolongado (5-10% ↓ cada 5-28 días)

| Tabla de equianalgesia de los opiáceos | | | |
|---|---|---|---|
| | Dosis equia-nalgésica (mg) | | |
| **Opiáceo** | **I.v.** | **V.o.** | **Comentarios** |
| Morfina | 10 | 30 | LI/LP; solución bucal, v.r. aceptable<br>IH/IR: evitar |
| Codeína | 100 | 200 | La codeína es un profármaco que se transforma en morfina en el hígado. Los metabolitos activos causan síntomas confusionales<br>IH: evitar; IR: no utilizar |
| Fentanilo | 0.1 | – | IH/IR: más seguro, bolo i.v. > infusión |
| Hidrocodona | – | 30 | Con frecuencia administrada con paracetamol (Lortab®, Vicodin®); solo disponible en combinación |
| Hidromorfona (HM) | 1.5 | 7.5 | IH: más segura |
| Meperidina | 100 | 300 | No se recomienda para el tratamiento rutinario del dolor debido a los metabolitos tóxicos para el SNC |
| Oxicodona | – | 20 | Formas LI o LP; combinación con paracetamol (Percocet®) |
| Tramadol | – | 120 | Efecto dual: opiáceo débil e IRSN; potencial de abuso<br>Dosis máxima secundaria a riesgo de convulsión; riesgo de síndrome serotoninérgico con IRSN/ISRS; IH/IR: menos seguro |

Interpretación: para un pte nunca tratado con opiáceos, 30 mg de morfina v.o. proporcionan una analgesia
similar a la de 1.5 mg de HM i.v. Las dosis indicadas no tienen en cuenta la tolerancia cruzada incompleta →
↓ **dosis del 25-50%** con base en el juicio clínico; se muestran las proporciones más utilizadas.
– no disponible en los EE.UU.; IH: insuficiencia hepática; IR: insuficiencia renal.

- **Fentanilo t.d.:** debe ser tolerante a los opiáceos. Se absorbe/libera de la grasa s.c.

  La dosis c/72 h es la más frecuente; 12-18 h antes del efecto inicial; 24-48 h para alcanzar el efecto sostenido

  Permanece en el sistema entre 6 y 18 h después de retirar el parche

  La absorción ↑ con el calor (fiebre, bolsa caliente, etc.) y las heridas en la piel; ↓ con el edema

  Algunos parches tienen hoja metálica; retírela antes de la RM

  Datos limitados sobre la conversión del parche a un opiáceo diferente; generalmente la dosis se reduce en 25-33%

- **Metadona:** conversión equianalgésica no lineal (la reducción dependiente de la dosis varía en un 50-90%); consultar al servicio especializado cuando se considere su uso

- **Buprenorfina:** no se ha definido una dosis equianalgésica sistemática; la dosis varía según las diferentes vías (s.l., bucal, t.d., etc.)

| Dosis equianalgésicas frecuentes | | | | | |
|---|---|---|---|---|---|
| Morfina (mg) | | Oxicodona (mg) | Hidromorfona (mg) | | Fentanilo (µg) |
| V.o. | I.v. | V.o. | V.o. | I.v. | I.v. |
| 15 | 5 | 10 | 3.75 | 0.75 | 50 |
| 30 | 10 | 20 | 7.5 | 1.5 | 100 |
| 45 | 15 | 30 | 11.25 | 2.25 | 150 |
| 60 | 20 | 40 | 15 | 3 | 200 |
| 75 | 25 | 50 | 19 | 3.75 | 250 |
| 90 | 30 | 60 | 22.5 | 4.5 | 300 |
| 120 | 40 | 80 | 30 | 6 | 400 |

Las dosis indicadas no tienen en cuenta la tolerancia cruzada incompleta; ↓ nueva dosis 25-50% según el criterio clínico.

## Dolor y TCO

- **Objetivos:**

  Proporcionar una analgesia adecuada

  Prevenir el síndrome de abs.

  Prevenir el regreso al consumo de opiáceos o el empeoramiento del TCO

  Compromiso continuo con el tratamiento y la atención en salud

- **Consideraciones de Tx:**

  En general, las personas con un TCO activo y no tratado no deberían tomar medicamentos diferentes a los MTCO, a largo plazo, solo para el dolor. Deben considerarse la metadona o la buprenorfina para los pacientes con TCO y dolor no tratados (2020 National Practice Guideline—OUD [asam.org] Part 9 Special Populations: Individuals with Pain)

  La naloxona debe administrarse con el Tx de analgesia con opiáceos

  **Alteración del umbral del dolor:** ↓ tolerancia al dolor en ptes con TCO vs. hermanos sin TCO; ptes con TCO activo vs. pares en remisión; ptes con MTCO vs. ptes con TCO sin MTCO → a menudo necesitan ↑ dosis o frecuencia de opiáceos para lograr analgesia eficaz (Pain 2001;93:155-63)

  **Dependencia física y riesgo de abstinencia:** ↑ tolerancia con TAO, por lo que ↓ dosis puede provocar Sx de abs. (Can J Anaesth 2005 May;52(5):513-23)

**Tolerancia a los opiáceos**: ↑ tolerancia con TAO = ↑↑ necesidades de opiáceos puede ser necesario para un alivio eficaz del dolor (Ann Intern Med 2006;144(2):127-34)

**Ocupación/bloqueo del receptor:** todos los MTCO tienen ↑ afinidad por el receptor opioide mu (ROM), por lo que necesitan agonistas ROM competitivos (↑ afinidad) para tratar el dolor

**Desconfianza de los pacientes:** desconfianza en la atención médica, preocupación por el estigma, miedo al dolor subyacente (J Gen Intern Med 2002 May;17(5):327-33)

**La suspensión del tratamiento con opiáceos no cura el TCO**

---

## DOLOR AGUDO

### Dolor agudo < 4 semanas
- **Evolución:** alivio notable en días o pocas semanas; los analgésicos tienen ↑ eficacia para aliviar el dolor
- **Tx:** 1.ª línea: paracetamol/AINE → opiáceos, relajantes musculares × 3-5 días si es grave o se le dificulta dormir

**TCO y dolor agudo** (Ann Intern Med 2006;144(2):127-34; Guide to the Inpatient Pain Consult, Chapter 13: Inpatient Pain Management in Patient with Opioid Use Disorder 2020)
- **El dolor agudo suele estar infratratado en el caso de los pacientes con TCO**
  Considerar esquemas de opiáceos de LI en los peores momentos o c/24 h en lugar de las dosis PRN
- **MTCO:** confirmar la dosis con el proveedor/clínica del programa de tratamiento con opiáceos (PTO)
- **La dosis de mantenimiento de MTCO no proporciona analgesia:** la duración de la analgesia con buprenorfina/metadona es de 4-8 h << eliminación de la abstinencia/avidez de opiáceos 24-48 h; hiperalgesia y tolerancia secundaria a MTCO
- **La analgesia requiere ↑ dosis y ↑ frecuencia:** suele ser necesaria para una analgesia eficaz en comparación con el pte sin TCO
- **La analgesia con opiáceos no ↑ riesgo de recurrencia del TCO:** un dolor no tratado puede actuar como desencadenante
- **MTCO + analgesia con opiáceos no ↑ depresión respiratoria/ SNC:** no hay evidencia de ↑ eventos

### Tratamiento de los pacientes con MTCO
- **Elección del opiáceo durante las crisis:** usar fentanilo o HM de alta afinidad o dosis ↑↑ de morfina; oxicodona como agonista completo de acción corta para competir mejor por los ROM

**Metadona** (Ann Intern Med 2006;144:127-34; 2020 National Practice Guideline - OUD (asam.org))
  **Paciente hospitalizado**: confirmar la dosis con el PTO y continuar con la dosis de mantenimiento. Considerar la posibilidad de aumentar temporalmente la dosis de metadona o dividir la dosis para imitar la ventana analgésica. Aconsejar la comunicación con el personal médico del PTO y considerar la consulta con medicina de adicciones o medicina del dolor antes de ajustar la dosis de metadona
  1.º priorizar los adyuvantes no opiáceos
    **DIC**: opciones si la analgesia es inadecuada con lo anterior:
      Tx con ↑ dosis de metadona en consulta con el PTO y consulta con medicina de adicciones/dolor
      Utilizar opiáceos de alta afinidad (fentanilo, hidromorfona)
      Usar dosis ↑ de lo habitual de morfina, oxicodona

Evitar mezclar opiáceos agonistas/antagonistas (p. ej., buprenorfina) para evitar la abs.

**Pte ambulatorio**:

**DIC:** 1.° priorizar los adyuvantes no opiáceos

Puede conversarse un aumento de la dosis por tiempo limitado con el PTO

Comunicarse con el PTO si se inician opiáceos para el DIC: opiáceos de alta afinidad (fentanilo, hidromorfona) o dosis más ↑ de lo habitual de morfina, oxicodona

- **Buprenorfina-naloxona** *(Ann Intern Med 2006;144:127-34)*

1.° priorizar los adyuvantes no opiáceos

No es necesario interrumpir la buprenorfina durante el Tx del dolor agudo

Puede dividir las dosis de buprenorfina en casa para maximizar la ventana analgésica (c/8 o 6 h)

Las recomendaciones que siguen se refieren a la buprenorfina-naloxona s.l. como parte de la MTCO (t.d., las formulaciones bucales para el dolor crónico tienen una dosificación diferente)

**Opciones para DIC** (hospitalizados/ambulatorios)

1. Continuar la buprenorfina con ↑ dosis total diaria o dosis suplementarias (2-4 mg s.l.) PRN, hasta 32 mg diarios (8 mg c/6 h) *(Am J Psychiatry 2007 Jun;164(6):979)*
2. Continuar la buprenorfina con agonista de opioides puro para el DIC (alta afinidad: hidromorfona, fentanilo o dosis más altas de morfina, oxicodona)
3. Continuar la buprenorfina en dosis ↓ (8-16 mg s.l., total c/24 h) temporalmente para permitir ↑ efecto analgésico/competencia por los ROM con agonistas opioides puros para el DIC; ajustar la buprenorfina a la dosis ambulatoria antes del alta
4. Interrumpir la buprenorfina, cambiarla por metadona. Opción si el alivio del dolor es inadecuado con lo anterior (techo analgésico positivo con buprenorfina) con empeoramiento de la evolución del dolor a largo plazo

- **Naltrexona**

Antagonista de alta afinidad = sin analgesia + bloqueo opioide potente

Maximizar los adyuvantes no opiáceos

En Tx con opiáceos, prever dosis ↑↑ para superar el bloqueo de los ROM (precaución: ↑ riesgo de depresión respiratoria debido a ↓ tolerancia a los opiáceos = necesidad de vigilancia) *(Pharmacol Biochem Behav 2008 Jun;89(4):515-22)*

---

## DOLOR CRÓNICO

### Dolor crónico > 3 meses *(HHS Publication No (SMA) 12-4671)*

- **Dolor crónico no relacionado con el cáncer (DCNC):** no se asocia con una enfermedad terminal, es poco probable que mejore con la cicatrización de los tejidos; es diferente del dolor agudo prolongado

Dolor como enfermedad: tiende a persistir y a repetirse en el tiempo; es más difícil de tratar solo con medicamentos

Los factores biológicos (estudios de imagen, pruebas de laboratorio) se correlacionan mal con el desarrollo del DCNC o la gravedad

Se asocia con ↑ riesgo de TCS/abuso, ansiedad/TEPT/depresión, estrés, trastornos del sueño

- **FiPa:** lesión del tejido → sensibilización neuronal → respuestas amplificadas, los estímulos no tóxicos se vuelven dolorosos → la señalización neuronal espontánea sin entrada nociceptiva se vuelve progresiva, autosostenida = percepción persistente del dolor sin daño tisular en curso

- **Tx:** deben tratarse los factores psicosociales; requiere una gestión a largo plazo con un abordaje de enfermedad crónica y una rehabilitación interdisciplinaria (TCC, TP, MEC, ejercicio, etc.) *(JAMA 2010;303:1295-302)*

  Opiáceos: beneficio limitado a largo plazo, en especial con dosis altas; efecto heterogéneo sobre la función *(Ann Intern Med 2015;162:276-86)*

  TCC: datos de ↓ Sx, ↑ función, ↑ CdV; reestructura el pensamiento desadaptativo, el afrontamiento, la distracción *(Cochrane Database Syst Rev 2012:CD007407)*

  Objetivos: maximizar la función; evaluar las 5A (p. 172), no ajustar los opiáceos para aliviar el dolor

## DCNC y TCO *(Int Rev Psychiatry 2018 Sep 3;30(5):136-46)*

- **Epidemiología:** el 32% de los ptes con DCNC pueden tener TCS *(BMC Health Serv Res 2005;5(1):3)*; el 29-60% de los ptes con TCS informan DCNC
- **FiPa:** ambos son procesos neurofisiológicos influidos por factores genéticos y ambientales
- **Tx:** es difícil romper el ciclo de búsqueda de alivio, experiencia de alivio, recurrencia del dolor → Tx DCNC y TCO/otras enfermedades psicosociales simultáneamente

  Equipo interdisciplinario con enfoque de gestión de enfermedades crónicas

  Objetivos del Tx: maximizar la función/mecanismos de afrontamiento; evaluar las 5A, no ajustar los opiáceos para aliviar el dolor

## Tratamiento de los pacientes con MTCO *(J Addict Med Mar/Apr 2020;14(2S Suppl 1):1-91)*

- **Anticipar la necesidad de analgesia continua, por lo que se prefiere metadona, buprenorfina > Ntx**

  El bloqueo de ROM con Ntx impide la analgesia facilitada con opiáceos, pero puede ser una opción si el dolor se trata adecuadamente con opciones no farmacológicas o fármacos no opiáceos
- ↑ riesgo de recurrencia del TCO en caso de Tx subóptimo del dolor
- 1.º maximizar los adyuvantes no opiáceos (con y sin receta)
- **Elección del opiáceo en caso de crisis de dolor:** con ↑ afinidad como fentanilo, HM o dosis ↑↑ de morfina, oxicodona como agonista completo de acción corta para competir mejor por los ROM
- **Metadona**

  Las restricciones del PTO (la mayoría son de una dosis diaria) pueden limitar la analgesia máxima de la metadona

  Prueba en conjunto con el PTO para optimizar la dosis si es posible

  Si se prescriben opiáceos adicionales, se debe coordinar con el PTO

  Si hay Tx con opiáceos, administrar al final de la ventana analgésica de la metadona (6-8 h)
- **Buprenorfina-naloxona**

  Menos restricciones de Tx = puede dividir la dosis ambulatoria c/8 h o c/6 h para una analgesia óptima

  Puede probar ↑ dosis para el dolor (p. ej., 32 mg)

  El aumento a la dosis de buprenorfina puede estar limitado por la aseguradora
- **Naltrexona**

  No hay alivio analgésico al inicio = considerar metadona o buprenorfina como MTCO

  Se deben maximizar las opciones no farmacológicas y no opiáceas

Si se requiere Tx con opiáceos, se debe interrumpir la Ntx; ser cauteloso en la dosificación de opiáceos implica ↓ tolerancia

## DOLOR POSTOPERATORIO

### Tratamiento de los pacientes con MTCO

- **Elección del opiáceo en caso de crisis de dolor:** utilizar fármacos de alta afinidad como fentanilo, HM o dosis ↑↑ de morfina, oxicodona como agonista puro de acción corta para competir mejor por los ROM
- Maximizar los adyuvantes no opiáceos (con y sin receta)
  - **Metadona** *(Curr Pain Headache Rep 2019 Jun 17:23(7):49; Anesth Anal 2018;127(2):539-47)*
    **Pre**operatorio: confirmar dosis con el PTO; continuar con la dosis ambulatoria

    **Peri**operatorio: proporcionar dosis ambulatorias v.o./i.v. (dosis v.o. = ½ dosis i.v.); utilizar opiáceos de acción corta PRN

    **Post**operatorio: continuar dosis ambulatoria y proporcionar otros agonistas de ROM preferidos, según sea apropiado (anticipar ↑↑ dosis para DIC). Considerar la posibilidad de dividir la dosis de metadona para imitar la ventana analgésica; sin embargo, aconsejar la comunicación previa con el personal médico del PTO y la consulta a medicina de adicciones o medicina del dolor por adelantado

    **Interrupción**: plan de disminución de opioides de acción corta con plan de transición a la dosis ambulatoria de metadona. La planificación del alta debe incluir la comunicación con el PTO, incluyendo una carta con lo siguiente: última dosis de metadona en el hospital; lista de medicamentos posteriores al alta, con instrucciones de dosificación y el número de pastillas prescritas para el dolor

- **Buprenorfina-naloxona** *(Pain Med 2019 Jul 1;20(7):1395-408; JGIM 2020;35(12):3635-43)*
  Tratar de NO interrumpir la buprenorfina antes, durante o después del procedimiento si planea continuar con ella como MTCO postoperatorio; la reiniciación puede prolongar el ingreso y ser un desafío

  **Pre**operatorio: continuar dosis ambulatoria si es sublingual (s.l.); si es un implante subdérmico, no tiene que ser retirado ya que tiene < 8 mg de equivalente s.l.; si es una inyección subcutánea, transición a s.l. al menos un mes antes de la cirugía si es posible; si no es posible, anticipar que requerirá ↑↑ dosis de analgesia de acción corta

  **Día anterior:** se necesita más investigación sobre la dosis óptima de buprenorfina en el período perioperatorio. Algunos proveedores continúan con la dosis diaria total (DDT) de buprenorfina sin reducción; otros reducen la DDT de la siguiente manera: con ≤ 8 mg s.l. = continuar; con > 8 mg pero ≤ 16 mg = continuar pero dividir c/12 h; con > 16 mg = reducir a 16 mg y dividir c/12 h

  **Peri**operatorio: administrar 4 mg c/12 h y proporcionar opiáceos de acción corta PRN (anticipar dosis ↑↑ de lo habitual para el DIC); si el dolor no puede ser controlado, considerar la transición a analgesia controlada por el paciente i.v. con dosis en bolo solamente (la dosis basal de buprenorfina del paciente debe reemplazar la infusión basal)

  **Post**operatorio: continuar con 4 mg c/12 h y proporcionar opiáceos de acción corta PRN

  **Interrupción**: plan de reducción de agonistas de acción corta con aumento de la dosis de buprenorfina ambulatoria antes del alta

- **Naltrexona (Ntx)** *(BMJ 2006 Jan 21;332(7534):132-3)*
  **Pre**operatorio: suspender formulación oral ≥ 72 h y formulación i.m. 1 mes antes de la Qx; considerar metadona o buprenorfina en ese lapso

**Peri**operatorio: si está en Tx con Ntx, considerar un abordaje intervencionista (bloqueo de nervios periféricos, bloqueo centroneuroaxial, infiltración anestésica local); si está en Tx con opiáceos, prever ↑↑ dosis para superar el bloqueo de ROM (precaución: ↑ riesgo de depresión respiratoria por ↓ tolerancia a los opiáceos = debe vigilarse)

- **Coordinación de los cuidados/planificación del alta** *(JGIM 2020;35(12):3635-43)*

  Se aconseja la coordinación multidisciplinaria de la atención, incluyendo al prescriptor de buprenorfina y, cuando sea posible, la consulta de expertos en medicina de la adicción o anestesia/dolor

  Para las cirugías electivas: se recomienda la evaluación preoperatoria con el desarrollo de abordajes analgésicos intraoperatorios y postoperatorios antes de la cirugía

# OPIÁCEOS

## Medicamentos para el trastorno por consumo de opiáceos (MTCO)

| Nombre genérico | Objetivos terapéuticos | Efectos | Posibles efectos secundarios | Ventajas | Desventajas | Normatividad |
|---|---|---|---|---|---|---|
| Metadona | Tx de los síntomas de abstinencia de opiáceos; Tx continuo del TCO | Mejoría de la retención en el tratamiento, reducción de los Sx de abstinencia y de la avidez (craving), disminución del consumo de opiáceos ilegales, reducción del riesgo de muerte | Estreñimiento, hiperhidrosis, depresión respiratoria (especialmente en combinación con benzodiazepinas u otros depresores del SNC), sedación, prolongación del QT, interacciones con otros medicamentos que alteran el metabolismo del citocromo P450, disfunción sexual, hipotensión grave incluyendo hipotensión ortostática y síncope, potencial de abuso, SANO | Mayor retención en el tratamiento; mejor funcionamiento social; asociada con la reducción de la actividad delictiva y la reincidencia, así como de la adquisición y transmisión de enfermedades infecciosas | Visitas clínicas más frecuentes, solo los PTO certificados por la SAMHSA pueden proporcionar metadona para el tratamiento de la adicción, mayor riesgo de depresión respiratoria debido a la larga vida media y al efecto acumulativo (requiere más vigilancia) | Solo los PTO certificados y acreditados por el Gobierno federal pueden proveer metadona para el tratamiento del TCO Las excepciones incluyen la administración (no la prescripción) de un opiáceo durante no más de 3 días a un paciente con abs. aguda de opiáceos mientras se realizan los preparativos para la atención continua; administración de opiáceos en un hospital para mantener o desintoxicar a un pte, como «complemento incidental del Tx médico o quirúrgico de afecciones distintas de la adicción» |

| Buprenorfina (con o sin naloxona) | Tx de los síntomas de abstinencia de opiáceos; Tx continuo del TCO | Mejoría de la retención en el tratamiento a dosis de 16 mg o superiores, reducción de los Sx de abs. y de la avidez, reducción del consumo de opiáceos ilegales, reducción de la mortalidad | Estreñimiento, náuseas, síndrome de abstinencia precipitado, sudoración excesiva, insomnio, edema periférico, depresión respiratoria cuando se combina con benzodiazepinas u otros depresores del SNC, potencial de abuso, SANO Implante: daño a los nervios durante la inserción/extracción, sobredosis accidental o mal uso si se extruye, desplaza o protruye S.c.: prurito o dolor en el lugar de la inyección, muerte por inyección intravenosa | Efectos máximos en la depresión respiratoria, inducción más rápida a la dosis de equilibrio, menor potencial de euforia (vs. metadona); se considera segura para el tratamiento en el consultorio; mejoría del funcionamiento social; se asocia con reducción de la actividad delictiva y la reincidencia, también reducción de la adquisición y transmisión de enfermedades infecciosas | Requiere una ERB para su prescripción; riesgo de sobredosis cuando se combina con alcohol, benzodiazepinas u otros sedantes | Debe tenerse una exención para recetar buprenorfina para el TCO (los PTO pueden dispensar buprenorfina según sus propias regulaciones sin utilizar una exención federal); están sujetos a límites de pacientes; la prescripción de implantes de buprenorfina o inyectables de LP requiere una certificación del programa de Estrategia de Evaluación y Mitigación de Riesgos específica para la formulación |

(continúa)

**Medicamentos para el trastorno por consumo de opiáceos (MTCO) (continuación)**

| Nombre genérico | Objetivos terapéuticos | Efectos | Posibles efectos secundarios | Ventajas | Desventajas | Normatividad |
|---|---|---|---|---|---|---|
| Naltrexona | Prevención de la recaída en el TCO tras el Tx completo de la abs. de opiáceos | Reducción del consumo de opiáceos ilegales, reducción de la avidez | Náuseas, ansiedad, insomnio, síndrome de abstinencia precipitado, hepatotoxicidad, vulnerabilidad a la s/d de opiáceos, depresión, suicidio, calambres musculares, mareos o síncope, somnolencia o sedación, anorexia, disminución del apetito u otros trastornos alimentarios. Intramuscular: dolor, hinchazón, induración (incluyendo algunos casos que requieren intervención quirúrgica) | No hay riesgo de consumo indebido ni de dependencia fisiológica; no hay requisitos normativos especiales; mejora el funcionamiento social; se asocia con la reducción de la actividad delictiva y la reincidencia, también de la adquisición y transmisión de enfermedades infecciosas | Los pacientes deben ser retirados completamente de los opiáceos antes de comenzar el tratamiento, menor retención en el tratamiento, altas tasas de incumplimiento de la medicación, no se ha demostrado que reduzca la mortalidad (y podría aumentarla después de la interrupción de la medicación) | Cualquier profesional sanitario con capacidad de prescripción puede recetar o administrar naltrexona |

PTO: programa de tratamiento con opiáceos; SAMHSA: Substance Abuse and Mental Health Services Administration; SNC: sistema nervioso central. (*The ASAM National Practice Guideline: For the Treatment of Opioid Use Disorder 2020 Focused Update*, American Society of Addiction Medicine, 2020).

## MTCO: formulaciones disponibles

| Nombre genérico/comercial | Efecto en los receptores opioides μ | Objetivos terapéuticos | Formulación | Potencias disponibles | Dosis habitual de mantenimiento | Esquema habitual de dosificación |
|---|---|---|---|---|---|---|
| Metadona (Methadose®, Dolophine®) | Agonista puro | Síndrome de abstinencia y consumo de opiáceos | Concentrado líquido, comprimidos, solución oral en polvo o comprimido dispersable | Comprimido: dispersable de 5 mg, 10 mg: 40 mg Solución oral: 5 mg/5 mL, 10 mg/5 mL Solución oral concentrada: 10 mg/mL | Rango: 60-120 mg | Una vez al día (o dosis dividida cuando sea apropiado) |
| Monoproducto genérico de buprenorfina | Agonista parcial | Síndrome de abstinencia y consumo de opiáceos | Tableta sublingual | 2 mg 8 mg | 16 mg Rango: 4-24 mg[a] | Diario |
| Genérico buprenorfina/naloxona[b] | Agonista parcial combinado con antagonista | Síndrome de abstinencia y consumo de opiáceos | Tableta sublingual | 2 mg/0.5 mg 8 mg/2 mg | 16 mg/4 mg Rango: 4 mg/1 mg a 24 mg/6 mg[a] | Diario |
| Buprenorfina/naloxona[b] (Zubsolv®) | Agonista parcial combinado con antagonista | Síndrome de abstinencia y consumo de opiáceos | Tableta sublingual | 0.7 mg/0.18 mg 1.4 mg/0.36 mg 2.9 mg/0.71 mg 5.7 mg/1.4 mg 8.6 mg/2.1 mg 11.4 mg/2.9 mg | 11.4 mg/2.9 mg Rango: 2.9 mg/0.71 mg a 17.2 mg/4.2 mg | Diario |

(continúa)

## MTCO: formulaciones disponibles (continuación)

| Nombre genérico/comercial | Efecto en los receptores opioides μ | Objetivos terapéuticos | Formulación | Potencias disponibles | Dosis habitual de mantenimiento | Esquema habitual de dosificación |
|---|---|---|---|---|---|---|
| Buprenorfina/naloxona[b] (Bunavail®) | Agonista parcial combinado con antagonista | Síndrome de abstinencia y consumo de opiáceos | Tiras bucales | 2.1 mg/0.3 mg<br>4.2 mg/0.7 mg<br>6.3 mg/1 mg | 8.4 mg/1.4 mg<br>Rango: 2.1 mg/0.3 mg a 12.6 mg/2.1 mg | Diario |
| Buprenorfina/naloxona[b] (Suboxone®) | Agonista parcial combinado con antagonista | Síndrome de abstinencia y consumo de opiáceos | Tiras sublinguales; también puede administrarse vía bucal | 2 mg/0.5 mg<br>4 mg/1 mg<br>8 mg/2 mg<br>12 mg/3 mg | 16 mg/4 mg<br>Rango: 4 mg/1 mg a 24 mg/6 mg[a] | Diario |
| Buprenorfina/naloxona[b] (Cassipa®) | Agonista parcial combinado con antagonista | Síndrome de abstinencia y consumo de opiáceos | Tiras sublinguales | 16 mg/4 mg | 16 mg/4 mg<br>Rango: 16-24 mg | Diario |
| Buprenorfina (Probuphine®) | Agonista parcial | Tx del TCO en pacientes clínicamente estables que toman 8 mg/día o menos de buprenorfina o sus equivalentes en comprimidos de buprenorfina/naltrexona | Implantes | 80 mg/implante | 4 implantes para 6 meses de tratamiento | Los implantes duran 6 meses y se retiran, tras lo cual se puede colocar un nuevo implante |

| Buprenorfina inyectable de LP (Sublocade®) | Agonista parcial | TCO de moderado a grave en pacientes que han iniciado Tx con buprenorfina transmucosa seguida de un ajuste de dosis durante un mínimo de 7 días | Inyección s.c. | 100 mg 300 mg | Dosis mensual: 300 mg durante los primeros 2 meses; 100 mg después Rango: 100-300 mg mensuales | Mensual |
| Buprenorfina inyectable de LP (Brixadi®) | Agonista parcial | Tratamiento de inicio, estabilización y mantenimiento del TCO | Inyección s.c. (semanal o mensual) | Semanal: 8, 16, 24, 32 mg Mensual: 64, 96, 128 mg | 24 mg s.c. semanal Rango: 8-32 mg o 96 mg s.c. mensuales Rango: 64-128 mg | Semanal o mensualmente |
| Naltrexona oral (Revia®) | Antagonista | Para el bloqueo de los efectos de los opiáceos administrados de forma exógena | Comprimido oral | 50 mg | 50 mg Rango: 25-50 mg | Una vez al día (también alternativos sin indicación aprobada) |
| Naltrexona inyectable de LP (Vivitrol®) | Antagonista | Prevención de la recaída en el TCO tras su retirada completa | Inyección intramuscular | 380 mg | 380 mg mensuales Rango: 380 mg cada 3-4 semanas | Una vez al mes mediante inyección[c] |

s.c.: subcutáneo.

[a] Las dosis superiores a 24 mg de buprenorfina o 24 mg/6 mg de buprenorfina/naloxona al día no han mostrado ventajas clínicas.

[b] La naloxona no se absorbe cuando se toma según la prescripción.

[c] La dosificación cada 3-4 semanas puede ser apropiada para algunos pacientes.

(*The ASAM National Practice Guideline: For the Treatment of Opioid Use Disorder 2020 Focused Update*, American Society of Addiction Medicine, 2020).

# ALCOHOL

| Concentraciones calculadas de alcohol en sangre después de beber | | | | | | | | | |
|---|---|---|---|---|---|---|---|---|---|
| Peso corporal (kg) | 55 | | 64 | | 73 | | 82 | | 91 |
| Número de bebidas | M | F | M | F | M | F | M | F | M | F |
| 1 | 0.03 | 0.04 | 0.03 | 0.03 | 0.02 | 0.03 | 0.02 | 0.03 | 0.02 | 0.02 |
| 2 | 0.06 | 0.08 | 0.05 | 0.07 | 0.05 | 0.06 | 0.04 | 0.05 | 0.04 | 0.05 |
| 3 | 0.09 | 0.11 | 0.08 | 0.10 | 0.07 | 0.09 | 0.06 | 0.08 | 0.06 | 0.07 |
| 4 | 0.12 | 0.15 | 0.11 | 0.13 | 0.09 | 0.11 | 0.08 | 0.10 | 0.08 | 0.09 |
| 5 | 0.16 | 0.19 | 0.13 | 0.16 | 0.12 | 0.14 | 0.11 | 0.13 | 0.09 | 0.11 |
| 6 | 0.19 | 0.23 | 0.16 | 0.19 | 0.14 | 0.17 | 0.13 | 0.15 | 0.11 | 0.14 |
| 7 | 0.22 | 0.27 | 0.19 | 0.23 | 0.16 | 0.20 | 0.15 | 0.18 | 0.13 | 0.16 |
| 8 | 0.25 | 0.30 | 0.21 | 0.26 | 0.19 | 0.23 | 0.17 | 0.20 | 0.15 | 0.18 |

Los datos representan la concentración de alcohol en sangre (g/100 mL o gramo %) de los hombres (M) y las mujeres (F) tras el consumo de un número diferente de bebidas. Restar 0.01 de cada valor por cada hora de consumo para tener en cuenta los efectos del metabolismo. Una bebida representa 355 mL de cerveza, 148 mL de vino o 44 mL de licor.

(Woodward JJ. The pharmacology of alcohol. En: Miller SC, Fiellin DA, Rosenthal RN, et al., eds. *The ASAM Principles of Addiction Medicine.* 6.ª ed. Wolters Kluwer; 2019:107-124).

## Escalas para la abstinencia de alcohol

| Abreviatura | Nombre de la escala | Breve descripción | Uso principal | Entorno adecuado | Resumen de la evidencia | Referencia |
|---|---|---|---|---|---|---|
| ASSIST | Alcohol, Smoking and Substance Involvement Screening Test | Formato de entrevista 8 preguntas | Detección del consumo de alcohol | Cualquiera | Los resultados de un estudio realizado en 7 países indican que la ASSIST proporciona una medida válida del riesgo para las sustancias individuales y para la implicación total de las sustancias | Addiction 2002 Sep;97(9):1183-1194 |
| AUDIT | Alcohol Use Disorder Identification Test | 10 preguntas | Detección del consumo de alcohol Riesgo de abstinencia de alcohol | Cualquiera | La AUDIT detecta el consumo de alcohol para entornos médicos generales y su capacidad para predecir correctamente qué pretendrá abstinencia de alcohol aumenta cuando se usa en combinación con marcadores biológicos | Alcohol Alcohol 2005;40(6): 515-519; Addiction 1993;88(6): 791-804 |
| AUDIT-PC | Alcohol Use Disorders Identification Test-(Piccinelli) Consumption | 10 preguntas Rango: 0-19 | Detección del consumo de alcohol Riesgo de Sx de abstinencia de alcohol | Hospital | La puntuación de la AUDIT-PC al ingreso es un excelente discriminador de la AWS (Sen. ¼ 91%, Esp. ¼ 98.7%) | J Gen Intern Med 2014;29(1):34-40 |
| AWS | Alcohol Withdrawal Scale | 11 preguntas Basada en CIWA-Ar En alemán | Riesgo de delirium | Hospital | La AWS tuvo buen rendimiento en la predicción del delirium por abstinencia de alcohol | Alcohol Alcohol 2001;36(1):75-78 |

(continúa)

**Escalas para la abstinencia de alcohol (continuación)**

| Abreviatura | Nombre de la escala | Breve descripción | Uso principal | Entorno adecuado | Resumen de la evidencia | Referencia |
|---|---|---|---|---|---|---|
| AWS-Newcastle | *Alcohol Withdrawal Scale* | 10 preguntas Basada en CIWA-Ar | Gravedad de la abstinencia | Hospital | Los pacientes demostraron una evolución más corta de la abstinencia de alcohol utilizando la AWS en comparación con la VVAS | *Intern Med J* 2006; 36(3):150-154 |
| BAWS | *Brief Alcohol Withdrawal Scale* | 5 preguntas Puntuación 0-3 | Gravedad de la abstinencia | Hospital | Los pacientes cribados con la BAWS recibieron menos diazepam y se sometieron a menos evaluaciones, pero ambos grupos tuvieron una duración de la estancia y una tasa de finalización del tratamiento similares, sin incidencia de convulsiones o delirium | *Subst Abus* 2017; 38(4):394-400 |
| CAM-ICU | *Confusion Assessment Method* | 4 preguntas | Confusión | UCI | Excelente confiabilidad y validez en la identificación de pacientes con delirium en la UCI | *Crit Care Med* 2001;29(7): 1370-1379 |
| CIWA-Ar | *Clinical Institute Withdrawal Assessment—Revised* | 10 preguntas | Escala de evaluación de síntomas | Cualquiera | Confiabilidad y validez bien establecidas | *Br J Addict* 1989; 84(11):1353-1357 |
| DDS | *Delirium Detection Scale* | 8 preguntas | Delirium | Hospital | Buena confiabilidad y validez específica para la detección del delirium | *Neurocrit Care* 2005;2(2):150-158 |

| | | | | | |
|---|---|---|---|---|---|
| GMAWS | *Glasgow Modified Alcohol Withdrawal Scale* | 5 preguntas Puntuación 0-2 con una puntuación máxima de 10 | Gravedad de la abstinencia | Hospital | Una puntuación de GMAWS ≥ 1 predijo CIWA-Ar ≥ 8 con Sen. del 100% y Esp. del 12%. La puntuación de GMAWS ≥ 2 predijo CIWA-Ar ≥ 8, con Sen. del 98% y Esp. del 39% | *J Addict Med* 2016; 10(3):190-195 |
| LARS | *Luebeck Alcohol-Withdrawal Risk Scale* | 11 preguntas 10 preguntas | Riesgo de abstinencia grave | Hospital | Predicción del síndrome de abstinencia grave entre los pacientes ingresados para el Tx de la abstinencia de alcohol | *Alcohol Alcohol* 2006; 41(6):611-615 |
| MINDS | *Minnesota Detoxification Scale* | 9 preguntas | Gravedad de los síntomas | Hospital; UCI | Sin estudio formal de validez | *Pharmacotherapy* 2007;27(4): 510-518 |
| PAWSS | *Prediction of Alcohol Withdrawal Severity Scale* | 10 preguntas | Riesgo de abstinencia grave | Hospital; UCI | Predicción de la abstinencia de alcohol complicada entre los pacientes hospitalizados por razones médicas | *Alcohol* 2014;48(4): 375-390; *Alcohol Alcohol* 2015;50(5): 509-518 |
| RASS | *Richmond Agitation Sedation Scale* | 1 pregunta Se puntúa en un continuo con +4 (combativo), 0 (alerta y tranquilo) y −5 (insoportable) | Sedación y agitación | Médico y quirúrgico | Fiabilidad y validez en pacientes médicos y quirúrgicos, incluyendo pacientes sedados o ventilados | *Am J Respir Crit Care Med* 2002;166 (10):1338-1344 |

*(continúa)*

## Escalas para la abstinencia de alcohol (continuación)

| Abreviatura | Nombre de la escala | Breve descripción | Uso principal | Entorno adecuado | Resumen de las evidencias | Referencia |
|---|---|---|---|---|---|---|
| SAWS | *Short Alcohol Withdrawal Scale* | 10 preguntas<br>Puntuación 0-3<br>Diseñada para ser autoaplicada | Gravedad de la abstinencia | Ambulatorio y hospitalario | Alta consistencia interna, buena validez de constructo y concordancia | *Addict Biol* 2002;7(1):37-43 |
| SEWS | *Severity of Ethanol Withdrawal Scale* | 7 preguntas<br>Puntuación 0-3 | Gravedad de la abstinencia | UCI | El protocolo impulsado por la SEWS condujo a episodios de tratamiento más cortos, posiblemente por la alta administración de medicamento en las primeras 24 h de Tx | *Alcohol Treat Q* 2017;35(3):232-242 |
| SHOT | *Sweating, Hallucinations, Orientation, and Tremor* | 4 preguntas<br>Rango: 0-10 | Gravedad de la abstinencia | Servicio de urgencias | Ha demostrado su potencial para medir la gravedad de la abstinencia de alcohol antes del Tx en el SU | *Acad Emerg Med* 2010;17(10):1048-1054 |
| WAS | *Withdrawal Assessment Scale* | 18 preguntas<br>Basada en CIWA-Ar | Gravedad de la abstinencia | Hospital | El uso de la CIWA-Ar abreviada con 10 preguntas dio lugar a tasas de complicaciones similares, pero redujo la duración de los síntomas en comparación con la CIWA-Ar de 18 preguntas | *Intern Med J* 2006;36(3):150-154 |

(The ASAM *Clinical Practice Guideline on Alcohol Withdrawal Management*, American Society of Addiction Medicine, 2020).

Paciente: _____
Fecha: _____
Hora: _____
(reloj de 24 h, medianoche = 00:00)
Pulso o frecuencia cardíaca, tomada durante 1 min: _____
Presión arterial: _____

## Náuseas y vómitos

Preguntar: «¿Se siente mal del estómago?, ¿ha vomitado?»
*Observación:*
  0 No hay náuseas ni vómitos
  1 Náuseas leves sin vómitos
  2
  3
  4 Náuseas intermitentes con arcadas
  5
  6
  7 Náuseas constantes, arcadas frecuentes y vómitos

## Alteraciones táctiles

Preguntar: «¿Tiene comezón, sensación de piquetes, ardor o entumecimiento; siente que hay bichos que se arrastran por encima o por debajo de su piel?»
*Observación:*
  0 Ninguno
  1 Comezón, hormigueo, ardor o entumecimiento muy leves
  2 Comezón, hormigueo, ardor o entumecimiento leves
  3 Comezón, hormigueo, ardor o entumecimiento moderados
  4 Alucinaciones moderadamente intensas
  5 Alucinaciones intensas
  6 Alucinaciones muy intensas
  7 Alucinaciones continuas

## Temblor

Brazos extendidos y dedos separados
*Observación:*
  0 Sin temblor
  1 No es visible, pero puede sentirse en los dedos
  2
  3
  4 Moderado, con los brazos del paciente extendidos
  5
  6
  7 Grave, incluso con los brazos no extendidos

## Alteraciones auditivas

Preguntar: «¿Está más consciente de los sonidos que le rodean?, ¿son estridentes?, ¿le asustan?, ¿escucha algo que le inquiete?, ¿oye cosas que sabe que no existen?»

*(continúa)*

*Observación:*

 0 Sin alteración

 1 Resistencia o capacidad de asustarse muy leve

 2 Resistencia o capacidad de asustarse leve

 3 Resistencia o capacidad de asustarse moderada

 4 Alucinaciones moderadamente intensas

 5 Alucinaciones intensas

 6 Alucinaciones muy intensas

 7 Alucinaciones continuas

## Sudores paroxísticos

*Observación:*

 0 No hay sudor visible

 1 Sudoración apenas perceptible, palmas húmedas

 2

 3

 4 Gotas de sudor evidentes en la frente

 5

 6

 7 Empapado de sudor

## Alteraciones visuales

Preguntar: «¿Parece que la luz es demasiado brillante?, ¿es diferente su color?, ¿le lastima los ojos?, ¿ve algo que le moleste?, ¿ve cosas que sabe que no existen?»

*Observación:*

 0 Sin alteración

 1 Sensibilidad muy leve

 2 Sensibilidad leve

 3 Sensibilidad moderada

 4 Alucinaciones moderadamente intensas

 5 Alucinaciones intensas

 6 Alucinaciones muy intensas

 7 Alucinaciones continuas

## Ansiedad

Preguntar: «¿Se siente nervioso?»

*Observación:*

 0 Sin ansiedad, a gusto

 1 Ansiedad leve

 2

 3

 4 Moderadamente ansioso o vigilante, por lo que se infiere ansiedad

 5

 6

 7 Equivalente a los estados de pánico agudos que se observan en el delírium grave o en las reacciones de esquizofrenia agudas

### Cefalea, presión en la cabeza

Preguntar: «¿Siente la cabeza diferente?, ¿siente como si hubiera una cinta alrededor de su cabeza?»

No calificar por mareos o aturdimiento. Calificar la intensidad.

*Observación:*

    0 Sin alteración

    1 Muy leve

    2 Leve

    3 Moderada

    4 Moderadamente intensa

    5 Intensa

    6 Muy intensa

    7 Extremadamente intensa

### Agitación

*Observación:*

    0 Actividad normal

    1 Actividad algo más de la normal

    2

    3

    4 Moderadamente inquieto e intranquilo

    5

    6

    7 Camina de un lado a otro durante la mayor parte de la entrevista o se agita constantemente

### Orientación y embotamiento de los sentidos

Preguntar: «¿Qué día es hoy?, ¿dónde está?, ¿quién soy yo?»

*Observación:*

    0 Orientado y puede hacer sumas en serie

    1 No puede hacer sumas en serie o no está seguro de la fecha

    2 Equivoca la fecha por no > 2 días

    3 Equivoca la fecha por > 2 días

    4 No reconoce un lugar o una persona

Puntuación total de CIWA-Ar _____

Iniciales del evaluador _____

Puntuación máxima posible: 67

---

Esta evaluación para supervisar los síntomas de abstinencia requiere ~5 minutos para completarse. La puntuación máxima es de 67 (*véase* la evaluación).

Los pacientes con una puntuación < 10 no suelen necesitar medicamento adicional para los síntomas de abstinencia.

Fuente: Sullivan JT, Sykora K, Schneiderman J, et al. Assessment of alcohol withdrawal: the revised Clinical Institute Withdrawal Assessment for Alcohol scale (CIWA-Ar). *Br J Addict.* 1989;84:1353-7.

| Ejemplo de régimen de administración de medicamentos para la abstinencia de alcohol | | |
|---|---|---|
| **Medicamento** | **Esquema** | **Descripción, ejemplos** |
| Benzodiazepinas (dosis en clordiazepóxido) | Dosis única típica | Abstinencia leve (CIWA-Ar < 10): 25-50 mg v.o. Abstinencia moderada (CIWA-Ar 10-18): 50-100 mg v.o. Abstinencia grave (CIWA-Ar ≥ 19): 75-100 mg v.o. |
| | Síntoma desencadenado | 25-100 mg v.o. c/4-6 h con CIWA-Ar ≥ 10. Dosis adicionales PRN |
| | Dosis fija | Disminuir la dosis total diaria en 25-50% al día durante 3-5 días, reduciendo la cantidad o la frecuencia de la dosis. Dosis adicionales PRN Día 1: 25-100 mg v.o. c/4-6 h Día 2: 25-100 mg v.o. c/6-8 h Día 3: 25-100 mg v.o. c/8-12 h Día 4: 25-100 mg v.o. al acostarse Día 5 (opcional): 25-100 mg v.o. al acostarse |
| | Dosis de ataque | *Síntoma desencadenado:* 50-100 mg v.o. c/1-2 h hasta CIWA-Ar < 10 *Dosis fija:* 50-100 mg v.o. c/1-2 h en 3 dosis |
| Fenobarbital | Dosis única típica | 10 mg/kg i.v. en infusión durante 30 min o 60-260 mg v.o./i.m. |
| | Monoterapia | *Síntoma desencadenado en la UCI:* 130 mg i.v. c/30 min para conseguir una puntuación RASS de 0 a −1 *Dosis fija en SU:* dosis de carga de 260 mg i.v., luego 130 mg i.v. c/30 min a criterio del médico *Dosis fija en Tx ambulatorio:* dosis de carga 60-120 mg v.o. Luego 60 mg v.o. c/4 h hasta que el paciente se estabilice. Después, 30-60 mg v.o. c/6 h disminuyendo en 3-7 días. Dosis adicionales PRN |
| | Terapia complementaria | *Dosis única en el SU:* 10 mg/kg i.v. en infusión durante 30 min *Dosis escalada en la UCI:* después de la dosis máx. de diazepam (120 mg), si el RASS ≥ 1, dosis escalada de 60 mg → 120 mg → 240 mg i.v. c/30 min para alcanzar la puntuación RASS de 0 a −2 |

| Ejemplo de régimen de administración de medicamentos para la abstinencia de alcohol (*continuación*) | | |
|---|---|---|
| **Medicamento** | **Esquema** | **Descripción, ejemplos** |
| Carbamazepina | Monoterapia | 600-800 mg totales al día, reducidos a 200-400 mg/día en un lapso de 4-9 días |
| | Terapia complementaria | 200 mg c/8h o 400 mg c/12 h |
| Gabapentina | Monoterapia | Dosis de carga de 1200 mg, luego 600 mg c/6 h el día 1 o 1200 mg/día durante 1-3 días, disminuyendo a 300-600 mg/día en un lapso de 4-7 días. Dosis adicionales PRN |
| | Terapia complementaria | 400 mg c/6-8 h |
| Ácido valproico | Monoterapia | 1200 mg/día con disminución a 600 mg/día en un lapso de 4-7 días o 20 mg/kg al día |
| | Terapia complementaria | 300-500 mg c/6-8 h |

CIWA-Ar: Clinical Institute Withdrawal Assessment for Alcohol-Revised; i.m.: intramuscular; i.v.: intravenoso; PRN: por razón necesaria; RASS: Richmond Agitation Sedation Scale; SU: servicio de urgencias; UCI: unidad de cuidados intensivos; v.o.: vía oral.
(*The ASAM Clinical Practice Guideline on Alcohol Withdrawal Management*, American Society of Addiction Medicine, 2020).

| Medicamentos aprobados por la Food and Drug Administration de los EE.UU. para el tratamiento de la dependencia de alcohol | | |
|---|---|---|
| **Medicamento** | **Año de aprobación** | **Descripción** |
| Disulfiram | 1949 | Fármaco aversivo; tras su ingesta, el consumo de alcohol provoca una serie de síntomas aversivos. La dosis aprobada es de 250 mg/día |
| Naltrexona | 1994 | Antagonista opioide biodisponible por vía oral que disminuye los efectos reforzadores del alcohol. Los efectos más sólidos desde el punto de vista clínico son la reducción del riesgo de consumo excesivo de alcohol. La dosis aprobada es de 50 mg/día |
| Acamprosato | 2004 | Agonista del receptor GABA y modulador del receptor NMDA. Los efectos más sólidos desde el punto de vista clínico son el mantenimiento en la abstinencia. La dosis aprobada es de 666 mg tres veces al día |

(Myrick H, Saxon AJ, Jaffe JH. Pharmacological interventions for alcohol use disorder. En: Miller SC, Fiellin DA, Rosenthal RN, et al., eds. *The ASAM Principles of Addiction Medicine*. 6.ª ed. Wolters Kluwer; 2019: 783-96).

## PRUEBAS TOXICOLÓGICAS

### Comparación de las características de las pruebas entre matrices

| | Sangre | Aliento | Saliva | Orina | Sudor | Cabello |
|---|---|---|---|---|---|---|
| Período general de detección | <24 h<br>1-8 h<br>1-48 h | ~1 h por cada bebida estándar | <24 h<br>12-24 h<br>1-36 h<br>5-48 h<br>12-48 h | 1.5-4 días<br>1-3 días | Continuo, normalmente de 1-4 semanas | 7-90 días<br>7-100 días |
| Inmunoanálisis disponible en el POC | Sí, se utiliza principalmente para el alcohol | Para el alcohol | Sí | Sí | No | No |
| Detecta principalmente | Compuesto de la droga madre; concentración de alcohol en sangre | Compuesto de la droga madre; concentración de alcohol en sangre | Compuesto farmacéutico principal | Metabolito de la droga | Compuesto farmacéutico principal | Compuesto farmacéutico principal |
| Mejor uso en el entorno de tratamiento | Determinación de deterioro agudo o intoxicación por alcohol | Determinación de deterioro agudo o intoxicación por alcohol | Detección a corto plazo en el tratamiento en curso | Detección a mediano plazo en el tratamiento en curso | Seguimiento prospectivo a mediano plazo | Seguimiento a largo plazo; historial de consumo de drogas de 3 meses |

| Facilidad de recolección | Requiere personal entrenado en flebotomía | Fácil de recolectar | Fácil de recolectar | Requiere un centro de recolección especializado (sanitario) | Fácil de recolectar | Fácil de recolectar |
|---|---|---|---|---|---|---|
| Intrusividad en la recolección | Alta por el acceso intravenoso | Baja | Baja | Alta | Baja | Baja |
| Resistencia a la manipulación | Alta | Alta | Alta, pero con cierta incertidumbre | Baja | Baja | Baja |
| Volver a analizar la misma muestra | Difícil | Generalmente no es posible | Difícil | Posible | Posible en función del parche utilizado | Fácil |

(Consensus Statement: Appropriate Use of Drug Testing in Clinical Addiction Medicine. American Society of Addiction Medicine, 2017).

## VENTANAS GENERALES DE DETECCIÓN PARA DISTINTAS MATRICES

|  | Minutos | Horas | Días | Semanas | Meses |
|---|---|---|---|---|---|
| Sangre |  |  |  |  |  |
| Aliento |  |  |  |  |  |
| Saliva |  |  |  |  |  |
| Orina |  |  |  |  |  |
| Sudor |  |  |  |  |  |
| Cabello |  |  |  |  |  |

(*Consensus Statement: Appropriate Use of Drug Testing in Clinical Addiction Medicine*, American Society of Addiction Medicine, 2017; adaptado de Substance Abuse and Mental Health Services Administration).

## TRASTORNO POR CONSUMO DE SUSTANCIAS EN GENERAL

| Recomendaciones de uso de un lenguaje no estigmatizante y más preciso desde el punto de vista clínico | |
|---|---|
| **Evitar** | **Preferir** |
| Abuso | Consumo (o especificar el consumo de bajo riesgo o no saludable; este último incluye el consumo de riesgo/peligroso, el consumo perjudicial, el TCS y la adicción) |
| Bebé adicto | Lactante con abstinencia de sustancias |
| Adicto, consumidor, abusador, alcohólico, adicto al *crack*, adicto a la marihuana, drogadicto | Persona con (la enfermedad de la) adicción, con TCS o ludópata |
| Orina sucia vs. orina limpia | Positiva o negativa, detectado o no detectado |
| Borracho, ebrio, tomado, alcoholizado | Intoxicado |
| Meta | Metanfetamina, metadona, metilfenidato |
| Marihuana medicinal | Considere la posibilidad de utilizar «*cannabis* médica»[a] |
| Mal uso, problema[b] | Los términos más precisos incluyen *consumo de riesgo, peligroso* y *no saludable* para describir el espectro que va desde el consumo de riesgo hasta el trastorno |
| Uso inadecuado | Los términos más precisos deberían especificar lo que se quiere decir |
| Embriagarse[c] | Episodio de consumo excesivo de alcohol |
| Recaída[d] | Consumo, regreso al consumo, recurrencia (de los síntomas) o especificadores del trastorno vs. la remisión (temprana o sostenida) según la definición del *DSM-5* |

| Recomendaciones de uso de un lenguaje no estigmatizante y más preciso desde el punto de vista clínico (*continuación*) | |
|---|---|
| **Evitar** | **Preferir** |
| Sustitución, reemplazo, tratamiento asistido con medicamentos | Tratamiento con agonistas opiáceos, tratamiento con medicamentos, tratamiento farmacológico con asistencia psicosocial, tratamiento |
| Dejar de fumar[e] | Tratamiento del trastorno por consumo de tabaco, reducción o abandono del consumo de tabaco |
| Consumo moderado de alcohol (o drogas) | Consumo de riesgo bajo o riesgo menor |
| Desintoxicación, détox | Tx de la abstinencia, abstinencia |

[a] En la actualidad, la marihuana (hoja de la planta, tallos y semillas) no se vende normalmente como grado medicinal ni se ha investigado de forma concluyente que tenga más beneficios que riesgos, y no está aprobada por la FDA. Además, el término *cannabis* es el más utilizado internacionalmente y es más descriptivo en relación con los compuestos que se investigan para explorar su valor médico, como el canabidiol.

[b] Podría utilizarse si se define claramente y sería más útil para los medicamentos recetados (consumo indebido) cuando se desconoce la naturaleza o la gravedad de la afección. Evita llamar a la persona un *problema* o a su consumo un *problema*.

[c] Puede ser útil para los mensajes de salud pública, pero debe definirse claramente, ya que a veces se utiliza para referirse a un episodio de consumo excesivo de alcohol, pero también para referirse a varios días de episodios prolongados de consumo excesivo de alcohol u otras drogas (p. ej., cocaína).

[d] Es probable que este término siga utilizándose, pero no debe implicar un proceso binario (abstinencia vs. recaída) que no refleje la evolución clínica típica real (que puede incluir lapsos o estados intermedios).

[e] No se suele emplear un término similar para otras drogas con riesgo de adicción. Este término parece situar al tabaco en una categoría diferente a la de otras drogas, lo que puede no ser útil teniendo en cuenta su alto riesgo de adicción y su elevada morbilidad y mortalidad. Entre los términos más utilizados para referirse a «fumar» se encuentran «consumir tabaco» (o «nicotina»). Además, el «dejar» (de fumar), aunque muy deseado, no debe ser el único objetivo. La reducción del consumo de tabaco puede tener beneficios limitados para la salud relacionados con el tabaquismo y también puede reducir las tasas de recaída con otras sustancias consumidas por el paciente. Sin embargo, las pruebas de que la reducción del consumo de tabaco tiene beneficios para la salud relacionados con el tabaquismo son escasas, y estos resultados son pequeños en comparación con la abstinencia total.

(Saitz R, Miller SC, Fiellin DA, et al. Recommended use of terminology in addiction medicine. En: Miller SC, Fiellin DA, Rosenthal RN, et al., eds. *The ASAM Principles of Addiction Medicine*. 6.ª ed. Wolters Kluwer; 2019: 24-28).

| | | | |
|---|---|---|---|
| A-CRA | Adolescent Community Reinforcement Approach (Abordaje de refuerzo para la comunidad adolescente) | ASI | Addiction Severity Index (Índice de gravedad de la adicción) |
| a/c | asociado(a) con | AST | aspartato-transaminasa |
| A&EF | anamnesis y exploración física | ATC | antidepresivo tricíclico |
| | | ATV | área tegmentaria ventral |
| A1c | hemoglobina $A_1c$ | AUDIT | Alcohol Use Disorders Identification Test (Prueba para la identificación de trastornos por consumo de alcohol) |
| AA | Alcohólicos Anónimos | | |
| AAD | antivirales de acción directa | | |
| AAP | American Academy of Pediatrics | AUDIT-C | Alcohol Use Disorders Identification Test-C (Prueba para la identificación de trastornos por consumo de alcohol-abreviada) |
| abs. | abstinencia | | |
| Ac | anticuerpo | | |
| AC | de acción corta | | |
| ACA | Affordable Care Act | | |
| AcC | anticuerpo central | AVAD | años de vida ajustados por discapacidad |
| ACGME | Accreditation Council of Graduate Medical Education | AVD | actividades de la vida diaria |
| ACOG | American College of Obstetrics and Gynecology | BAWS | Brief Alcohol Withdrawal Scale (Escala breve de evaluación del síndrome de abstinencia de alcohol) |
| ACT | Acceptance and commitment therapy (Psicoterapia de aceptación y dedicación) | | |
| ACTH | hormona adrenocorticotrópica (corticotropina) | BB | bloqueador β |
| | | BBT | barbitúrico |
| ACV | accidente cerebrovascular | BCC | bloqueador de los canales del calcio |
| ADA | Americans with Disabilities Act (Ley para Estadounidenses con Discapacidades) | BD | 1,4-butanodiol |
| | | BGN | bacilos gramnegativos |
| | | BIC | bicarbonato |
| ADH | alcohol-deshidrogenasa | BPN | buprenorfina |
| AE | aborto espontáneo | BPN-nx | buprenorfina-naloxona |
| AEC | anemia por enfermedad crónica | BSTAD | Brief Screener for Tobacco, Alcohol, and Other Drugs (Prueba breve de detección de tabaco, alcohol y otras drogas) |
| AEM | alteración del estado mental | | |
| Ag | antígeno | | |
| AgS | antígeno de superficie | | |
| AH | alta hospitalaria | BZD | benzodiazepina |
| AIA | ácido indol-3-acético | c/24 h am | una vez al día por la mañana |
| AINE | antiinflamatorio no esteroideo | | |
| ALT | alanina-transaminasa | c/24 h pm | una vez al día antes de dormir |
| AM | amplitud de movimiento | CAPS | consumo de alcohol perjudicial para la salud |
| AMd | asociado médico | | |
| AMP | anfetamina | CAPTA | Child Abuse Prevention and Treatment Act (Ley de Prevención y Tratamiento del Abuso Infantil) |
| AMPA | receptor de ácido α-amino-3-hidroxi-5-metil-4-isoxazol propiónico | | |
| AOS | apnea obstructiva del sueño | CAS | Concentración de alcohol en la sangre |
| AP | acción prolongada | CB | canabinoide |
| APC | angioplastia coronaria | CBD | canabidiol |
| ARN | ácido ribonucleico | CCC | control correccional comunitario |
| ASAM | American Society of Addiction Medicine | | |
| ASG | antipsicótico de segunda generación | ccm | en contra del consejo médico |

| | |
|---|---|
| **CCr** | concentración de creatinina |
| **CDC** | Centers for Disease Control and Prevention |
| **CDNI** | consumo de drogas no inyectables |
| **CdV** | calidad de vida |
| **CE** | cigarrillos electrónicos |
| **CED** | cuerpo estriado dorsal |
| **CEn** | cánula endotraqueal |
| **CEp** | crisis epiléptica |
| **CEP** | colangitis esclerosante primaria |
| **CFR** | Code of Federal Regulations (Código de Reglamentos Federales) |
| **CG-EM** | cromatografía de gases-espectrometría de masa |
| **CiBP** | cirrosis biliar primaria |
| **CID** | coagulación intravascular diseminada |
| **CIWA-Ar** | Clinical Institute Withdrawal Assessment Alcohol Scale Revised (Escala revisada para la evaluación de la abstinencia alcohólica) |
| **CK** | creatina-cinasa |
| **CL-EM** | cromatografía de líquidos-espectrometría de masa |
| **CoBP** | colangitis biliar primaria |
| **COC** | cocaína |
| **conc.** | concentración |
| **CONGO** | cabeza, oídos, nariz, garganta, ojos |
| **cont.** | continuar |
| **COVID** | enfermedad por coronavirus |
| **COWS** | Clinical Opioid Withdrawal Scale (Escala clínica de abstinencia a opiáceos) |
| **CPS** | Child Protective Services |
| **CPT** | coronariopatía |
| **Cr** | creatinina |
| **CRA** | Community reinforcement approach (Abordaje de refuerzo comunitario) |
| **CRAFT** | Community reinforcement and family training (Refuerzo comunitario y entrenamiento familiar) |
| **CV** | cardiovascular |
| **CVC** | catéter venoso central |
| **CVi** | carga viral |
| **DA** | dopamina |
| **DCNC** | dolor crónico no canceroso |
| **DCr** | depuración de creatinina |
| **DCS** | degeneración combinada subaguda |
| **DDO** | detección de drogas en la orina |
| **DDT** | dosis diaria total |
| **DE** | densidad específica |
| **DEA** | Drug Enforcement Administration |
| **DEH** | duración de la estancia hospitalaria |
| **det.** | determinar |
| **DHHS** | Department of Health and Human Services |
| **DIC** | dolor intercurrente |
| **disf.** | disfunción |
| **dism.** | disminuido |
| **DM** | diabetes mellitus |
| **DMT** | *N,N*-dimetiltriptamina |
| **DMT-NO** | *N,N*-dimetiltriptamina-óxido nítrico |
| **DNe** | dolor neuropático |
| **DNo** | dolor nociceptivo |
| **DOT** | Department of Transportation |
| **DPP** | derivado proteínico purificado |
| **DR** | daño renal |
| **DRA** | demencia relacionada con el alcohol |
| **DSM** | Diagnostic and Statistical Manual of Mental Disorders |
| **DSM-5** | Diagnostic and Statistical Manual of Mental Disorders, 5.ª edición |
| **DSM-IV** | Diagnostic and Statistical Manual of Mental Disorders, 4.ª edición |
| **DSS** | determinantes sociales de la salud |
| **DT** | *delirium tremens* |
| **DTG** | dolutegravir |
| **Dx** | diagnóstico |
| **DxD** | diagnóstico diferencial |
| **DXM** | dextrometorfano |
| **EA** | ensayo aleatorizado |
| **EAA** | esteroides anabólicos androgénicos |
| **EB** | endocarditis bacteriana |
| **ECE** | expediente clínico electrónico |
| **ECG** | electrocardiograma |
| **EE.UU.** | Estados Unidos |
| **EEG** | electroencefalograma |
| **EGO** | examen general de orina |
| **EHNA** | esteatosis hepática no alcohólica |
| **EHRA** | enfermedad hepática relacionada con el alcohol |
| **EI** | enfermedad infecciosa |
| **EIA** | experiencias infantiles adversas |
| **ELISA** | análisis de inmunoadsorción enzimática |
| **EM** | espectrometría de masa |
| **EMC** | educación médica continua |
| **EMG** | enfermedad mental grave |

| | |
|---|---|
| **EMIT** | técnica de inmunoanálisis multiplicado por enzimas (*enzyme multiplied immunoassay technique*) |
| **EMM** | equivalencia en miligramos de morfina |
| **enf** | enfermedad |
| **EnM** | entrevista motivacional |
| **EP** | embolia pulmonar |
| **epid.** | epidemiología |
| **EPOC** | enfermedad pulmonar obstructiva crónica |
| **ERB** | exención de responsabilidad para buprenorfina |
| **ERC** | enfermedad renal crónica |
| **ES** | efecto secundario |
| **ESC** | Eat, Sleep, Console (método de comer, dormir, consolar) |
| **Esp.** | especificidad |
| **ET** | enfermera titulada |
| **EtG** | etilglucurónido |
| **EVP** | enfermedad vascular periférica |
| **EW** | encefalopatía de Wernicke |
| **FA** | fibrilación auricular |
| **FACES** | escala de dolor con rostros |
| **FBN** | Federal Bureau of Narcotics |
| **FC** | frecuencia cardíaca |
| **FDA** | Food and Drug Administration |
| **FiPa** | fisiopatología |
| **FM** | fibromialgia |
| **FN** | falso negativo |
| **FP** | falso positivo |
| **FR** | frecuencia respiratoria |
| **FTC/TAF** | emtricitabina/tenofovir alafenamida |
| **GABA** | ácido gamma-aminobutírico |
| **GAIN** | Global Appraisal of Individual Needs (Evaluación general de las necesidades individuales) |
| **GBL** | gamma-butirolactona |
| **GC** | gestión de contingencias |
| **gen.** | generalmente |
| **GGT** | gamma-glutamil-tranferasa |
| **GH** | hormona del crecimiento |
| **GHB** | gamma-hidroxibutirato |
| **GI** | gastrointestinal |
| **GnRH** | hormona liberadora de gonadotropina |
| **GPD** | medición de glucosa por punción digital |
| **GTC** | generalizadas tónico-clónicas (crisis) |
| **HAF** | hospitales autorizados por la federación |
| **HARK** | Humiliation, Afraid, Rape, and Kick (Cuestionario para evaluar humillación, miedo, violación y golpes) |
| **HBsAg** | antígeno de superficie del VHB |
| **HC** | hemograma completo |
| **hCG** | gonadotropina coriónica humana |
| **Hco** | hidrocodona |
| **HD** | hemodiálisis |
| **HHG** | eje hipotalámico-hipofisario-gonadal |
| **HHS** | Department of Health and Human Services |
| **HM** | hidromorfona |
| **HRA** | hepatitis relacionada con el alcohol |
| **HSI** | Heavy Smoking Index (Índice de tabaquismo intenso) |
| **5-HT** | 5-hidroxitriptamina |
| **HTA** | Hipertensión arterial |
| **HTAP** | HTA pulmonar |
| **HUD** | US Department of Housing and Urban Development |
| **Hx** | antecedentes |
| **Hxf** | antecedentes familiares |
| **Hxm** | antecedentes médicos |
| **I.m.** | intramuscular |
| **I.n.** | intranasal |
| **I.v.** | intravenoso |
| **I&D** | incisión y drenaje |
| **IA** | inmunoanálisis |
| **IB** | intervención breve |
| **IBG** | infecciones bacterianas graves |
| **IBP** | inhibidor de la bomba de protones |
| **IC** | intervalo de confianza |
| **IC** | insuficiencia cardíaca |
| **ICC** | insuficiencia cardíaca congestiva |
| **ICD** | insuficiencia cardíaca derecha |
| **ICTB** | infecciones cutáneas y de tejidos blandos |
| **IgG** | inmunoglobulina G |
| **IgM** | inmunoglobulina M |
| **IGRA** | análisis de liberación de interferón gamma |
| **IH** | insuficiencia hepática |
| **IHT** | insuficiencia hepática terminal |
| **IM** | infarto de miocardio |
| **IMAO** | inhibidor de la monoaminooxidasa |
| **IMC** | índice de masa corporal |
| **INRT** | inhibidor nucleosídico de la retrotranscriptasa |
| **IRCC** | índice de reticulocitos |
| **IRSN** | inhibidores de la recaptación de serotonina y noradrenalina |
| **IS** | implicación de sustancias |

| | | | |
|---|---|---|---|
| ISRS | inhibidores selectivos de la recaptación de serotonina | NAK | nativo de Alaska |
| | | NAM | nivel de atención médica |
| ITS | infección de transmisión sexual | NBOMe | *N*-metoxibencilo (alucinógeno sintético) |
| LDL | lipoproteína de baja densidad | NCI | National Cancer Institute |
| | | NEEUU | nativo estadounidense |
| LI | liberación inmediata | neg. | negativo |
| LIV | líquidos intravenosos | NFS | neurofisiofisiológico |
| LL | liberación lenta | NIA | nefritis intersticial aguda |
| LP | liberación prolongada | NIAAA | National Institute on Alcohol Abuse and Alcoholism |
| LPCEV | lesión pulmonar asociada con cigarrillos electrónicos o vapeadores | | |
| | | NIDA | National Institute on Drug Abuse |
| LRA | lesión renal aguda | NMDA | *N*-metil-D-aspartato |
| LSD | dietilamida del ácido lisérgico | NMP | *N*-metilpirrolidona |
| | | NNT | número necesario de pacientes a tratar |
| LSN | límite superior de la normalidad | NPPD | neuropatía periférica diabética |
| MA | Massachusetts | | |
| MAM | monoacetilmorfina | NPS | neuropsiquiátrico |
| MAMP | metanfetamina | NTA | necrosis tubular aguda |
| MAO | monoaminooxidasa | Ntg | nitroglicerina |
| MAP | médico de atención primaria | Ntx | naltrexona |
| | | Ntx i.m. | naltrexona intramuscular |
| MARA | medication-assisted recovery anonymous (recuperación asistida con medicamentos en anonimato) | Ntx LP | naltrexona de liberación prolongada |
| | | OB | obstetra |
| | | OMS | Organización Mundial de la Salud |
| máx. | máxima(o) | OR | razón de posibilidades (*odds ratio*) |
| MCP | miocardiopatía | | |
| MDA | 3,4-metilenodioxanfetamina | OTC | medicamento de venta sin receta |
| MDEA | 3,4-metilenodioxi-*N*-metilanfetamina | P/amb. | pacientes ambulatorios |
| | | PA | presión arterial |
| MDMA | 3,4-metilenodioximetanfetamina (éxtasis) | PACA | programa de administración controlada de alcohol |
| MDPV | 3,4-metilenodioxipirovalerona | | |
| | | PAI | programa ambulatorio intensivo |
| MEC-UCI | Método para la evaluación de la confusión en la UCI | PAS | prueba de alcohol en la sangre |
| | | PATS | plan para una atención segura |
| meds | medicamento(s) | | |
| MEQ | musculoesquelético | PCOR | programa de control de recetas |
| MHPA | Mental Health Parity Act (Ley de equidad en la salud mental) | PCP | fenciclidina |
| | | PDMP | Prescription drug monitoring program (Programa para el control de los medicamentos recetados) |
| min | minuto | | |
| mín. | mínimo | | |
| morb. | morbilidad | | |
| mort. | mortalidad | | |
| MTA | medicamentos para tratar una adicción | PDP | Programa de doce pasos |
| | | PdS | profesional de la salud |
| Mtd | metadona | PEG | pequeño para la edad gestacional |
| MTCO | medicamentos para trastornos por consumo de opiáceos | | |
| | | PEG | Pain intensity, interference with Enjoyment of life and General function (Escala de intensidad del dolor, obstáculos para disfrutar la vida y funcionamiento general) |
| N₂O | óxido de dinitrógeno | | |
| N₂Oi | óxido de dinitrógeno inhalado | | |
| NA | núcleo *accumbens* | | |
| NADCP | National Association of Drug Court Professionals | | |
| | | PEth | fosfatidiletanol |

| | |
|---|---|
| **PFDN** | prueba de Fagerström para la dependencia a la nicotina |
| **PH** | pacientes hospitalizados |
| **Phb** | fenobarbital |
| **PHP** | programas de hospitalización parcial |
| **PID** | personas que se inyectan drogas |
| **PNB** | personas no blancas |
| **POC** | lugar donde se brinda la atención |
| **POP** | perioperatorio(a) |
| **pos.** | positivo |
| **PPoE** | profilaxis postexposición |
| **PPrE** | profilaxis preexposición |
| **PPSV** | vacuna antineumocócica polisacárida (PPSV23) |
| **ppx** | profilaxis |
| **PRDO** | prueba rápida de dependencia a opiáceos |
| **PRN** | por razón necesaria |
| **prom.** | promedio |
| **PSH** | personas sin hogar |
| **psiq.** | psiquiatría |
| **PSJE** | programa de suministro de jeringas estériles |
| **pte(s)** | paciente(s) |
| **PTO** | programa de tratamiento con opiáceos |
| **pulm.** | pulmonar |
| **QS** | química sanguínea |
| **Qx** | cirugía |
| **RASS** | Escala de agitación-sedación de Richmond |
| **RCIU** | restricción del crecimiento intrauterino |
| **resp.** | respiratoria(o) |
| **RM** | resonancia magnética |
| **ROM** | receptor opioide μ |
| **RPM** | rotura prematura de membranas |
| **RR** | riesgo relativo |
| **RS** | revisión de sistemas |
| **RVPE** | resistencia vascular periférica |
| **s.c** | subcutáneo |
| **s.l.** | sublingual |
| **s/d** | sobredosis |
| **s/Tx** | sin tratamiento |
| **S2BI** | Screening to Brief Intervention (S2BI) tool |
| **SAF** | síndrome alcohólico fetal |
| **SAMHSA** | Substance Abuse and Mental Health Services Administration |
| **SAN** | síndrome de abstinencia neonatal |
| **SANO** | síndrome de abstinencia neonatal a opiáceos |
| **SAR** | servicios de apoyo a la recuperación |
| **SARM** | *Staphylococcus aureus* resistente a la meticilina |
| **SBIRT** | Screening, Brief Intervention, and Referral to Treatment (Detección, intervención breve y remisión a tratamiento) |
| **SBM** | servicios biomédicos mejorados (biomedical enhanced services) |
| **SCA** | síndrome coronario agudo |
| **sem** | semana |
| **Sen.** | sensibilidad |
| **SESN** | sistemas electrónicos de suministro de nicotina |
| **SEt** | sulfato de etilo |
| **SGI** | sangrado gastrointestinal |
| **sida** | síndrome de inmunodeficiencia adquirida |
| **SII** | síndrome del intestino irritable |
| **SJP** | Sistema de Justicia Penal |
| **SK** | síndrome de Korsakoff |
| **SMART** | Self-management and recovery training (entrenamiento para el autocontrol y la recuperación) |
| **SMS** | servicio de mensajes cortos de texto (*short message service*) |
| **SMSL** | síndrome de muerte súbita del lactante |
| **SNA** | sistema nervioso autónomo |
| **SNC** | sistema nervioso central |
| **SRA** | sistema renina-angiotensina |
| **STO** | servicios de tratamiento de opiáceos |
| **Strep.** | *Streptococcus* |
| **SU** | servicio de urgencias |
| **SURP-P** | Screening for Prenatal Substance Use (Escala de detección por uso de sustancias durante el embarazo) |
| **SV** | Signos vitales |
| **Sx** | síntoma(s) |
| **T-ACE** | Tolerance, Annoyed, Cut Down, Eye Opener (Prueba para detectar el abuso de alcohol durante el embarazo) |
| **t.d.** | transdérmica(o) |
| **TA** | trastorno de angustia |
| **TAB** | tratamiento de la abstinencia |
| **TAC** | trastorno alimentario compulsivo |
| **TAE** | trastorno afectivo estacional |
| **TAF** | alafenamida de tenofovir |
| **TAG** | trastorno de ansiedad generalizada |

| | | | |
|---|---|---|---|
| **TAM** | taquicardia auricular multifocal | | exposición prenatal al alcohol |
| **TAO** | tratamiento con agonistas opiáceos | **TOC** | trastorno obsesivo-compulsivo |
| **TB** | tuberculosis | **TOLP** | terapia con opiáceos a largo plazo |
| **TBip** | trastorno bipolar | **TOPC** | tratamiento con opiáceos en el consultorio |
| **TBL** | tuberculosis latente | | |
| **TC** | Therapeutic communities (grupos de autoayuda comunitaria en los EE.UU.) | **TP** | tiempo de protrombina |
| | | **TPer** | trastorno de la personalidad |
| | | **TRN** | terapia de reemplazo de nicotina |
| **TCA** | trastorno por consumo de alcohol | **TS** | trabajo social |
| **TCC** | terapia cognitivo-conductual | **TTPa** | tiempo de tromboplastina parcial activado |
| **TCE** | traumatismo craneoencefálico | **TVP** | trombosis venosa profunda |
| **TCI** | tolerancia cruzada incompleta | **TWEAK** | Tolerance, Worry, Eye-opener, Amnesia, Cut down on drinking (Prueba para detectar el abuso de alcohol durante el embarazo) |
| **TCO** | trastorno por consumo de opiáceos | | |
| **TCS** | trastorno por consumo de sustancias | | |
| **TCT** | trastorno por consumo de tabaco | | |
| | | **Tx** | tratamiento |
| **TD** | tratamiento del dolor | **TxH** | tratamiento habitual |
| **TDAH** | trastorno por déficit de atención con hiperactividad | **UCI** | unidad de cuidados intensivos |
| | | **UCIN** | unidad de cuidados intensivos neonatales |
| **Tdap** | vacuna contra tétanos, difteria y tosferina | **UDI** | uso de drogas inyectables |
| **TDC** | transferrina deficiente en hidratos de carbono | **UDIV** | uso (usuario) de drogas intravenosas |
| **TDF** | fumarato de disoproxilo de tenofovir | **UP** | úlcera péptica |
| | | **USPSTF** | U.S. Preventive Services Task Force |
| **TDM** | trastorno depresivo mayor | **v.o.** | vía oral |
| **TEAF** | trastornos del espectro alcohólico fetal | **v.r.** | vía rectal |
| | | **VA** | Veterans Administration |
| **temp.** | temperatura | **VCIP** | vía central de inserción periférica |
| **TEPT** | trastorno de estrés postraumático | | |
| | | **VCM** | volumen corpuscular medio |
| **TEV** | tromboembolia venosa | | |
| **TFG** | tasa de filtración glomerular | **VHA** | virus de la hepatitis A |
| | | **VHB** | virus de la hepatitis B |
| **TFGe** | tasa de filtración glomerular estimada | **VHC** | virus de la hepatitis C |
| | | **VIH** | virus de la inmunodeficiencia humana |
| **Δ9THC** | Δ9-tetrahidrocanabinol THC tetrahidrocanabinol | **vol.** | volumen |
| | | **VP** | violencia en la pareja |
| **THC-COOH** | 11-nor-9-carboxi-Δ9-tetrahidrocanabinol | **VPH** | virus del papiloma humano |
| **TIP** | Treatment Improvement Protocol (protocolo de la SAMHSA) | **VRH** | varones con relaciones homosexuales |
| | | **vs.** | comparado con |
| **TMM** | terapia de mejora motivacional | **WAST** | Woman Abuse Screening Tool (Herramienta de detección de maltrato a la mujer) |
| **TN-EPA** | trastorno neuroconductual asociado con la | | |